尧山壁记

何双及　著

人民出版社

序 言

生于穷乡僻壤，祖辈弄锄杆；父亲抗日拿起枪杆；到我这一代高粱地里长了棵谷苗，竟然要起笔杆……而且一要就是六七十年。回头一看，不禁汗颜，惨笑。生荒头茬，碰上裂巴头，缺苗断垅，赢弱枯黄，种一葫芦打一瓢，做了不少无用功。转念一想，耕种在人，收成在天，本来就是农民出身，期望不高，也不怨天尤人。

我 1939 年生人，兵荒马乱，水深火热，都赶上了个尾巴，懂事已经解放区的天明朗的天了。文艺爱好始于农村戏台、盲人书场。从小村剧团跑龙套，高粱地里喊嗓子，秫秸秆子舞刀枪。初中时不知害臊，登台唱《打渔杀家》《霸王别姬》，高中唱《玉堂春》《宇宙锋》，毕业前还跟着下放干部裘派花脸齐啸云跑台口，几乎忘记了高考。

青少年时崇拜的作家是赵树理，1956 年在邢台听过他讲话，语言风趣，人物鲜活，写农民的"铁笔圣手"。1958 年上河北大学中文系，听国学大师顾随讲古诗词和毛泽东诗词，名士风流，学问文章，超凡绝世，课堂艺术堪比舞台上的梅兰芳。一个大雅一个奇俗，我一生都在这两座高峰间观望徘徊，艰苦攀登，到了也不得门径。

中学开始发表诗歌，大学时期已是作品满天飞。1960 年到霸县参加整风整社，眼界大开，看到了纷纭复杂的社会。一天四两口粮指标，两腿浮肿，还夜以继日地工作，回校收不住心了，一心到生活中去。毕业本来留校工作，三次申请下乡未果，省文联主席田间支持我，他与校党委书记戈华是冀西战友，才使我如愿。

选择邢台县文化馆，报到第二天步行百里到山区石槽大队，安排在劳动模范孙清贵家里，住乔羽蹲点睡过的床上，一天三上工。邢台县是个好地方，深山、浅山、丘陵、平原、水乡，什么都有。县委书记何耀明、县长王永淮是两位难得的好干部，又爱好文学，带领全县奋战十几年，建成太行山最绿的地方。他们培养我，就派到防洪、抗旱前线。深入生活使我如鱼得水，创作进入高生长时期，接连在《诗刊》《河北文学》等文学刊物上发表组诗、叙事诗，剧本《轰鸡》在省中小戏会演开幕式上演出，拿了河北省和华北区的大奖，调到北京展演还受到了周恩来总理的表扬。

我属于饿怕了、穷怕了的一代，向往"楼上楼下，电灯电话"，作品多现理想主义、浪漫主义，信奉"文艺为人民服务"，但是懂得有形象才有思想，尽力不用标语口号，回避公式化、概念化，尽管思想简单，还是讲构思，比兴有独到之处。不能推脱时代局限，还是主观粗浅。

1965 年参加全国青创会，做《在生活中学步》大会发言，与青年作家代表一起受到刘少奇、周恩来、朱德等国家领导人的接见。回来调到省文联专业创作，一步登天。可叹非常时期突如其来，被打成"修正主义苗子"，进学习班，上五七干校，最后插队长达六七年。

后来回到省文联时已取消专业作家编制，当了 10 年编辑。因为一技之长，常常被抓去搞剧本，县、市、省三级剧团，连上海市歌舞剧院来平山县深入生活，也指名让我写唱词。剧本创作"三结合""三突出"，末了"三堂会审"，像苏三一样跪在堂前，任人横挑鼻子竖挑眼。倒是刊物两个月编一期，有大量时间下去组稿、开会，10 年间跑遍全省 100 多个县，连无名村镇都去过。这样便有了一种本事，碰见生人，只要开口说话，我就能听出他是哪个县的。

改革开放以后，参加了全国诗歌大会，被臧克家称为"自新诗以来第五代诗人代表"。会后随艾青等诗人访问团参观东南沿海，也经历了身边的"第一书记"和"歌德与缺德"事件，几次聆听胡耀邦同志讲话，提高了思想认识，学会了独立思考，创作面貌有了较大变化。1997 年应邀参加在哥伦比亚召开的"世界诗人大会"。

"朦胧诗"兴起后，发觉新诗潮虽好，但是重思想轻艺术，多是思想火花，不见艺术和技巧的影子。流行诗没了中国传统诗的形式美、音乐美，变成分行的散文，与其如此，还不如直接去写散文，《母亲的河》《理发的悲喜剧》把藏在心里几十年的家事亲情喷发出来，含血带泪，淋漓尽致。而诗歌往往是把丰富多彩的生活，提炼出几行典型感情。感情是类型化的，可以计数，几乎为前人写尽。而生活是不重复的，散文可以充分利用资源，不浪费。

《河北文学》发行 1.7 万份，说停就停了。想去专业创作，领导却让我去作协主持工作，作为作家，这活那时没人愿干，当年《红旗谱》作者梁斌不当天津市副市长，《白毛女》作者李满天辞去湖北省文化厅厅长，都争着来河北当专业作家就是个例子。我说"是捉我大头"，李满天说是"抓你壮丁，作协这几个人只有你学历高，你不干谁干？指望你承前启后呢"！

无话可说，穷小子有今天，全凭前辈提携，臧克家给我写过 70 多封信，郭小川一封信写了 5000 多字，张志民在医院的病床上为我写诗评……20 世纪 60 年代写了两首爱情诗，那时爱情诗还是禁区，领导们传阅后压在抽屉三四年等待时机，后来发表时钟铃写了一篇文章批评，田间写了一篇文章表扬，用心良苦。有恩，我不能不报。

没上套，往后稍，上了套不用扬鞭自奋蹄。河北本来是文学强省，20世纪60年代沦为重灾区，周围省市创作都上去了，这里还趴着。我用了两个月调查研究，找出病根儿，除了思想解放滞后，还有两点，一是作家队伍文化水平普遍低；二是作家们只熟悉农村，不了解城市和工业。策划了"洼地上的战役"——"补短板"，申请成人高考指标，在大学中文系办作家班，还开办了文学院，成立作家企业家联谊会等都是全国首创。作家班四期200人，不光作家本人拿到了大专文凭，实现了"农转非""工转干"，还提升了作家队伍素质。创作见成效，又发现评论是短板。我自己动手写文章，在《文艺报》推介，先后为200多人写了评论，出版《带露赏花》等四部专著，还得了一个"三座峰的骆驼"的诨号。并非我是烈士后代，有牺牲精神，是跟田间、张庆田等前辈学的，有师承，"受惠于前，施惠于后"。那些年正是新时期文学的黄金阶段，我也乐在其中，尽情享受。

1996年鲁迅文学奖，河北拿了第一，"洼地上的战役"初战告捷，我也产生退意。虽然26岁就有了专业作家的名称，实际一天也没曾享受"心无旁骛地自由写作"。60岁退休，自我落实了政策。喘口长气，总结创作为政治服务以及独立思考等我都不合适。先见之明，是哲学家、思想家的事儿，常人难免随波逐流，能正确理解和阐释已属不易了。写作题材无所谓新与旧，重要的是思想深与浅、形象优与劣。灵感写作，追求时尚，非我所长。我的优势是贴近生活熟悉民众，用民众的立场和视角记录历史。

70余年出版了50多部书，发表文学作品800余万字，最近由河北出版传媒集团河北教育出版社出版的《尧山壁文存》页码只占了写作全部的三分之一。比较满意的是散文《百姓旧事》《流失的岁月》《不灭的星辰》……10 多部诗集只选了一部，不少是"将就"之作。聊以自慰的十余篇作品选入大中小语文课本，其中又半数是写父亲母亲的。父亲没见过面，他给了我红色血液。母亲给了我人间最丰厚的母爱，自己却尽孝不多，这些仅是一点回报吧。

　　序言为出版的《尧山壁文存》和《尧山壁记》写成简历出于无奈，我的人生经历与创作道路高度重合，对文学少年以身相许，从一而终。除了上学，一生工作单位只有两个，一个邢台县文化馆，3 年零 3 个月；一个河北省作协，迄今 60 余年。自幼养成对文学的信仰——唯真唯实，只会写亲历的，不敢虚妄。

尧山壁

2023 年 1 月 18 日

目 录

引章（一）　父亲的牺牲

　　从那天起，世上再无他的父亲！他父亲的"死"，并非
是他父亲"生"的对立面，而是作为他父亲"生"的一部分
"永垂不朽"，永远填补着他婴儿时期记忆的空白。

公元 1939 年 6 月 30 日。

冀南尧山县南汪店村。

夜仍然是凉冰冰、冷飕飕的，尽管已到初夏，村民仍门窗紧闭，
恐怕一丝儿寒风透进、侵袭、肆虐。

夜仍然是黑沉沉、阴森森的，尽管满月应高高挂起的夜晚，却被
天上浓浓的乌云厚厚的雾霭包围着、遮蔽着、压抑着。

晨曦一直不肯露脸儿，弄得鸡不鸣晨，狗不叫早，村民们似乎还
在沉睡。

……

村庄一片寂静。

一位身高马大的男人摸进村子，急匆匆地向一户人家走去。他身
材魁梧，且步伐矫健，体轻如燕。到了门口，回头四周警惕地观察了

一会儿开始叩门，刚叩了一下门就开了，一个女人一把把他拉进随手把门关紧。

男人小声连问："孩子在哪儿？孩子在哪儿？快让我看看！"

女人把他领到房间，手指炕上一堆破被旁的一个"蜡烛包"。男人抱起，女人说："大手大脚大脑袋，和你和他哥一个模样。"说完去灶台给男人端饭。

饭只不过就是几颗荷包蛋，是她生孩子亲朋好友送的喜蛋，已经蒸熟儿天了，自从男人捎信来说要回家乡执行任务顺便看看孩子起，她就痴痴地守着孩子的同时守着这几颗喜蛋，守着房门等待。

男人顾不得吃喜蛋，幸福兴奋激动地抱着婴儿不肯放下，一会儿抱在怀里目不转睛地细细地端详着，一会儿高高举起想逗孩子笑，孩子不笑，他又用嘴去亲人家，用脸去贴人家，刚出生 14 天的婴儿怎么能会笑呢？不但不笑，竟哇哇哭起来。

女人接过婴儿，让男人把喜蛋吃了，男人一个蛋还没吃完，"砰——砰——"几声枪响打破了窗外黎明前的寂静，狗狂吠起来，院外传来杂乱的脚步声，还有大人们的喊叫、孩子们的嚎啕声。

"有情况！"男人"嗖"的站起，两步跨到房门前，回头跟女人说了句"保护好孩子"就推门出去了，等女人放下婴儿来到房门前，男人已消失在晨雾中，院外有人在跑动，远处不时有枪声。

……

这个高大魁梧刚进屋又走了的男人是婴儿的父亲！叫秦占元。

这个痴痴守着婴儿守着喜蛋守着房门的女人是婴儿的母亲！叫刘九菊。

婴儿是他们的第三个孩子，前面两个一儿一女，女儿住舅舅家，儿子出生不久就夭折了，这个刚刚出生 14 天的婴儿是个男孩，多少弥补了他们曾经失子的心中之痛。

那天消失在晨雾中的秦占元并没有走远，一出院门就被一伙日军发现向他冲了过来，幸亏他武功好，目光敏锐，动作迅捷，一个蛟龙腾空飞跃，逃出包围圈，借着黑漆漆雾蒙蒙的天和熟悉的地理环境向村外跑去。等跑到村边，他才发现情况不妙，村子已被持枪的日军里三层外三层包围得水泄不通。日军是有备而来，他不得不退回村里，找了一个僻静的地方躲起来。

秦占元是尧山县早期的共产党员。1909 年生，出身于贫农家庭，兄弟五个，他是老二，从小就跟着大人刮盐土、熬小盐谋生。

五四运动后，重贤村进步青年、后为中共中央尧山县第一任县委书记的常子敬到南汪店东庄小学教书，不断向学生传输新思想和革命道理，秦家距小学很近，秦占元就经常到小学旁听老师讲课，受到革命思想的启蒙，并结交了邻村在此读书后成为冀南农民暴动领导人的刘子厚。

秦占元能扛锄头时就跑到集市上，脖子上插根谷草给人打短工，同时跟人学武术，任县城学太极，尧山城学红拳，学得一身好拳脚，也成了村子里的孩子头。

不久，直奉战争吴佩孚败了，奉军占了尧山城，姓李的营长推行"二毛捐"和"锅底税"，穷得吃不上饭穿不上衣的乡亲们没钱交，李营长赶来，把南汪店、张家庄、景福村的百姓聚集一个地方，他站在一张桌子上训话，手里握着枪，随时准备镇压。秦占元看不下去了，慢慢挤过去，蹭到桌子旁，抬脚踢断一条桌腿，茬口刀砍一般齐整，眼看李营长就要栽下来，秦占元一抬胳膊扶了他一把。李营长不知好歹竟举起手要开枪，只见秦占元一个飞腿，把他手里的枪踢飞……李营长服了，当即宣布，这三个村的税不用交了。

后来，军阀混战抓壮丁，抓到西街财主孟志财儿子的头上，孟家悬赏200大洋，秦占元卖身顶替。带兵军官知道他有武功，派一班人盯防，他不动声色，一路装怂。走到河南地界，遇到土匪，借机逃脱。蹿房跃脊，没敢回家，躲到平乡县打短工、刮盐土、熬小盐，又参加了盐民抗税运动，风声过去回到故乡，遇到了党组织。

1935年他参加了刘子厚领导的冀南农民暴动。

1937年全面抗日战争爆发后，他组织附近村群众建立抗日自卫队参加了冀南抗日模范支队，并担任中队长，多次伏击了冀南邢台日军左野部队：他曾烧日军的粮站；炸日军的军火库；曾一把刺刀拼死过十几个敌人；曾单枪匹马踏烂了日军的一个营盘……左野想笼络当地土匪联手对付抗日游击队，抗日游击队派秦占元和刘凤魁、杨梦南深入虎穴——土匪刘魔头老巢环水村，在当时当地这是个最大的土匪据点，争取瓦解的成功，不单收缴了一批武器，更主要的是鼓舞了当地抗日游击队和百姓的抗日气势。后来秦占元所在的这支部队被编入了386旅新一团——也就是电视剧《亮剑》这个部队的原型。

……

秦占元在当地是人民群众心目中的英雄好汉，但却成了左野日军的心腹大患，到处下令，一万大洋悬赏他的人头。近日得到情报，竟亲自带领五个县的日军和伪军赶来抓捕。

那天夜里，在秦占元家院外，没有抓到他的那伙日军二番回到他的家里，到处搜查，见到东西就用刺刀挑，没有灯光，他们叽里呱啦、虚张声势盲目地挑来挑去，倒是把炕上的一堆破被无意中挑到了婴儿身上，把他埋了起来。婴儿真是命大！身上不但没受一点伤，密集的枪声和嘈杂的喊声也没有惊吓着他、吵醒他。当这伙日军走了，母亲闯进来把他从破被堆里扒拉出来的时候，他还在睡觉，还睡得挺香。

直到天亮，大批日军、伪军和叛变投敌的土匪等五个县的兵力联动，忙乎了大半夜也没有抓到秦占元和其他抗日干部，心有不甘，气急败坏出了个恶毒的损招：把全村人押至开元寺西禾场，跟村民要人。

村民怎肯交人，站在那儿一句话也不说。

敌人恼羞成怒当场捆绑起十几个人，架起机枪，恐吓道，不交出秦占元和抗日干部就杀死他们，还扬言要灭了这个村子。

被捆绑的村民仍不说话，更不交人。

两方对峙，气氛越发紧张、异常。

这时日军的一个头儿大发雷霆，如同一个令人毛骨悚然的怪兽，张着血盆大口跑到机枪跟前举起手枪面对村民咆哮着："都死啦死啦的。"手动枪响，两个乡亲腿被打断，倒地痛苦叫着。

接着那日军头儿又举起手要打第二枪，说时迟那时快，还没等枪响，只见人群里有人挺身而出大声喊："我是秦占元！我是八路军！"边喊边冲出人群，冲出敌人的包围圈，快步如飞向村禾场南边一条河跑去，纵身跳进河里。

敌人见状，纷纷向他追去，村民借此机会四处逃走。

这条河叫尼洋河，西出太行山，东入大陆泽，全程虽不足百里，一两米深也不能行船，但水源丰富，浇灌一方土地，养育一方百姓。南汪店村南这段河平稳、清澈，阳光灿烂的时日能看到水下的水草和草中的鱼。岸边灌木丛生，植被茂密。也许是地势低洼的原因，岸边树木不多，仅有几棵耐湿的柳树，其中一棵老柳树分三叉干，两叉干干壮、枝茂、叶繁，像两把绿伞罩在那儿，另一叉干是歪脖子几乎长在水里，柳条和柳丝叶随河水的波浪一会儿沉入水底，一会儿浮出水面。秦占元从小就在这条河里抓鱼摸虾，夏天在这里洗澡，冬天在这里溜冰，练得一身好水性、一身好体格。从小他常和发小玩伴们在这里藏猫猫，一个人藏十个人都找不到。

这时他潜在河里如鱼得水，游得飞快，也许他要顺河而下，也许他要游到那棵老柳树歪脖子叉干下藏起来，但谁也没想到，真的没想到就在这时，埋伏在河岸灌木丛中的日军机枪声突然响起，"嘟嘟嘟嘟"连成一片，子弹像雨点似的落到河里，充满着野蛮和血腥、邪恶和罪孽。

挺身而出，为了保护群众免受屠戮的秦占元不幸中弹壮烈牺牲，殷红的鲜血霎时染红了尼洋河水。

引章（二）　母亲的"长征"

　　　　两千五百里，只不过是两万五千里的十分之一，但对于一个 25 岁的小脚女人，抱着刚刚落生十几天的孩子，在日军魔爪的夹缝间出生入死该是一种什么经历？他退休后，终于完成了多年的愿望，步行重走了母亲这一段路程，强烈地感受到那就是母亲的一次"长征"。

　　日军谋划运筹了两年，终于把秦占元打死，但并不罢休，又接到命令返回村里，要"斩草除根"，才出生十几天的婴儿危在旦夕。

　　刚刚到外面探究竟、听到丈夫噩耗的刘九菊满脑子都是丈夫的遗嘱："保护好孩子，保护好孩子。"她发疯似的跑回院子，把掩藏在厢房柴草堆里的婴儿抱起来就跑，扶着梯子爬到房上，跳到房后的麦秸垛上打了个滚儿下来。这时日军已吼叫着冲进院里，刘九菊用了仅三分钟的时间差捡回了婴儿一条小命。

　　家里日军的吼叫声、恐吓声、枪声接连不断，刘九菊惊魂未定去敲后院邻居家的门，门闪了条缝又合上了，人家像防瘟疫一样躲避着这娘儿俩。但也有不怕的，后街的赵家奶奶把刘九菊拉进门去，给了她一点喘息的机会。

天黑下来，失魂落魄的刘九菊抱着婴儿溜出村去，推开了景福村亲戚张奎子叔叔家的柴门。奎子叔和妻子已经听到噩耗，也听到日军大追捕的消息，三个大人守着一个小小的生命泣不成声。

婴儿哭起来，他从沉睡中醒来像知道了发生的一切，大声嚎啕没完没了地哭，奎子叔急忙用棉被堵严门窗，刘九菊用奶头堵住婴儿的嘴，生怕哭声传出去招来大祸。但刘九菊因悲伤和惊吓断了奶水，婴儿含着奶头却吃不到奶哭得更厉害了，哭声惊天动地，刘九菊和奎子叔吓得心惊肉跳。婴儿直到哭得没力气了才罢休。

鸡叫两遍，刘九菊要走，她预感到敌人迟早会追捕到亲戚家来的。奎子叔说天黑前日军四面八方放了岗哨，贴了布告，悬赏五百大洋，这小子生下来就是有身价的。刘九菊想了想说："走小道去泽畔村吧，那儿有我个干姊妹，一般人不知道，安全点。"

夜，仍然是黑沉沉、阴森森、凉冰冰、冷飕飕的，小道弯弯曲曲，坑坑洼洼，异常泥泞，刘九菊小脚颤颤巍巍、磕磕绊绊一路不知摔了多少跟头，天明摸到泽畔村，敲开干姊妹家的门时，已是一个泥人。

干姊妹已从布告上知道了消息，把刘九菊让进屋，一边帮她换下湿漉漉、泥乎乎的衣服一边哭。

这时婴儿也哭起来，哭声无力，最后微弱得只在嗓子眼儿里哼哼。干姊妹说："是不是饿了？"要刘九菊快喂奶，刘九菊说："奶憋回去了，一滴也没有了，孩子饿一天了。"干姊妹急忙烧开水冲了一碗高粱面糊糊不无怜悯地说："孩子，干姨家穷，只能给你吃这个。"婴儿不哭了，吃得很香。

干姊妹看着婴儿掉眼泪问："起名儿了吗？"刘九菊说："只顾逃命，

哪还有心思起名字。"干姊妹说："那就叫老逃吧。""怎么能叫这个名字，多不吉利?"刘九菊不解。干姊妹说："吉利。算命先生说逃就是躲避，有好多识字的人家给孩子起名就起这个名字，灵得很，能躲灾避难保命呢。"刘九菊听了一头雾水，但还是点头了："听你的，就叫老逃吧。"

在干姊妹家住下，开始安然无事，后来不断有男人来兜兜转转，刘九菊警觉起来，怕是汉奸便衣。干姊妹笑笑说："不是坏人，是来相人的。你，孤儿寡母的没法过，年纪轻轻不如往前走一步，甩掉那顶红帽子就一身轻了。"刘九菊立刻变了脸："你干姐夫是抗日英雄，这孩子是英雄的骨血，我不能对不起他爹，留一世骂名。"说着抱起婴儿抬腿就要走。事已至此，什么也瞒不住了，走就走吧。干姊妹打听到刘九菊公公一家已经逃到内丘山里去了，说："去那里吧，毕竟孩子是他家的后人，应该有个照应。"

晚饭后干姊妹送刘九菊上路。叮嘱官道上人多，还是走金店村南边沙滩吧。

听到这个名字刘九菊心里激灵了一下。金店村就是二十四孝郭巨埋儿的地方。传说当时连年大旱，寸草不生，一个名郭巨的汉子，靠讨饭孝敬父母，父母舍不得吃分给孙子，郭巨为了不让儿子与父母争食，就把孩子埋了。刘九菊犯了忌讳，心里一阵紧张，双手抱紧怀里的婴儿。

干姊妹回去了，刘九菊在空旷的沙滩上跋涉。开始还能看到北斗星，大致有个方向，但后来变天了，乌云遮住了星星，伸手不见五指，偏偏又刮起怪风，沙子打在脸上刀割一样痛。刘九菊用衣襟紧紧裹住婴儿生怕被大风刮走了。风大、沙软，小脚女人迈不开步，走几步就要站下来喘口气，又不敢坐下，坐下时间长了说不上就会被沙土埋了。就这样走走停停，天亮了也没走多远，原来转向了，迷路了，还在原地官道和南沙滩道口交合处转磨磨呢。

好不容易碰到了一辆到苍岩山烧香的铁轱辘大车，车上的一位奶奶说："这位老姐姐起这么早，真是心诚呀，上车一块儿去吧。"她把刘九菊当成去山上拜佛的了，还把刘九菊头上落的一头白沙看成了白发，以为是一位比她还老的老太婆。

很幸运，太阳出来不久，刘九菊坐车就轻易地过了内丘车站盘查路口。

在内丘县山区神头村，刘九菊找到了公公一家子，六七口人寄住在一个朋友家里，靠祖传的下粉手艺糊口，吃做粉条的高粱渣子度日。刘九菊娘儿俩的到来，又多了两张嘴，公公的朋友没说什么，其中的大伯和三叔竟显得不高兴了，砸盆子摔碗，公公一来生他们的气，二来为死去的二儿子和可怜的刘九菊娘儿俩着急，气火攻心一病不起。一家人连饭都吃不饱哪有钱治病？再说兵荒马乱的也找不到医生。老人家一辈子刚强，知道不久于人世了，不愿意死在朋友家里，让人把他抬到村外土地庙里，紧闭双眼任凭他人哭叫再也不睁眼了。

公公死后，叔伯们尤其是三叔有意无意迁怒于襁褓中的婴儿，实际上是说给刘九菊听的。说自己，刘九菊还能忍受，说婴儿坚决不行，婴儿是她的命根子，是她唯一活下去的理由，丈夫"保护好孩子"的叮嘱犹在耳边，那是她的动力。刘九菊一句话没说，抱着婴儿抬腿就走。婆婆撵出来，颤抖地从兜里掏出两块大洋偷偷地塞给二儿媳。刘九菊哭着，看着婆婆恋恋不舍地走了。

四叔把她送下山，越过铁路就回了，她抱着婴儿一个人站在一眼望不到边的陌生之地不知所措了。在山里顺着沟走不用问路，平原上阡陌四通八达反而觉得无路可走。去哪儿呢？刘九菊忽然想起尧山有个天主教堂，由外国神父主持，日本兵不敢侵犯。

奔尧山不敢走大路，走庄稼地小道。七八月高粱玉米长起来，人就像钻进了绿胡同，有人不敢走，无人更害怕，怕有野兽，怕有坏人。一天中午正走着，突然有两只胳膊从后面把刘九菊抱住，回头一看，是个披头散发的疯男人，龇牙咧嘴地傻笑，刘九菊低头朝那脏兮兮的手腕咬了一口，疯子嚎叫着松手了。刘九菊抱着婴儿撒腿就跑，一口气跑出半里地，一摸兜儿，婆婆塞给她的两块大洋也跑丢了。好不容易到了尧山，找到了那座天主教堂，神父收留了她，看到骨瘦如柴的婴儿，忍不住还落下眼泪。

尧山名义上是县城，实际就是个村庄。七七事变后，国民党撤退，共产党打游击，日军常常把尧山城团团围住，形势紧张时，百姓就躲进天主教堂里。按照国际惯例，外国人在中国办的教堂，起初日军不敢越雷池一步。后来听说游击队也混在里边，就不断向神父提出警告，最后架起了机枪大炮。

一次，教堂被困三天三夜，神父不理会，说凡进教堂的都是神的子民，日军气急败坏竟开始炮轰，群众呼天抢地躲避，神父觉得责任重大，就劝大家各自逃命去吧。

本以为找到一个安全的地方，没想到和枪林弹雨这么近距离。刘九菊抱着婴儿随慌乱的人流逃出尧山城，走田间小道向东南逃，无意中竟发现此地离自己的娘家魏家庄不远。不敢去娘家，那里是滏西抗日游击队的地方，也是日本鬼子打击的重点。只能投奔西魏村。到了西魏村，是母亲的姐姐大姨家收留了他们。

西魏村离自己家的南汪店村仅有 15 里路多，刘九菊逃出后不断有日军到两地搜查，并安插了汉奸监视。一晃已经有小半年了，风声时紧时缓。刘九菊住在大姨家虽不像以前那样风餐露宿不断地逃命，但还是不踏实，她和婴儿随时都有生命的危险。

那年冬天，抗日政府在隆尧、巨鹿、宁晋、新河、南宫边界地带开辟了一个个小根据地，是个九河下梢、洼大村稀的地方，正适合打游击。日本鬼子又频频"围剿"，抗日政府又转移到巨鹿县小寨村，抗日政府安定下来后就捎信叫刘九菊母子过去，并告诉了行程线路。实际上抗日政府和秦占元所在的游击队一直在找他们娘儿俩。

怕刘九菊娘儿俩路上出意外，大姨家的大表哥坚持送他们到安全地带。依然是晓宿夜行。那时隆平东半部是一片白花花的盐碱地，为了防止炮楼上敌人发现，婴儿头上蒙了块白布，刘九菊身上披了条白被单子，表哥反穿棉袄白里朝外。终于在一天黎明时分走到滏阳河边，对面就是根据地了。要过大桥，桥这边有日军把守。顺河而上找到了一座独木小桥。1939 年冀南发洪水，到了冬天河面还有十丈左右宽，小桥长长的桥面窄窄的仅有一脚宽，是供男人们过河种庄稼用的。刘九菊试了几次不敢过，而天马上就亮了不容再犹豫。刘九菊把婴儿交给表哥，让他先把婴儿送过了河，再回来接她时表哥在前牵着她的手，她在后小脚一寸一寸地往前挪。到河心时，波浪翻滚，寒气袭人，小桥越来越晃悠，她眼晕腿软，心往下沉，身子往下坠，差一点就要栽到河里，只是听到对岸有婴儿的哭声才定住神壮住胆，凭着感觉摸过河去。

三天后，抗日政府霍子瑞县长亲自来接，他老远就下了马，脚步迈得很沉重。霍县长是刘九菊娘家同村人，还是她哥哥的同学。人很熟，劝慰的话没说几句相对就哭起来，泪流不止。霍县长把刘九菊扶到马上，自己把婴儿抱在怀里。

到了驻地，吃住安排妥当。霍县长问：

“孩儿有名字了吗？”

刘九菊说：“我干姊妹随便给起了一个叫老逃。我不喜欢，你给改个吧。”

霍县长沉思了一会儿说：“你干姊妹说的没毛病，比如我们打游击，敌人来了我们走，那不叫逃，为的是保存革命力量、革命的种子，以利再战。你要不喜欢‘逃’这个字，就改成‘水蜜桃’的‘桃’吧。桃子，预示胜利的果实。”

“好吧，听你的。”刘九菊说。

（1939—1947 年）

第一章　来到人间

桃儿于1939年6月16日（阴历四月二十九）上午8时，出生在河北省尧山县南汪店村的家里。

家，有一处院子，两间正房，两间东房，占一座旧宅院落的三分之一，那是他父亲秦占元卖身换来的。

母亲刘九菊刚过门时父亲还房无一间，只有一个好名声、一身好武艺。为了拥有一个家，父亲打了几垛土坯，母亲从姥姥家一趟一趟背来木料，盖了一间小土屋。没有石头根脚没有半块砖头硬货，一年发洪水，泡了一个时辰就化为乌有。眼看姐姐就要出生了，一家人没有一块落脚之地。父亲万般无奈决定铤而走险卖身替人做了壮丁。

对于卖身买房子这件事，当时母亲是坚决不同意的，劝说了一个晚上，父亲主意已定，在五花大绑上路那天，母亲哭得死去活来。

桃儿呱呱落地，把接生婆吓了一跳，这孩子大手大脚大脑袋，一声不哭，抓起来大头朝下打屁股也不见哭，以为是个死胎，细瞧人家在睡觉呢。这孩子和其他孩子不一样，生死关头还能睡着觉，心真够大的了。奶奶找了个算卦先生算算这孩子的命，回卦说：

吉凶相随，

福祸相递。

母亲一听哭了，我宁愿他不要吉福也不要凶祸，一辈子健健康康、平平安安就行。她已夭折了一个儿子，这个儿子再不能有什么闪失。

奶奶骂算卦的是个二百五，破嘴瞎说，又吉又凶，又福又祸，这孩子的命到底好还是不好，怎么什么也没算出来。

这婆媳俩不知道，这卦是谦卦，是《易经》中最吉利的一卦。只有温润如玉的谦谦公子，才能拥有这样的卦辞。《易经》共六十四卦，每一卦皆有其卦德，每一卦德皆吉凶相随、福祸相递，没有绝对好的卦象。可是谦卦的卦德六爻皆吉，以卦象论，谦卦的特点是地在山上，是"空谷藏峰"之意，远观只是一马平川的大地，走近看却隐藏在巍峨耸立的山峰里。这象征的是谦谦君子的品格：自强而示弱，示弱而有终，有终而劳谦。谦谦君子也！

真是难为一个大字都不识的这婆媳俩了，怎么能懂得这么内涵深奥丰富的道理呢？当然也不排除算命先生是为哄这婆媳俩开心而特意选了这最吉利的一卦的，没想到适得其反，招惹老太太大骂。据说老太太一生气还讨回了算命的钱。

也不怨这老太太骂，这孩子刚出生14天，父亲就牺牲了，再也回不到他几乎是用命置换来的家了。他母亲抱着襁褓里的他，走了两千五百里，经过五个县、几十个乡、百十个村子，历时半年多，千辛万苦，从一个地方逃到另一个地方，那简直是命运多舛、九死一生，他哪有一点"吉"和"福"？全是"凶"和"祸"！

母亲抱着他逃到抗日根据地总算安定下来，不久日军又开始大扫荡，烧杀掠夺、暴虐狞恶，八路军和游击队猛烈反击，战事如火如茶，母亲为了给抗日政府和抗日游击队减轻负担、不添麻烦，又辗转回到了娘家——魏家庄。

魏家庄，1925 年建立冀南第一个中共党支部；开展农民运动、清算土豪，成绩突出，中共直南省委派人亲临表扬。1937 年建立冀南第一支抗日游击队，此时已发展成红色堡垒。

在抗日根据地半年多的日子里，母亲生活安稳，有饭吃有觉睡，断了近一年的奶水竟奇迹般的又回来了，靠吃高粱米面糊糊、瘦得猴儿似的桃儿像气儿吹的一样胖起来，白里透红，像一颗六月里熟透的水蜜桃，粉嘟嘟的脸蛋儿人见人爱。回到姥姥家，姥姥姥爷抱着不撒手，姨姨、舅舅抢着亲不够。

老舅爱看戏，跟着剧团挨村跑，常常给他画个红脸儿扛在肩上到处招摇。老姨抱着满村逛，亲戚邻居见了都要夸两声逗几句，一次一个邻居大妈问"都一岁多了，会说话了吗？会叫妈了吗？"他睁着大眼睛看人家，憋了好大力气蹦出一个字"爸"。老姨惊喜地回来讲给家人听，家人半信半疑，一个表姨说这有什么好奇怪的，小孩刚说话都是先会叫爸的。表姨是个基督教徒，曾在教堂受过培训学过接生，还会唱戏曲，对小孩成长的一些事情知道不少。母亲听了悲喜交加，喜的是桃儿会说话叫爸了，悲的是爸爸再也听不到了。

母亲带桃儿在魏家庄住了一段时间，趁日军抓捕风声渐弱回到南汪店村。

快到村了，并没有带桃儿直接回家，而是拐了个弯儿去了尼洋河。

春夏秋冬轮回，尼洋河一切如昨：河水川流不息，岸边草长虫肥。母亲带着桃儿，一会儿抱着，一会儿背着，已经从娘家走了 15

里路，她有点累，当走到尼洋河边看到对岸的老柳树时不是咕咚坐下而是咕咚跪下。

阴阳两隔，一家人终于见面了。母亲曾听霍子瑞县长说，秦占元是在离老柳树不到两米的地方牺牲的，后来是游击队找到了他的尸体，埋在了一个保密的地方，为了安全甚至没让家人和村里人知道，是平埋的也没有立坟头。

母亲就那么隔岸呆呆地望着丈夫牺牲的地方好长时间，她有点恍惚，甚至恍惚到眼前出现一个自己刚结婚不久的生活真实画面：

她在此岸洗衣服，丈夫在对岸老柳树干上玩跳水，他数着"一、二、三"往河里跳，她"腾"的站起来吓得哭着大叫，叫着他的名字。哭喊了好一阵子，突然发现丈夫已游到她跟前，调皮地在水里挠她的脚指头。

母亲恍惚得不知自己想要干什么？应该干什么？直到突然想起丈夫和他说的最后一句话"保护好孩子"才清醒。她急忙把背上的桃儿抱到怀里，让桃儿的脸朝外面对着老柳树。她说："他爹，孩子活着呢，会说话了，会叫爸了。"说着哭起来，她不敢大哭怕吓着桃儿，但眼泪却滂沱而出，如身边奔流不止的尼洋河的水。

太阳已经西移了，母亲向老柳树方向磕了三个头，站起来抱着桃儿走到河边蹲下，撩把河水给自己和桃儿洗了把脸，又把身上一路的灰尘拍净，和桃儿说："儿呀，咱们回家。"

一路上还想过在外流浪一年多了，家里一定破乱不堪、杂草丛生、冷冷清清，但推开院门，院子里却传来奶奶和叔伯们的说话声。原来奶奶和叔伯们自爷爷死后不久就从内丘县山区神头村回来了。

见面寒暄了几句，自然去开自己家的门，但万万没想到的是家门锁被换了。问究竟，奶奶告诉她房子被叔伯们占去了，并且还把她家仅有的两亩河滩地也卖了。

"我的老天爷呀！"母亲气得一屁股蹲到地上，呼喊着："我和孩子还有活路吗？这不是明摆着欺侮我们孤儿寡母吗？"

奶奶劝："他们以为你们娘儿俩不会回来了。"

母亲说："我们能去哪儿？桃儿他爹的尸骨在这儿；我和桃儿的家在这儿；我们的亲人也就是你们不也都在这儿吗？"

奶奶不说话了，抹着泪把母亲扶起来。

母亲站起来又据理力争，叔伯们站在一旁，手抱肩不说话，实际他们早就打好了小算盘：父亲死了，老二死了，剩下四个兄弟正好一人一间把房子占上。至于老二媳妇，才 26 岁，她能一直守寡吗？再嫁人房子不还给秦家怎么办？那可是老二用卖身换来的。老秦家的财产可不能留给外姓。再说她就是不嫁人也不是没有房子住呀，她可以回她的娘家呀，她的女儿不就长期在她娘家吗？

在这件事上可以看出世俗小人的真面目！利益面前，无情无义。

母亲又要去拽自家的门，三叔上前阻挡，母亲没有退却，三叔就上前推母亲，母亲被他推得踉踉跄跄后退了好几步。三叔开始小瞧了母亲，以为不用吹灰之力就能把房子占住，没想到这个小脚女人如此不好对付。当母亲再次扑向自家的门时，他发疯了，上前一把把母亲推倒，上去就是一顿左右开弓扇嘴巴子，血从母亲的嘴角瞬间流出来，一滴一滴滴到衣服上，一会儿就将衣服的前大襟染红。

奶奶吓得大哭，一边哭一边吆喝叔伯们，让他们快把三叔拦住。

哭声和吵嚷声惊动了街坊邻居，拥进院子，听明白了事情的缘由，群情激愤地把叔伯们一步步逼到墙角，一边数落一边骂。叔伯们自知理亏，被数落得不敢抬头，一动也不敢动。

在南院秦白子爷爷的威逼以及乡亲们的干预和劝说下，叔伯们搬出了房子回到原有的住处，至此娘儿俩又有了栖身之处。

想忘却，却永远记起，桃儿人生的第一次记忆：殷红的血从母亲的嘴角流出来。刚一岁多的年龄，过早侵入他心灵的遭遇不可能使他看出世人的真面目，唯一的记忆就是怕，因为怕他才记住了：心怦怦地跳；浑身在发抖；闭着嘴不敢哭不敢叫，躲在角落里不敢出来。

第二章 饥饿的幼年

离家逃命一年多，本来就穷得叮当响的家，后来又遭到叔伯们的洗劫，除了还有一台织布机拿不动抬不走外，甚至连一副吃饭的碗筷都找不到了。

织布机是母亲的陪嫁！

"唧唧复唧唧，木兰当户织。不闻机杼声，唯闻女叹息。"这是中国古代纺织的真实场面。

唐尧厚土，自古以丝织闻名。《西京杂记》上说，汉霍光妻赠朋友淳于衍"蒲桃锦二十匹，散花绫二十五匹，绫出巨鹿陈宝光家。宝光妻传其法，霍显召入其第，使作之。机用一百二十镊，六十日成一匹，匹直万元。又与越珠一琲，绿绫百端黄金百两"。

这里向来属巨鹿郡，离巨鹿县城不过 20 公里，所以有着悠久的纺织传统。种棉花和棉纺技术元朝末年才传入中国，从黄道婆到 20 世纪 40 年代已经有 600 年的历史，工艺水平也在循序渐进。

桃儿的姥爷家所在的魏家庄是闻名的"棉花窝"。由沠河冲积而成的沙壤，干燥、松软，适合棉花生长，妇女们多从事纺花织布的活儿。

桃儿的姥爷是个木匠，当知道女婿家穷、比自己家还穷时，就早早地为女儿设计了生路。女儿聪明，在家从小就跟妈妈纺花织布，手艺不输妈妈和村里的巧手姊妹们，那就精心打造台织布机当嫁妆，让她自力更生吧。桃儿的姥爷未必知道"授人以鱼不如授人以渔"的道理，但他这个设计真是为女儿的未来生活解决了大问题。

女儿结婚那天，"嫁妆"织布机由于太大进不了女婿用土坯搭建的小土房，只好寄放在邻居家的柴房里。多亏是放在那里，否则那年发大水织布机也会跟土坯房一样瞬间被洪水冲得无影无踪的。后来父亲卖身才有了自己的家，织布机也有了立身之处。

那天，母亲在院子墙角旮旯处把吓得还在浑身发抖的桃儿找到，抱起来回到家里，看到除织布机外一无所有的时候哭了，哭得很伤心，很无助。桃儿在母亲温暖的怀里本来已止住颤抖，但看到母亲的眼泪如同看到她嘴角上的血又害怕得抖起来，母亲紧紧抱住他，不住抚摸他的头，把奶头送进他嘴里，他大口吮吸了一会儿就睡了，他自从生下来就爱睡觉。

母亲抱着熟睡着的他，眼睛却紧紧盯着那台织布机一直到中午，到下午，到傍晚，她心里好像渐渐有了想法、拿定了主意，直到街坊邻居和奶奶给他们娘儿俩送来些吃的和生活用品。

娘儿俩吃完饭，桃儿又睡了，母亲开始摆弄起织布机，擦了又擦，试了又试，她想要用这台织布机，撑起这个家！撑起娘儿俩的生活！撑起儿子的未来！但谈何容易？当她坐在织布机前摆开架势想要织布的时候才意识到，织布是要原料的，棉花、棉线、颜料在哪里？这些都是要付钱的，钱又在哪里？

没钱买棉花、染料，织布机只能让它在那儿继续闲着，早年开垦下来的一块撂荒碱地成了母子俩的命根子，春夏已过，跟人讨了些荞麦种子撒地里。寡妇门前是非多，母亲难死也不求人，耕、种、锄、收全是自己来，比别人多下三倍的辛苦而只得三分之一的收获。两三斗粮食哪里够糊口的？所以一有空闲母亲就背起刚刚牙牙学语、蹒跚学步的桃儿到地里挖野菜，到地里拾秋。

拾秋，就是到地里捡人家收割完后落下的庄稼，或是埋在地里的一块红薯、一颗花生，或是掉在地上的几粒玉米、几粒黄豆，还有高粱和麦穗。拾秋，一般都是满怀希望而去，毫无收获而归，当然偶尔也会有意外。

母亲记得当年沿尼洋河到十里外的东泊里拾麦的一件事：把桃儿安放在树荫下，由于地垄较长，远处遗留的麦穗较多，她高兴得没完没了地捡拾，竟忘记了树荫下的桃儿，跑回来，树荫已转移出去几尺远，桃儿被晒在太阳地里。夏日中午的太阳毒辣得很，把桃儿晒成了一个"烂桃子"，不声不响地昏睡着。不知哭叫多久，汗水和泪水已经蒸发，脸上横七竖八的到处是盐碱和泥土的痕迹。回家的路上，母亲后边背着捡来的麦穗，前边双手抱着桃儿，沿着尼洋河走，越走越重，走不动就一步步挪，十里路足足挪了几个时辰，尼洋河滩上留下她深深的歪歪扭扭的脚印。

当年，母亲更多的时间是带着桃儿到野地里挖野菜，母亲挎一个大篮子，桃儿挎一个小篮子，扯着母亲的衣襟，人们常常能在庄稼地里、河边、滩地看到这娘儿俩的身影，一边挖野菜一边说话。桃儿有母亲乳汁的喂养，长得很快，虽不比同龄孩子壮，但比同龄孩子高，母亲却瘦多了，高高的个子一件褂子穿在身上松松垮垮，岁月的沧桑都凝聚在她的脸上，少有笑容。

母亲一边挖野菜，一边教桃儿认识野菜，叫什么名？可吃哪个部位？怎么吃？比如婆婆丁，告诉他叶子和根都可以吃，生吃，也可以焯水后吃；马齿菜叶和茎可以吃，但必须焯水后吃否则有毒。一次娘儿俩在河边上挖野菜，桃儿在一棵树下发现了一片苦菜，高兴得一边喊娘一边拔起来，母亲赶过来告诉他，不要连根拔，要从地上的根部上采。桃儿不解，说苦菜根儿甜，叶子苦。母亲告诉他，你把苦菜根儿拔了就长不出小苦菜了，把它的根留着，过一段时间又会长出一片。

还有一次，娘儿俩在一块地头采野菜，桃儿发现了一棵香椿树，树虽小，叶片却很多。桃儿曾吃过香椿叶，很好吃，有一股特别的清香味，那是野菜中他的最爱。他高兴得大声喊着娘并跷着脚伸长胳膊开始采摘，母亲跑过来，摘了一片叶子闻了闻立即把自己和桃儿手里的香椿扔掉，说："这是臭椿！不能吃，有毒。"桃儿蒙了，长得一模一样，怎么那个能吃这个就不能吃呢？母亲从形状、枝条、颜色等方面耐心地给他讲香、臭椿之间的区别，还举了个例子，说："你认识狗尾巴草是吧？"桃儿点头，"它和谷子长得是不是很像？但一个是野草，一个是庄稼。"桃儿当时刚两岁，母亲的话他似懂非懂。

能挖野菜充饥，也不是总那么幸运。山河破碎，环境残酷，日军实行"三光"政策，老天也经常助纣为虐，在桃儿三岁那年发了一场大水，洪水滔滔，庄稼泡汤；第二年大旱，赤地千里，颗粒不收；第三年本来情形刚好起来，渴望有个好收成，一场蝗灾又把饥肠辘辘的百姓逼到了绝路。连年灾荒使贫困潦倒、处在水深火热之中的人们被逼到绝路，为了生存，仅仅是为了生存下去开始吃树皮、草根、观音土……苣苣菜、小根蒜、马齿菜、车轱辘菜、婆婆丁、曲麻菜、猫耳朵、蕨菜等等野菜早已绝迹，被人吃光，甚至连蝗虫都没吃的了……

一个小脚女人和一个刚能走稳路的孩子如何在绝境中生存？

生命，游丝般的生命，真的是命悬一线。

挣扎，每个人都在和饥饿的死神挣扎。

但尧山厚土，南汪店村正在生死线上挣扎的乡亲们尽管自己也处于绝境，却没有忘记打小日本鬼子冲锋陷阵、为保护全村民众性命而牺牲的抗日英雄秦占元的遗孀遗孤，这家给送一碗高粱糠粥，那家给送一个野菜团子，常常是一到饭点，母亲就找不到桃儿了，他在谁家玩就在谁家吃；有的时候谁家有点好吃的，也把他特意叫去。后来长大了他曾说："我是吃百家饭长大的。"他母亲也常说："那年头，要不是有乡亲们照应着，你早没了。"

尽管如此，这娘儿俩的日子还是举步维艰。母亲已瘦得皮包骨头，桃儿瘦得两条腿像麻杆，支撑着一个装满树皮和野菜的大肚子，细细的脖颈支撑着一个大脑袋。夏天光屁股皮肤都是草绿色的，像一只螳螂。

母亲不甘于命运，为了活下去还是到处找野菜挖，大家都不容易，她不愿意自己和儿子成为乡亲们的负担。

一次她在滩涂的灌木丛里发现了一片扫帚苗，那可是灾荒中的细粮！很难遇到。母亲采回来用榆树树皮拌着蒸。蒸了满满一锅，母亲刷锅的当儿，桃儿把蒸熟的东西全部塞进肚子。母亲问他什么味道，他摇头，他根本没来得及咀嚼就囫囵吞下去了。

夜里，桃儿开始肚子疼，疼得哇哇乱叫，一阵阵出虚汗，一次次晕厥。母亲抱着他揉了一夜肚子，第二天早晨用手把食物从肛门里抠出来，吃进去的树皮和扫帚苗一点儿也没消化，怎么进去的就怎么出来的。

碌碡不翻身，赤地千里。桃儿和母亲以及乡亲们离"白骨露于野，千里无鸡鸣"的惨景不过咫尺。

就在这个时候，抗日政府救济灾民来了，从外地运来豆饼、花生饼、棉籽饼。这些"饼"一个能有锅盖大，用刀砍斧劈成小块分发给乡亲们救急。后来又搞连村自救，把红高粱榨去淀粉剩下的渣渣蒸成窝窝头分给大家做主食暂渡难关。

抗日政府更没有忘记抗日英雄模范支队中队长秦占元的遗孀遗孤，他们专门送来了粮食和钱。母亲说：

"钱留下，算我借的，我以后还。粮食拿走，给更需要的人家。我们娘儿俩有高粱渣渣吃能挺过去。"

来人问："你是欠人钱了？还是遇到什么事了？"

母亲说："我要买棉花，我要纺花织布。大难大灾的年头不能光等政府救济，自己要想法儿找吃的，想法子活下去。"

第三章　织布机旁的童年

"嗡——嗡——"是纺线的声音！

"呱嗒——呱嗒——"是织布的声音！

不到四岁的桃儿第一次听到这种声音兴奋极了！母亲纺线的时候，他就坐在纺车旁边目不转睛地看着母亲一边摇着纺车转圈儿，一根根粗粗的棉条就变成了一根根细细的棉线，觉得特别神奇、好玩。尤其是母亲坐在织布机的横杆前的座位上全神贯注，眼睛一刻也不离开，两脚放在踏板上，手一拉横杆，脚一踩踏板，"呱嗒"一声响，那织布机上几排棉线就跳动起来，让人眼花缭乱。更神奇的是，随着母亲手拉脚踩，那"呱嗒"声有节奏地响着，横杆对面的线竟变成了布，刚开始就是一小条，接着越变越宽，边织边卷，最后竟成了一大卷布。太有意思了，像变戏法似的。

桃儿经常跟母亲回魏家庄看望姥爷姥姥还有自己的姐姐。姥姥家的二舅没有孩子，二舅母又非常喜欢孩子，母亲就让姐姐常年在他们家陪伴他们。一奶同胞，姐姐喜欢弟弟桃儿，桃儿一去她就拿出自己舍不得吃的东西送他，还带他玩。姐姐为逗他开心跟小伙伴学会了变戏法：手里拿一个玻璃球，一晃没了，再晃在另一只手里，又一晃玻璃球变成了四个都夹在手指缝里呢……

桃儿看母亲织布，如看姐姐变戏法，有时也想动动手，摇几下纺线车，拽几下织布机的横杆。母亲看他对纺线、织布感兴趣，就让他做些力所能及的活儿，如搓布节，撕一把弹熟的棉花瓤子，包在一根高粱莛子上搓成油条状的"布节"；把纺穗子上的棉线绕到工字型木梁的线拐子上；把线缕挂在两头木橛上；等等。还有帮母亲递个线头、把飞出去的梭子从地上捡起来等活儿。

开始桃儿干得很起劲，他很聪明，一看就会，一教就能上手。有的复杂的工序虽然母亲没教，更没让他上手，但他看了一段时间，耳濡目染，动手能力差些却能磕磕绊绊说出步骤来。

母亲织完第一批布拿出去换回了钱又买回第二批棉花，娘儿俩高兴得简直像过年，母亲买了几个糖豆奖励他，还给他包了一顿饺子吃。

糖豆，人家孩子吃糖豆往嘴里放一颗不是嚼着就是含着，桃儿吃糖豆是舔，馋了舔一下，一颗糖豆够他舔一天的。母亲那次是给他买了五颗，舔没了他又舔糖纸。那糖纸都上初中了还保存着。

那天吃的所谓饺子是高粱米面皮马齿野菜馅。母亲端上来桃儿就狼吞虎咽起来。吃了一半看母亲在目不转睛地看他才醒悟母亲还没吃呢，他把剩下的饺子推到母亲面前说：

"娘，我吃饱了，你快吃吧！"

母亲说："撒谎，你没吃饱，我知道你能吃多少个。别骗我。"说着把饺子又推到他面前："儿子，吃吧，都吃了。锅里还有，娘等会儿吃。"

桃儿脸一下子红了，他从来不敢在母亲面前说谎，一旦说谎，母亲准知道，他乖乖地把剩下的饺子吃了。

吃饱了，小肚子鼓鼓的，到院子里溜达一圈儿回来，母亲正蹲在灶台前吃饭。当看见母亲吃的是早上剩的菜粥时哭了，一边哭一边嚷："骗人，骗人，娘不让我说谎，娘自己却说谎。"

那时他年龄小，还不知道谎言里也有善意。他哭得很厉害，很伤心，母亲哄了半天他才平静下来。

日子就这么日出日落地过下来。

有付出就有收获，母亲等第二批第三批布换回了钱还清了债，紧蹙的眉头才舒展了些。

母亲是个织布能手，表现在快和巧两个字上，织白布一天能织一个布，三丈三尺。织花布，功夫在图案和颜色的搭配上。母亲的三匹综、四匹综不断出新，引领布艺的潮流。渐渐地有了点名气，三里五村嫁姑娘娶媳妇，指名要桃儿娘的花色。连那台织布机也跟着出了名并越传越神，还有外地人找上门来要出三石高粱换走，母亲哪肯。本村和附近村的妇女慕名而来，争着抢着跟着她学纺花织布，跟着她到山西用布匹换玉米、豆饼等粮食养家糊口渡荒年。

夜以继日！母亲白天几乎身子绑在纺花车和织布机上，晚上机上再挂一盏煤油灯继续织到深夜。端坐机前，手舞足蹈，左右开弓，节奏明快，"呱嗒——呱嗒——"如同音乐一般。母亲兴致上来有时也会随着机杼的节奏哼一段小曲，什么河北梆子《三娘教子》、豫剧《秦雪梅吊孝》、河南曲剧《卷席筒》、河北民歌《小白菜》……

桃儿喜欢看母亲在织布机前的样子！趴在母亲的肩上和母亲耳语："娘真好看！"这不排除一个四岁多小男孩真实体验到母亲曾用劳作给他换取糖甜和饺子香的味觉满足，也不能排除的是一种听觉、视觉的美感判断和萌芽。因为"喜欢"，是一种感知、感受美的意识，是美好心灵的最初底色。

母亲哼小曲儿得益于尧山厚土的文艺传承和普及，无论战争与和平年代，无论贫穷与富有时期，总有本乡的和外地的剧团活动在乡间村落，找一块平地，圈一块场子就开演。演的唱的好鼓掌喝彩，不如意时也没关系，不过是兴趣爱好，是自娱自乐，你爱演爱唱，我爱听爱看足矣。

那时乡间接触的戏剧大都是悲剧，吃不饱、穿不暖，生死线上挣扎的人们，不管是演、唱的，还是听、看的，不过是一种精神的需求和释放——借助于戏剧对社会发出倾诉和呐喊、愤怒和抗争……所以有人说，悲剧是艺术的灵魂！悲剧是社会的良心！

渐渐地、渐渐地，桃儿随着年龄的增长，听母亲哼曲儿的兴趣大大高于母亲织布时机杼发出的"呱嗒、呱嗒"声。其原因也许就是织布声听多了产生听觉疲劳，而曲儿委婉绵长好听又是刚接触的这么简单。他缠着母亲哼曲儿，尤其是在听母亲哼曲儿后还给他讲了相关故事，就更不想让母亲织布了，他有制服母亲的招儿，一哭二闹三撒娇。哭、闹，母亲不搭理他，装没听见没看见，但他一撒娇母亲投降了，一双急切渴望的大眼睛，一句奶声奶气拉着长音儿的"娘——"她的心就酥了，那是她的软肋。

母亲不织布是万万不可以的！母亲真后悔，干嘛没事找事给他讲那些戏剧里的故事啊，于是娘儿俩开始谈判：

母亲告诉他："不织布咱娘儿俩就得喝西北风。"

桃儿深知饥饿没饭吃的滋味，说："我帮娘织布。"

母亲夸："好孩子！娘一天要织一个布，织完就给你唱，给你讲故事。"

……

说到做到，桃儿干活很认真，母亲一直把他当姑娘使唤，要求严格，他也就像个合格的女织工，对一般纺织工艺烂熟于心，干活不但认真而且勤快。

母亲说话算话，在他上小学前给他唱的曲段和讲的相关故事不下百个。还有儿歌、顺口溜以及当地谚语、俗语等。她没上过学，不识字，家里没有一本书，一切都是从大街小巷耳听口传来的，未必正宗，未必准确，甚至残缺不全、漏洞百出、张冠李戴……但对桃儿的熏陶和影响、幼年的文化输入和启蒙是功不可没的。

第四章　镜子里的"父亲"

在闲暇，母亲最喜欢唱的曲调和讲的故事莫过于《小白菜》了。

《小白菜》是以一个小女孩的悲惨遭遇为背景，采用带有叙事性质的歌词，描述了她幼年丧母、继母偏心、精神上长期受虐的家庭悲剧，苦不堪言的生活状况以及对亲娘的不尽思念。尤其是头三句"小白菜呀，地里黄呀，三两岁呀，没了娘呀"的凄楚歌词，将失去亲娘的孩子比作地里缺少阳光雨露枯黄的小白菜，艺术形象跃然纸上。曲调如泣如诉，旋律绵长悠远、委婉深沉，艺术感染力极强。

《小白菜》堪称河北乃至整个华北平原民间歌曲的优秀代表。在文学主题方面，反映的是旧时代的一个十分普遍的社会现象，自然会引起全社会的关注和共鸣。加之高度的概括，易唱易记，因此传唱范围几乎遍布了大半个中国。

母亲喜欢唱和讲《小白菜》，桃儿也喜欢唱和讲，有的时候他很调皮还把歌词改为唱自己。

娘正唱：

小白菜呀，地里黄呀，

三两岁呀，没了娘呀。

桃儿接着娘唱，唱着唱着就唱成了：

> 小白菜呀，地里黄呀，
> 五岁小孩我，只有娘呀，
> ……

母亲听了一愣，打断他纠正道："你不止有娘也有爹。我告诉过你的。"

"娘总说我有爹。我爹在哪儿？"桃儿反问。

在五年的人生历程里，桃儿当从亲戚朋友和街坊邻居家那里真正体会到和真真切切确定，凡是孩子都有一个叫"爹"的男人存在时起，就不只一遍两遍地问母亲："我也应该有爹啊？他在哪儿？"

关于桃儿的爹，母亲始终讳莫如深，模模糊糊告诉他：

"在很远很远的地方。"

"他在干嘛？他为什么不回家和我们在一起。"

"他在打鬼子，他把鬼子打跑了就回来啦！"

"鬼子"，桃儿从记事起就知道。农村迷信鬼神的多，妇女连哄孩子睡觉都有顺口溜："神来了，鬼来了，老和尚背了个大鼓来了。"

两三岁时，母亲在做活，他经常闹着抱，母亲说"洋鬼子来了！"他虽然不大清楚洋鬼子到底又是什么？来了到底会发生什么？但听母亲高八度的声音和夸张的害怕表情也就乖乖地不闹了。四五岁了，母亲晚上要织布，桃儿经常不睡觉闹着听曲儿讲故事，母亲有时也来这招，桃儿一听准乖乖钻进被子里，还要把头蒙上。

在抗日政府和游击队、亲朋好友和街坊邻居，尤其是在母亲的保护下，虽然桃儿没有亲身经历洋鬼子的烧杀抢掠、无恶不作，但他听来的可是太多了。母亲给他讲，亲戚给他讲，街坊邻居家的哥哥姐姐也给他讲。直到他家的王姓邻居过兵哥给他讲过自己名字的来历，他才知道鬼不是人，洋鬼子才是人，是最坏的日本人。

过兵哥告诉他，有一天，他娘正在临盆待产要生他，听到枪声，顾不得剪脐带就被架到了高粱地里。原来有很多很多日本鬼子兵路过他们村，借休息时间闯进村来，等他们撤了他娘才敢回家。回家后，眼前一片狼藉。日本鬼子往锅里、炕上、神堂香炉里拉屎撒尿。家里鸡狗不留，门板窗棂、箱柜劈了烤肉，折腾得满院子污血，连给小孩儿准备的小衣服都撕了擦刺刀……轮到给他起名字，他娘说，兵荒马乱的就叫过兵吧。"过兵"就是有兵经过。

桃儿到五六岁时，尽管终于知道日本鬼子是坏人了，父亲是在很远很远的地方打坏人。但有时看到街坊邻居二柱的爹、小兰的爹、尿包的爹……心里酸溜溜的同时还是有些困惑：父亲打鬼子再怎么忙他也该抽空回来看看桃儿啊！他知道桃儿我多么想他吗？

五六岁的孩子在一起玩，难免争强好胜。

一次桃儿和二柱在街上玩，各代表一伙人手持铁钩比赛滚铁环，结果两个人几乎同时到终点，两个都是冠军。孩子们正围着他俩欢呼着，不想二柱的爹扛锄路过，见二柱有点不高兴脱口说："应该二柱是冠军，桃儿比二柱高半个头，两者比赛，成绩一样应该弱者胜。"小孩哪知这些歪道理？又呼啦都围着二柱欢呼。一旁被冷落的桃儿嘟囔一句："那二柱还比我大两岁呢。"这件事对桃儿的刺激很大，强烈感受到的是：身边有个父亲真好！如果父亲在身边，自己的冠军一定能保住。

还有一件事儿也让桃儿备感父亲存在的重要。

村外有一棵杏树，粗壮，高大，成熟季节就那么几天，村里成年男人手撑一个带钩子的杆子一个一个钩，对于树冠顶端的杏子钩不到，那男人们就"噔、噔"爬上去用手摘了。树是野生的，多年老树，并没有归属，成熟季节，谁摘到算谁的。大人用钩钩，爬树摘，孩子在树下接，地上捡，那几天是孩子们的"节日"，但不属于身边没有爹的孩子。

桃儿一边站着，不但垂涎欲滴那黄黄的大大的杏子，更羡慕那一家大人小孩在一起的欢乐。

……

当受到孩子们欺侮的时候，当受到大人白眼的时候，当离开娘怀就要背起柴筐又背不动的时候……他是多么需要一个在身边的父亲！为了父亲能快快来到自己身边，他也曾像母亲那样偷偷跑到家附近尼洋河岸，面对河对面的大柳树双手合十祈求。

尼洋河岸边的大柳树，是母亲的秘密，每到清明节、中元节、农历五月十一父亲祭日，都要带他到那待会儿，跪在那儿双手合十，嘴里说着话，说什么记不清了，因为每一次说的都不一样。唯一记住的一句话是："保佑桃儿平安！"母亲除了这三个日子，平时有的时候也独自去，大多是生活遇到了过不去的坎儿，满腹伤痛、心情非常糟糕的时候。桃儿就曾遇到母亲流着眼泪去那儿，在那儿捂着脸大哭，当回到家的时候一切又归于平静。桃儿在外面玩回家找不到母亲的时候，一般在那一定能找到。

桃儿到五六岁的时候，自己也有了伤痛、过不去的坎儿，他的最大伤痛、坎儿就是没有父亲在身边陪伴，他也偷偷学母亲去那祈祷，但总没有如愿。

那年春天，桃儿和尿包一起去河滩挖野菜，运气好，在太阳落山的时候两人各自挖了满满一筐。回家的路上仅六岁的孩子挎着一筐菜挺累的，半路休息的时候两人聊天。

尿包说："我爹要能来接我就好了。可惜他今天刚去外村打短工去了。"

桃儿说："我也希望我爹能来接我，但他在很远的地方打鬼子，根本回不来。"

尿包惊讶："你爹不是死了吗？怎么还能打鬼子？"

桃儿吃惊！愣了一下！火了！"你爹才死了呢。"

"你发什么火？我是听我爹和我娘聊天时说的。说你爹在你出生十几天就死了。我爹还告诉我娘照顾点你们家，让我不要欺负你——"

"这是你瞎编的。"桃儿腾的站起来紧握拳头，带着哭腔说，"你再胡说，你信不信我揍你。"

尿包和桃儿同岁，但比桃儿矮半个头，他们是从小一起玩尿窝窝长大的发小，尿包不怕他，仍实话实说告诉了他自己知道的一切。

桃儿大哭，狠狠推了尿包一把，拎起筐就往村子跑，筐里的野菜撒了一路。

跑到家里，母亲正在织布，桃儿不管不顾地扑到母亲身上大哭，把母亲吓得一激灵，梭子掉到地上，线也被扯断了。母亲急忙站起回身抱住他问："儿啊，你怎么了？是谁又欺负你了？"

"娘，我爹是真的在很远很远的地方打鬼子对吧？是还活着没死对吧？打败了鬼子就会回家对吧？……"

桃儿一边哭一边问，他希望母亲只回答一个字"对"或者"是"，甚至连回答也不用，只要点点头就好，这是他绝望中要抓住的一根稻草！但，母亲无语，只是流泪。

　　桃儿一边哭一边又问了一遍，母亲再次沉默，哭的声音越来越大，他似乎已知道了真相。原以为只要父亲活着，他愿意等，等到见面，没想到如今失去父亲这么彻底。他大哭起来，那不是哭，是嚎，他的精神瞬间崩溃，挣开母亲的手跑出房屋，跑出院子，跑出村。母亲紧跟着跑出来，一边哭一边声嘶力竭喊他的名字。

　　母子俩的哭声惊动了住附近的奶奶，奶奶奔过来，母亲对奶奶说："娘，桃儿知道他爹的事了，受不了，跑了。"

　　奶奶骂："你个傻媳妇，不听我的话，告诉你趁他不懂事时告诉他伤害不大，你偏信你臭表姐的话，说孩子大了承受力强。这强吗？可怜我的桃儿。"

　　奶奶自几年前几个儿子把二儿子家的地卖了还要霸占房子，觉得替他们有愧，对不住老二媳妇和孩子，再很少参与这家人的事。不想孙儿这件事让她动心了，她看到桃儿娘低着头哭又骂："你站在那儿干什么？还不把桃儿给我找回来，你要找不回来，我和你没完。"

　　母亲疯了似的到处找桃儿，最后是在尼洋河岸她经常去的那个地方找到的。桃儿知道她的秘密，她却不知道桃儿的秘密。

　　桃儿被母亲领回了家，也许在母亲和他共同秘密的地方大哭了一通，回到家里情绪缓和了些。这时有些乡亲们也来了，和母亲还有奶奶一起你一言我一语，给他讲他的父亲。渐渐地他知道了：父亲是一位抗日英雄，是一位模范支队的中队长；他人高马大，武艺高强，一把刺刀拼死过十几个敌人，骑一匹马踏烂了鬼子的营盘；他深入虎穴瓦解了当地最大一个土匪据点；日军花一万大洋悬赏他的人头；他是为救全村百姓和游击队的干部牺牲的……

　　原来我有这样一位父亲！和村里小伙伴的父亲一样又不一样。在那段时间里他脑海里常常闯进游动在乡间村头本乡和外地剧团演的

《岳飞》《杨六郎》等精忠报国的男子汉形象。

桃儿享受着人间最充分的母爱，然而得到的父爱却是零。只在出生 14 天匆匆见过一面就永久终止了。在知道父亲是一个怎样的人之后他就缠着奶奶不停地问："我爹长什么样？好看吗？"奶奶拗不过他的没完没了，一天拿出一面镜子让他看，镜子很旧，中间还有一道裂纹。他一看，里面映出一位翩翩少年，浓眉大眼，鼻高耳阔，他很吃惊："我爹怎么这么小。"桃儿在这之前从没照过镜子，那时候镜子还是个金贵物件。奶奶大笑："傻孩子，这不是你爹，是你。你爹和你这么大的时候和你长的一模一样。"

从此这面镜子成了桃儿的专利品、稀罕物，什么时候想起父亲就拿出来照照自己。有什么心里话就对着镜子自言自语。

说也奇怪，自从知道父亲的事，知道自己长得像父亲，桃儿好像换了一个人，再也不感到没有父亲的孤独了，好像父亲就在自己身边，从不曾离开过似的：有父亲常常伴在身边，拾柴，篮子总要比别的孩子装得满一些；累的时候，好像总有父亲在后边帮了一把……

第五章　乡村童趣

1945 年 8 月 15 日，接受《波茨坦公告》，日本宣告无条件投降。

这一年桃子六岁，转过年已到"七岁八岁讨狗嫌"的年龄段！

这里的"嫌"是指古人通过这个俗语来告诫后人们，孩子在成长过程中最佳调皮捣蛋的时候到了。他们什么事都想干干，甚至连家里的鸡鸭鹅狗都会被他们鼓捣得不得安宁。

儿童心理学家也曾解释过，七八岁的孩子有了很明确的自我意识，所以对家长说的话不再完全言听计从，希望能够表达出自己的想法，很多时候甚至会为了显得与众不同而刻意与大人作对。比如，大人让他吃饭，他偏要去玩；让他好好坐着，他就会在椅子上摇摇晃晃……其实，这时候孩子所有的叛逆信息都是试图宣告——"我要长大了，我有自己的想法了，我要做我想做的事情了"。

盛夏，大雨下了三天三夜，家里一切东西都发潮发霉。火绳、硝纸都不能用了，家家停火饿肚子。

那时先有日军占领，后又有国民党封锁，把解放区圈得近似一个原始社会。根本没有打火机，就连火柴也很罕见。当地民众智慧，办法之一是火镰，与古代钻木取火差不多。办法之二是把地里的一种蒿草割下来晒几天编成草绳，这种草绳质地结实，加上编得紧密，燃烧得慢，一根火绳五六尺长，能燃一天一夜，然后再续一根，成为不灭的火种。

当时南汪店村的村民大都用的是这火种。于是有劳力的家庭一到秋天就割蒿草编绳，能堆半个院子，够一年用；没劳力的家庭，需要用火就到有火绳的家借火，点灯照明，点火做饭。有一段时间，桃儿对"借火"发生兴趣。拿一把谷草到邻居灶门点着，举起火种拼命往家跑，像举着火把一样好玩。但火并不是好玩的，母亲吓唬他不能动手，还告诫："如不听话，打折你的腿。"

一天响晴的天突然下起大雨，各家火绳来不及收都浇湿了，没了火种，桃儿和母亲已经一天水米没进了，母亲饿得晕乎乎地躺在炕上，他饿得在炕上躺不住就溜出院子，站在大街上这儿瞧瞧那儿看看，忽然看见西街有一家房子上的烟囱冒着烟，急忙回家从炕席里面抽了一把谷草就往那家跑。跑到那家一看，借火的人排成了队。轮到他，点着谷草就往家跑，却只顾看着火苗忘了看路，扑通一下掉进水洼里。火种灭了，泪水雨水一块儿流。当母亲知道跑出来举手要打他时，他的小手还死死地攥着那把滴水的谷草。母亲的手缩回来紧紧抱住他哭："儿啊，水火不留情啊！要不是雨天，你拿着火跑了半条街引起火灾怎么得了？你掉进水洼里如爬不出来淹着怎么得了？……"

1946 年，搞土地革命，家里和另三家贫雇农合分了地主家一头驴犊，和桃儿同岁。在母亲眼里它还是个孩子，那三家人口多地里活重，尤其春秋大忙，早出晚归，拼命使唤，天天累得半死，而轮到桃儿家没多少活就像来歇礼拜。桃儿还给他起个名字叫"黑子"。

黑子轮到桃儿家主要做的活儿是拉磨。拉磨，别人家为了怕它偷吃，都要把它眼睛蒙上，桃儿不但不给它蒙眼睛，有时还趁母亲不注意偷偷往它嘴里塞把面。黑子很通人性，为此在桃儿家做活从来不偷懒。

那时，桃儿心开始有点发野，家里的织布机、母亲的戏曲和故事还有镜子里的"父亲"，已挡不住他对家以外世界的好奇和兴趣，经常以各种理由和黑子离开母亲的视线。

他曾牵着黑子向本村和姥姥家的小伙伴们表演：他要黑子趴下黑子就趴下，他要黑子站起来黑子就站起来。他也曾牵着黑子到邻村看村剧团演出。土改以后，分了土地，调动了农民的积极性，大家努力种田，手里有了钱，文化娱乐就热起来，全县20万人120个村子，村村有剧团。看戏的时候，他目不转睛，黑子也一动不动。

一年初冬，他和黑子从姥姥家回来，路上一开始无风无雨也无晴，半阴天，小风凉丝丝的，他倒骑着黑子，手里还拿一本不知从哪儿拾来的画本看，竟看得入迷。自从戏剧里知道了张果老的故事，他经常倒骑驴玩，还知道倒骑驴要骑驴屁股，这样驴不累人也安全。谁知道半路上天说变脸就变脸遇到冻雨，电闪雷鸣的，黑子虽然小心翼翼地走，但脚下哧溜哧溜地滑，突然被一块石头绊了下，身子一歪，把桃儿摔了下来并瞬间失去知觉。不知过了多久，一股热气把桃儿吹醒，睁眼一看是黑子正在用厚嘴唇拱他的脸。他挣扎着坐起来，黑子看他醒来，高兴地摇着耳朵，急忙卧下让他爬到自己背上，慢慢站起来。黑子似乎知道他伤口痛，怕颠，始终压着步子慢慢一步一步走，回到家已是掌灯时分了。母亲看着他鼻青脸肿还以为和谁打架了，等说出缘由母亲感激地抚摸着黑子好久好久，但回过头却对他凶："以后不准你倒骑驴，你再倒骑，我就不让黑子来咱家了。"

小孩儿小孩儿你别馋，

过了腊八就是年；

腊八粥喝几天，

哩哩啦啦二十三；

二十三，糖瓜粘；

二十四，扫房日；

二十五，冻豆腐；

二十六，去买肉；

二十七，宰公鸡；

二十八，把面发；

二十九，蒸馒头；

三十儿，晚上熬一宿；

大年初一满街走。

……

要说童年的乐趣，记忆最深的当然是过年了！

两三岁时坐在大人的腿上看野台子戏，由于长得白皙、漂亮，稀罕人，常被抱上台给他画个花脸，多是关公、秦琼一类的红脸，象征吉利，引人哄笑开心。但他自己并不知道开心或不开心，除了对大鼓、唢呐一响起又挥胳膊又蹬腿外，眼睛总是盯着戏台旁边卖零食的地方。

后来大了，一年比一年知道事情了，那满大街响起的《过年童谣》他又觉得没意思了，除了吃就是吃。他喜欢春节的吉祥物——鞭炮，喜欢歌颂鞭炮的童谣和诗：

新年到，新年到，闺女要花，小子要炮。

爆竹声中一岁除，春风送暖入屠苏。

千门万户瞳瞳日，总把新桃换旧符。

……

子丑初交时，人们用鞭炮迎春天，接财神，乒乓之声不绝于耳，大红屑纷纷扬扬如雪片散落，空气中弥漫着淡淡的硫磺味儿。

桃儿早年没钱买爆竹，年年旁观，看着别人放，手痒心动时举起灯笼低头满大街捡别人漏响散落的小炮，一般都再点不响，偶尔响一个，虽然过了一下瘾，但心里并不满足，尤其是有些孩子或大人拿着炮在他面前故意晃来晃去的时候。为此，每逢春节五更，母亲便常常把他关在家里不准他出去。后来大了一些，母亲关不住了，他有很多招数让母亲放他出去。

记得七岁那年，一进腊月炮市就在家门前年集市上出现了，熙熙攘攘，人头攒动。卖爆竹的不等天亮就赶来抢地盘、占地方，你放一块砖，我搁一根棍子，你先他后，各不相让，争吵不休，有时还动起手来，凸显了地皮金贵。

有一天，桃儿和几个买不起炮的穷孩子在炮市上溜达，买不起却看得起，只要早起就行。正好看到了卖炮的为抢地盘打架，他突然灵光一现：如果把卖炮的摊位提前为他们占好，他们不但不用辛苦提前来那么早，还不会互相吵架了，说不定人家还能送我一挂鞭呢。于是他就把想法跟小伙伴们说了，小伙伴们听了一致同意。当给卖炮的说时，他们乐得闭不上嘴，一个劲地说："哪有这好事。"

于是大家把凡是卖爆竹的都给占上摊位了，摊位不够就占旁边的。并用石头、棍子、砖头做了对号入座的记号。怕被卖别的东西的人占去，他们还起早贪黑去看着。

这一招还真灵！那年卖爆竹的生意大火，多多少少都挣到了钱。大年三十下午散集时，为了感谢这些孩子，卖炮的给每个孩子都送了礼物，不是鞭就是炮。一人一大包。

桃儿和小伙伴们心里乐开了花，三十晚上，他们成了村里的一景，一会儿放鞭，噼噼啪啪，声如炒豆；一会儿二踢脚升天，其声如雷……真饱了"耳福"，几乎把几年放炮的梦想都圆了。

大年初一，街坊邻居还有跟母亲织布的妇女到家拜年，说话聊天时说到了买染料。

一个婶婶忧心忡忡说："今年的染料缺货，卖颜料的也少了。"

母亲叹气："染料缺，颜料不全，今年布的花色可要减少了。"

一个外村的大姨不解："你们说缺货、不全，我怎么没感觉到？前天我还在我们村的集市上买到了呢。"

后来的一位本村姐姐听后说："你们别咸吃萝卜淡操心了，集市上根本没缺货，咱村是卖炮的占了卖染料、颜料的地盘，生意不好都跑外村卖去了。"

……

三十晚上桃儿放了一晚上的炮，大年初一拜年的人都来了他还在炕上睡觉呢，当听到母亲和客人的谈话，吓得在被窝里直吐舌头。

（1947—1952 年）

第六章　翩翩少年郎

母亲毕竟是母亲！不久就知道了年前集市爆竹摊位和染料摊位之间的秘密了。她找桃儿问话，都是秃头顶上的虱子明摆着的事了，也没有什么好隐瞒的。母亲对他的诚实很满意，还夸他心地善良会帮助人了，但也指出，帮人要都帮，不能帮一个欺负一个。最后母亲说：

"看来我得找个地方给你收收心了。你都八岁了，总这么整天在外面瞎跑闲逛不是个事。"

"娘——"桃儿紧张。他以为母亲又要让他回到家里织布。

"叫我干什么？"知儿莫如母，"不愿意回家织布是不是？刚吃了几天饱饭就忘了饿肚子的滋味了？"

"没忘。我就是觉得织布是你们女人的事，我是男孩子，总坐在家里织布不合适。"

"那你想干什么？"

"我想学武，练一身武艺像爸爸那样打鬼子。"

"傻孩子"，母亲笑了，"鬼子早被八路打跑了。"

"那我就打坏人。"

"还挺有志气的，不愧是秦占元的儿子！"母亲夸着但又说，"我不同意你学武，咱家两个男人有一个学武的够了，娘想让你上学念书，长大能拿笔写字，能拨拉算盘算账。"

"娘，你真让我上学啦？"桃儿高兴地叫起来。

"这还有假？"

桃儿扑到母亲怀里。母亲抚摸着他的头说："不过不是咱们村的学校，是你舅舅村的学校。"

新中国成立初，农村识字人少，小学生就能成为秀才。自给自足，以物易物，出门看黄历，盖房讲风水，婚姻批八字。村里的工作，派工抓阄儿，分救济抽轴儿，选干部投豆子。

……

解放区政府一成立就开展对广大农民业余教育，扫除文盲，简称"扫盲"，流传至今的《夫妻识字》就是唱的那时候的事情。前两句是"黑咕隆咚的天上出星星，黑板板写字看得清……"

解放区除了抓扫盲还抓办学校，扫盲是针对大人，办学校是针对孩子。孩子的年龄也是参差不齐，小的七八岁，大的十五六岁。

南汪店村从办学伊始，桃儿就要上学，母亲没准，说他才六岁太小；等到第二年开始犹豫最后还是没准；到第三年干脆不考虑了，原因是叫个村就办学校，老师十分匮乏，往往读到二年级就成为一年级学生的老师了，教学质量保证不了。

桃儿八岁已能数上千个数，20以内加减法得数张嘴就来，这得益于母亲纺花织布买进卖出都要交易计算，母亲是不学自通，而桃儿得力于耳濡目染。语文他从小就在织布机前听母亲一边织布一边哼曲儿，后来大一些又游走于乡间戏台看戏，对字、词、句、章不陌生，不过认字不少却不太会写倒是真格的。

母亲之所以让他去姥姥家村上学主要是本村的老师不称心：雪海媳妇"斤称流"都背不出来，更别说"大小斗""线子账"了，大斗一斗 20 斤，小斗一斗 14 斤；妇女们纺花织布的线子秤大，官秤一斤，放到线子秤上七两；织布尺子，一尺等于官尺二尺二寸都不知道……怎么能把孩子送给她教。再说她经常把孩子们撂在教室，自己回家干私活，这不耽误孩子们吗？

桃儿的娘，真不愧为伟大的母亲，深谙"孟母三迁"故事的精髓，通过观望、考察，力所能及地为桃儿选择好一点的学习环境和条件。

桃儿终于上小学了！

学校设在离舅舅家二里地多的教堂里。教堂已有百年历史，是一位波兰籍神父建的。对面一座清朝张姓举人石头门第，一对木制吊斗旗杆还在。

学校的管理并不严，因为大都是农家的子弟，农忙了，麦收放假，秋收放秋假，有时清明、端午甚至庙会再放几天。上学长一点的是冬天，故叫冬学。只开两门课，语文和算术。

报到那天，桃儿把舅舅家的板凳搬去当桌子，找了一块砖头当凳子。那时学校简陋，桌椅板凳都要学生从家里带。学生没有本子，没有纸张，只有两本书。写字是用石板，就是一种黑色的石片，外镶一个木头框儿，用石灰粉和石灰岩混合而成的石笔在上面写白字。字迹清楚，还可以随写随擦。

在学校里接触的第一位老师是个老头儿，姓龚，听说以前教过私塾，读课文好摇头晃脑，说话经常之乎者也，教生字不会拼音还要骂一句"多此一举"，还有打学生手板的习惯。他要求学校的老师和学生不准叫他老师，要叫先生……第一次上课来到教室，同学们正在嬉戏打闹，唯桃儿跑过去恭恭敬敬给他行了个鞠躬礼，他问：

"你叫什么名字？"

"秦桃子。"

先生皱眉:"什么桃子、苹果、大鸭梨的? 俗! 你这么有礼貌,后边再加个'彬'字吧,叫'秦桃彬'吧。《论语·雍也》质胜——文——则野,文胜——质则史,文——质——彬彬也——,然——后——君子。"他又摇头晃脑起来。

同学们听了莫名其妙,桃儿一头雾水。回家和舅舅说,舅舅大叫:

"小子,你遇到文曲星了。"

桃儿更加一头雾水,不过只是觉得"彬"这个字叫起来好听,脆生生的。于是从此就叫"秦桃彬"了。

秦桃彬上学一开始就把同学甩出一大截子,算术课他已能算20以内加减法了,很多同学还在扒拉手指头和脚趾头数数呢。

语文认识的字也比同学多,他真不愧为龚先生的门生,也讨厌先学拼音再认字,只要告诉他一遍这个字叫什么,他就再不会忘记。但有些字会读不会写,尤其是笔画复杂的,如"横——折——弯——钩——"本是四笔画,他能一笔写成。写个"日"字,真的就是画个圈,在里面点个点。规规矩矩的方块字,在他笔下成了圆了咕咚的蝌蚪。本来龚先生应该给他纠正,严格要求,但竟为他开脱,说是石板滑的缘故,如果在宣纸上用毛笔写就不会出现这么糟糕的事了。这是教育的悲哀——数典忘祖,学生写字就应该用宣纸和毛笔才对。他之后还问秦桃彬:

"你看这石板像什么?"

秦桃彬答:

像黑夜。

龚先生又问："这上边的字像什么?"

秦桃彬拿起石板左看看右看看说：

像星星。

龚先生意外。不过沉思了一会儿，摸摸秦桃彬的头说："你这孩子长大或许能成为诗人。"

秦桃彬问："先生，什么是诗人？我娘让我念书，长大拿笔写字，会拨拉算盘算账。"

龚先生看看他，摇了摇头："此儒可教也？不可教也？"

到了小学二年级，秦桃彬才用上了铅笔，在纸上写出字，写错了用橡皮擦去，上高小，改用蘸水笔。

上学不久，龚先生上课教大家背一首诗，主要目的是要提高学生们的学习信心和兴趣。诗只有四句：

翩翩少年郎，

骑马上学堂，

先生嫌我小，

肚内有文章。

秦桃彬读了诗突然想起从小自己改过《小白菜》的唱词，把"三两岁呀，没了娘呀"改为"五岁小孩我，只有娘呀"的事，就说：

"先生，我没骑马上学堂，同学们也没有。能把第二句改一下吗？"

龚先生一怔，很意外："怎么改？"

"我今年八岁"，秦桃彬说，"改为八岁上学堂。"

龚先生问同学："还有要改的吗？"

同学们七嘴八舌起来。有的说"九岁上学堂""十岁上学堂"。在龚先生启发下，还有的说"走着上学堂""跑着上学堂"，还有的说"高兴上学堂""快乐上学堂"……

下课时间到了！课堂恢复宁静。龚先生叫秦桃彬站起来。

他站起来看着龚先生，龚先生也看着他，同学们看看龚先生又看看秦桃彬。龚先生最后对他说：

"秦桃彬，你长大也许不仅仅能成为诗人！"

秦桃彬还是一头雾水，又搞不懂"或许成为"和"不仅仅能成为"的关系了。同学们更是。

第七章　小戏篓子

又一个学期开学差不多有一个半月了，秦桃彬想娘，跟龚先生请半天假回南汪店村看娘。他这是第一次独自走十五里路。以前也走过，那些时候不是母亲陪着就是黑子驮着并多是收割后的大地一望无际时，这次正是路两边高粱拔节的时候，青纱帐密不透光，阴森可怖。

一个孩子，常常环境让人瞎想，一时耳听来的妖魔鬼怪，乡间传说的虎狼出没，还有现实中曾发生的拦道、抢劫……他撒腿就跑，一路上不知道摔了多少跟头，腿上受伤，一身的汗。到了家，一头扑到娘怀里时还不住地浑身发抖。

娘吓坏了，以为儿子在娘家和学校出了什么大事，正要问个明白，舅舅气喘吁吁地跑进来，见到秦桃彬就打了一巴掌，嗔怪：

"你小子跑什么？"

母亲断定，儿子一定闯大祸了，急问。舅舅说：

"你这儿子有了老师就忘了舅，请假回来看你也不跟我说一声，当我知道了怕他穿高粱地害怕就追来了，他跑得比兔子还快！到底没追上。看把我累的。"舅舅边埋怨边擦汗。

母亲心落了肚。

舅舅喝了一口母亲递给他的水，说，"走了，家里还有事。好好管管你的儿子。"

舅舅走了，秦桃彬以为挨母亲的训是跑不了的事了，于是站得直直的，头却低了下来。但没想到的是母亲一把把他揽到怀里，温柔地抚着他的头夸道：

"我儿长大了，我儿能自己闯青纱帐了，我儿胆子真大！"

吃着母亲包的高粱面的韭菜盒子，搂着母亲的胳膊睡了一宿，第二天早早起床上学。还是那条路却熟稔了很多。哪儿有块大石头，哪儿有棵树，哪儿是岔道，哪儿要拐弯……都一一记起。很快到了魏家庄村里。

魏家庄位于泜河古道南岸，对面是唐祖陵和光业寺，自古礼仪之乡。明朝初年就以大集名冠冀南，当时方圆百里集市尚少，开集需直隶市政使司裁定，所以这里就显得弥足珍贵。每逢二、七吉日，周围十余县民众赶车挑担，行行缕缕，蜂拥而至。头天来，第二天买卖，第三天回。因为人多，本村故意避让，又增五、十两个小集。大街两厢商铺林立，板达绵延数里，木器、五金、粮棉、牲口、布匹、劳务等市场井井有条；还有饭馆、车马店、药铺、银号、戏院、书场……

抗日战争、解放战争期间，上级党组织经常把为部队征粮、征棉任务交给魏家庄党支部，每年粮、棉各三四十万斤，这项工作常由秦桃彬的舅舅刘凤魁完成，他是党支部书记，还懂经济。土地改革后，魏家庄党支部最早提出"要发家种棉花"的口号，成为经济恢复时期北方农村最响亮的口号。1951年，中央老区慰问团专程来到此地，程子华团长特别提起此事，亲自为刘凤魁披红戴花。

秦桃彬对这里很熟。从小舅、姨没少抱着背着到这里逛街赶集；自从母亲开始织布养家也跟着来这里买过棉花、染料、颜料卖过布匹；自从上学，一有空闲也要到这里走走，瞅瞅，常去的地方当然是戏院、书场。

魏家庄东西街上，逢集日有书场、评书、河南坠子、西河大鼓等，还有两个戏院，虽说是戏棚子、土台子，但不乏冀南的名角儿，最爱听内容热闹的和新奇的。因为农民富了收入多了，戏院一天两场，秦桃彬看晚场，几乎场场必到。去多了，混了个熟脸，尤其大家渐渐知道，他是八路军的后代、是烈士的儿子后就更热情了。戏院规定有军烈属证的看戏看哪场、看谁的戏都不要钱。去听书，只要有空位听吧，不收费。

那天正好是集日，戏院早场上演其中有《十八扯》，那是秦桃彬早就想听的豫剧，亮出烈属优惠证就往院里跑，挤到前边趴到台边上，早把上学的事忘到了脑后。

也够倒霉的！赶回学校进了班级，龚先生正在批评两位早晨迟到的同学，看来他很生气，一撮山羊胡子翘了起来，一只手不断地掂量着戒尺。看到秦桃彬怒气冲冲问："上午为什么旷课？"

旷课肯定比迟到更严重，挨打是板上钉钉的事了，但秦桃彬还是实话实说了。

龚先生看着他，拿着戒尺点着他的手问："嗯——看《十八扯》，你还想看什么？"

"还想看《打渔杀家》《霸王别姬》《苏三起解》《玉堂春》……还有很多很多。"

怒气在龚先生的脸上渐渐消失，他闭着眼睛听完睁开眼睛说："我给你10天时间把算术书上的题全做一遍；语文书上的字要会读会写知道意思。10天后你如都能做对，我允许你可以迟到，可以早退，也可以旷课。"

"我迟到、早退、旷课干什么?"秦桃彬又一头雾水。

"看戏啊!听书啊!看书啊!我听说你还爱看书。你想干什么就干什么。"

"哇——"同学们听了都震惊了,甚至有的吓哭了,10天学会算术语文两本书怎么可能,干脆现在伸出手掌挨板子吧。

但秦桃彬真的做到了!算术仅用了6天。语文不多不少用了10天,不过有的地方是不耻下问才会的。

龚先生说话算数,真的就允许他迟到、早退和旷课。

"哪有老师这样教学生的?这太出格了吧!"校内外质疑声一片。

龚先生答疑:"《论语·为政》'子游问孝'、'子夏问孝'朱熹集注引宋程颐曰:'子游能养而或失于敬,子夏能直义而或少温润之色,各因其材之高下与其所失而告之,故不同也。'指针对学习的人的志趣、能力等具体情况进行不同的教育。这是中国历史上最大的教育家孔子八字教育思想之一'因材施教'也。"

……

龚老先生的一席话,质疑者未必懂,但从此再无质疑声。

龚老先生的一席话,秦桃彬更不懂,但从此成了自由人。

后来秦桃彬认识一位戏剧班主叫马三。

马三是南和县人,光绪年间生人,家穷得无地无房,父母双亡,大哥夭折,跟二哥也无法过活时,凭着嗓子不好却记性好专攻小花脸在戏班子里混饭吃。那时唱戏的不叫演员叫戏子,戏子和乞丐、吹鼓手、剃头匠一样属于下九流。凭着吃天下人吃不了的苦、出天下人出不了的力,在秦桃彬认识他的时候,他虽已老态龙钟却是一家戏班的班主了。

马三剧团演员都是穷人家的孩子，刚来剧团前大多和他小时候一样衣不蔽体、食不果腹。惺惺惜惺惜，马三对他们很好，视如亲生子女，笑起来慈眉善目，关心他们的生活起居，包括长大娶妻生子、养老送终。但要求很严，对戏剧不能有一星儿的敷衍，对观众不能有半点的怠慢。他对演员凶起来很吓人，有时也打也骂，绷起脸来像个活阎王。就在他的"爱"和"严"的并举下培养出当地不少名角儿，致使剧团在当地很有声誉和地位。马三农民出身，知道不能与农争时，所以三夏两秋时节都停止演出，撤回驻地关门排戏。

一次，戏报贴出来，秦桃彬欢喜地跑过去看，看后失望地说"又是倒粪"，意思是没有新戏。

马三正好路过，拉住他问："你都看过我们什么戏？"

秦桃彬张口就来："《蝴蝶杯》《大登殿》《三娘教子》《牧羊圈》《乌盆记》《借东风》《击鼓骂》《曹七星灯》《三岔口》《挑滑车》《武松打虎》《长坂坡》《金玉奴》《西厢记》《红楼二尤》《新安驿》《铡美案》《锁五龙》《李逵下山》《探皇陵》《钓金龟》《赵州桥》《岳母刺字》《打龙袍》《花打朝》《打面缸》《马前泼水》《溪黄庄》《白门楼》《柜中缘》《辕门射戟》《连升店》……"不光数板一样，口齿伶俐，还把青衣、老生、武生、花旦、花脸、彩旦等行当分得清清楚楚。

马三惊叫起来，抱起秦桃彬就亲，连声说："你小子才是小戏篓子。"

从此马三与他成了忘年交。

马三把秦桃彬拉到后台，说："马上排新的，你喜欢什么戏？"

秦桃彬说："我正在看小说《绿牡丹》，有这方面的戏吗？"

马三说："有，《刺巴杰》《宏碧缘》都是武戏、过场戏，按套路设计武打就是了。"

之后农忙过去，魏家庄二七是大集，《刺巴杰》《宏碧缘》海报贴出，场场爆满。

这可乐坏了马三！到下一个演出淡季，马三又问秦桃彬还想看什么？秦桃彬说："正在看小说《响马传》有没有我们老秦家的戏？"

马三说："有。《卖马》《三家店》《打登州》都是秦琼的戏，唱功戏，谭鑫培老板和杨宝森的代表作，按百代唱片学的。"

三出戏排了一个月，火了一冬天。喜欢得马三要收他做徒弟。秦桃彬有点心动，直到舅舅坚决反对事情才告吹。

第八章　小书迷

那时识字人很少，因没有市场，少有书店。秦桃彬长到八岁，除了课本没见过什么书。一天傍晚放学，在学校门口，见几位高年级同学正围在一起你拥我挤在看什么，走近才知道他们在争看一本书，书名《续小五义》也挤上去想看。书是张二周的，看是个小屁孩，就领着大家起身跑走。秦桃彬不死心追了上去想借看一下，张二周不肯，说要看拿东西来换。秦桃彬高兴，立马把手中的石板递上，张二周答应了，把书借给了他。

张二周家没有读书的人，却有很多的书，原来他爹曾在顺德府尚书店学过徒，带回家很多书。

秦桃彬写字没了石板，龚先生问怎么回事。他实话实说，以后就有了很多石板，原来都是奖品，考试一次得奖一次，他就用这些奖品跟张二周换书看。直到长大了，明白事了，才知道这都是龚先生背后为他创造的机会。

龚先生的因材施教，又让秦桃彬大饱了"书福"，校内校外夜以继日，不认识的字，不懂的问题，就集中起来请教龚先生。龚先生很喜欢他请教问题，几天看不见，还让同学找他见面。

在这一段时间里，秦桃彬除了在农忙时到地里给舅舅一家送顿早饭，并顺便帮着干些力所能及的间苗、锄地的农活儿，几乎都是在看书，把张二周家的书看了个遍，如《小五义》《三侠五义》《七侠五义》《小八义》《大八义》《雍正剑侠图》《蜀山剑侠图》《响马传》《狄青征西》《燕王扫北》《薛仁贵征西》《樊梨花征西》《隋唐演义》《东汉演义》《西汉演义》《封神演义》《三国演义》《水浒传》……他和马三说的小说《绿牡丹》还有《响马传》都是这个时候看的。

除此，他也把集市书场的说书听了个遍：《刘公案》《彭公案》《施公案》《海公案》《包公案》《狄公案》《杨家将》《岳飞传》……还有戏剧那更是场场不落，如《连环湖》《武文化》《九龙杯》《溪皇庄》《贺兰山》《独虎营》《落马湖》《郓州庙》《连环套》……

看书用眼，听书用耳，戏剧眼耳并用，那是一种享受，他把它当作歇息，等看了一场戏后再看书、听书倒是头脑清醒多了，愉悦得很。

后来，这里说的后来是二年级的上下学期，仍然各用 10 天时间把新学期语文、算术新书上的题做一遍，都会了就可以去看书、听书、看戏啦。

在后来的这段时间里，他还交了不少朋友，都是大人朋友，这主要是因为兴趣与爱好相同和相近的缘故。

如一个中药店的司药叫刘长海，会唱河北梆子，他有时去听，就认识了。

还有一家中药铺的老中医李世香爱看小说，两人熟了，这一老一小经常在一起聊小说中的人物。

他甚至和卖酒的酒保也能搭上话，西街酒店有个叫杨镜清的酒保，曾经在 20 世纪 30 年代的上海学做生意，见过那里黄金大舞台的名戏、名角，还会跳那里的摩登舞，秦桃彬经常缠着他给自己讲戏文。

更值得一提的是，有个泽畔村的外乡人，逢集日背个大木头箱子走 20 里路来集市上卖书，一看就是个落魄文人，他的书明显比张二周家里的书现代一些，科技一些。认识后，秦桃彬就建议散集后把书放在他舅舅家，以省去来回背书的辛苦。为此他也得到了能读更多书的机会，常常通宵达旦，每每早晨起来就是一个被煤油灯熏黑的小花脸，而在这时他准能听到舅妈在另一个屋子悄声和舅舅说："又该买煤油了！"

……

在这一段时间里，随着看书、听书、看戏的内容增多，遇到的问题和困惑也增加，他不得不经常向龚先生请教。龚先生有问必答，循循善诱。

一次秦桃彬去请教问题后提出一个自己觉得感到有趣的事情：

"我听戏时发现很多戏里的故事在看书时也看到过。"

"比如说呢？"龚先生引导。

"比如说戏剧《狸猫换太子》，我在《三侠五义》的书里就读过。"

"还有吗？"龚先生又问。

"《霸王庄》《淮安府》《武文华》《郓州庙》……的故事，和《三侠剑》书里讲的一模一样。《四杰村》《刺巴杰》《龙潭鲍露》《溪皇庄》与《宏碧缘》曾相识。"

……

龚先生突然站起来，面无表情地看着他很久，把秦桃彬看得心里直扑通，他以为自己说错了什么。但这是自己真实的"觉得""感到"，他弄不明白为什么：书里有的，戏剧里也有？

　　石板像黑夜，

　　上面写的石笔字像星星。

　　秦桃彬等待龚先生的指教，但龚先生却望了望窗外、摇头晃脑吟出秦桃彬他认为的"诗"。吟完他说："孩子天不早了，你该回家了。"

　　不久，龚先生失踪了！

　　他不辞而别，谁都不知道他去了哪里？于是猜忌满天飞：有的说他身患重病不久于人世不愿人知，就悄无声息地走了；有的说他是佛家弟子，入俗是要体验民间疾苦，夙愿已成重返佛门了；还有人传他教学不入主流，处处离经叛道是被解职了……还有少数人认为与秦桃彬多少有点关系，一个 10 岁的孩子爱看书、爱听书、爱看戏不过就是好玩罢了，怎么就弄出了文学和戏剧的关系上来了呢？甚至涉及文学、戏剧的原始起源了呢？……龚老先生未必不懂，但即使懂，他用一种怎样的语言才能让一个 10 岁的孩子理解明白呢？莫不如"先生领进门，修行在个人"来得痛快、干脆、实际。后来又有人说，因龚老先生在教育上有独到之处而另有高就，因他为人低调，所以留下"传说"。不过有人认定一点的是：

　　他不是为秦桃彬而来的，却是为秦桃彬而走的。

第九章　亦父亦母的汪老师

孩子就是孩子！真的没必要封"神"、命"霸"。

就其秦桃彬的儿童天性和其他孩子没有什么两样：

头顶"茶壶盖儿"，脑后"九十毛儿"，鼻子下面经常有两通大鼻涕，不爱洗脸，满身泥土，经常光脚板，即使穿鞋也常露着两个大脚趾头，买不起鞋，母亲做鞋的速度永远跟不上他脚丫子的疯长。

也爱吃，也许是从小因饥饿留下的后遗症，如同他曾舍不得扔掉的糖纸，有着莫大的诱惑力。

也调皮捣蛋，爬树掏鸟，上房揭瓦。每天不弄出点动静来就好像对不起自己"野小子"的名号。

……

张二周家的藏书看完了；戏院里的剧目总在重复，观众称"倒粪"；书场的车轱辘话听腻了，说书的说上句他就能接下句……最主要的是龚先生走了，他原来那种"特殊化"和"自由化"的学习生活也就结束了。更为主要的是还有两学期就要上高小了，也该收收心了。

暑假，刚回到南汪店村，还没看到娘，堂兄就拦住让他陪着去魏家庄参加高小考试。几十个村才一个高小。

秦桃彬答应了。堂哥要考的高小和自己读的初小同在一个地方。路过魏家庄的集市时，一股油炸糕的香味扑鼻而来，秦桃彬的鼻子直吸溜，眼睛不肯离开，堂哥为了感谢他的陪伴就花3分钱给他买了一个并点着他的鼻子戏骂"馋猫"。堂哥比他大9岁，已是一个18岁的青年。

录取考试并不规范也不严格，老师发卷子时，稀里糊涂也给一旁陪考的秦桃彬发了一套。借着油炸糕的热乎劲儿，他一口气答完语文、数学两张卷子，到一周后放榜的日子，他和表哥居然都考上了。

读高小的时候，外村的学生住校，他住舅舅家算本村，小孩子就愿意扎堆儿，所以他趁宿舍有空床也时不时住在学校。

高小的班主任姓汪，乍一看也是个干巴老头儿，铁青面皮，不到40岁就留山羊胡子。从后面看，要不是比龚先生矮且瘦，两个人有几分相似。但如看前面就大相径庭了。生起气来，龚先生的胡子是扎煞的，而汪老师的胡子是在抖，他们手里拿的东西也不一样，龚先生拿的是戒尺，而汪老师手持的是教鞭。

一开始秦桃彬并不喜欢汪老师，他觉得他管得太严，即使对新发的语文、算术新书上的题都会，历史地理不难，也不允许你迟到、早退，更不能旷课。学生要有个学生样子，在集体里，就要遵守集体规矩，矩不正，不可为方；规不正，不可为圆。

开学不久，秋到深处，学校周围的绿植里蝈蝈在做垂死挣扎拼命地叫，这引起同学们的同情心，一人捉去一只，在衣兜里或袖筒里取暖。到了冬天寒风刺骨，大家又把蝈蝈装到容器里，或是个小葫芦，或是个小瓶儿，还有小纸盒儿什么的平时揣在怀里。

蝈蝈的生命力很强，有一滴水一片菜叶就能活。同学们中午吃完饭在教室外溜墙根儿晒太阳时，蝈蝈们就开始亮开大嗓门振翅高歌了，有时是"独唱"，有时是"合唱"，歌声清脆悦耳无忧无虑得像个天使。大家都给蝈蝈煞费苦心地起了名字：九岁红、白牡丹、苏金蝉……多是本地秧歌、丝弦、梆子的名角名字。秦桃彬的蝈蝈叫"大眼"，是乱弹剧团的黑头，嗓门儿最大，顺风能听三里。

……

原来以为是救蝈蝈于危难，没想到竟给他们带来这么多的乐趣！大家上课揣着，下课玩着，不亦乐乎。

一天，正上语文课，汪老师讲曹植的七步诗。

突然，"唧唧，唧唧——"有蝈蝈叫起来。同学们循声寻去，原来是"大眼"。秦桃彬急忙手伸进棉袄里拍它，没想到以往的经验不灵了，越拍大眼叫得越欢。全班同学哄堂大笑，课被搅黄了。秦桃彬急得一身汗，解开棉袄扣子低头无地自容。

汪老师气呼呼走过来，提着他的耳朵拽到讲台前。

看着汪老师的山羊胡子在不住地抖动，秦桃彬咬紧嘴唇准备挨打，想不到教鞭高高举起又轻轻放下，只让他把大眼和葫芦一起交出来，在一旁罚站。

接着汪老师继续讲课。秦桃彬脑袋里呼呼刮风，什么也没听进去。

下课铃声响了，汪老师突然叫了声："秦桃彬，把我刚才讲的这首诗背一遍。"秦桃彬背：

煮豆燃豆萁，

豆在釜中泣。

本是同根生，

相煎何太急。

本以为是汪老师要出自己的丑，背的时候很害怕，没想到一字不差背了下来。

这多亏以前养成的发新书就全看几遍的习惯。

汪老师看着他，脸上渐渐有了笑容，说："秦桃彬，你不该叫秦桃彬，你应该叫秦淘彬，不是桃子的桃，是淘气的淘。"

秦桃彬听了汪老师的话一时无语。

下课了，秦桃彬拿着装蝈蝈的葫芦跑出教室，正要往远处扔去，只听汪老师在身后面说：

"这么冷的天它在外边还能活吗？你既然想救它，就要救到底。我建议你放到家里，这样才是最安全的，你说是不是？"

秦桃彬只是点点头仍没说话。

秦桃彬课堂上吓得出了汗，敞开棉衣又受了凉，下午就开始发烧了，忽冷忽热。汪老师把他抱到自己宿舍正要放到床上，他看到洁白的床单又看看自己浑身灰尘、两条泥腿说什么也不肯躺下，汪老师无奈只好用力把他摁下，然后烧了碗姜汤给他灌下，之后给他盖上被子让他休息。

睡了一觉傍晚醒来，汪老师又给他端来一碗小米粥，里面还有一个荷包蛋，他吃后感觉好多了，爬起来想到外边走走，掀开被子下了床，发现白床单上留下一个小泥人的图像，不禁直伸舌头，脸一下红到脖颈。再往外走竟看见汪老师倚着宿舍门在啃一个糠菜窝窝头。

　　躺了两天感冒好了，上课认真了，更讲究卫生了……还偷偷把自己书本上的名字"秦桃彬"改为"秦淘彬"。

　　为什么要改？是要忘记什么还是要记住什么？直到老年也说不清楚，以至于当时就更说不清楚了。

第十章　亦师亦友的汪老师

高小二年级新增了历史和地理课，同学们高兴得不得了！孩子往往喜欢新生事物。

其实，每个学期的新书都有新内容，语文增加了作文，算术增加了应用题。作文同学们还能应付，只要会说话就能作文，只不过文章长短，有没有文采而已。但算术的 14 种应用题就不那么简单了，例如归一问题、盈亏问题、相遇问题、时间问题、和倍问题、和差问题、追及问题、植树问题、鸡兔同笼问题……连汪老师上课第一天就严肃地告诫大家：

"应用题是高小算术一个重要组成部分，是培养你们逻辑思维、抽象思维、问题解决等各方面的能力，是这一阶段你们学算术的重点和难点。别说你们还不会，就是会了做题也会做错。会把你们学算术的热情和兴趣耗得一点不剩……"

什么"逻辑思维""抽象思维"小学生不懂，但"会了还能做错"，是不是太邪乎了？汪老师说这一番话无非是引起学生重视，高年级不是低年级了，就是孩子也是大孩子了。

高小算术 14 种应用题真的成了唯此唯大的"问题"，连学习一直名列班级第一名、还稀里糊涂跳了一年级的秦淘彬也被难哭了。这

"新生事物"简直成了他的噩梦。

鸡兔同笼是中国古代的数学名题之一。大约在 1500 年前，《孙子算经》中就记载了这个有趣的问题。书中是这样叙述的："今有雉兔同笼，上有三十五头，下有九十四足，问雉兔各几何?"这四句话的意思是：有若干只鸡兔同在一个笼子里，从上面数，有 35 个头，从下面数，有 94 只脚。问笼中各有几只鸡和兔?

算这题有个最简单的算法。

（总脚数 – 总头数 × 鸡的脚数）÷（兔的脚数 – 鸡的脚数）= 兔的只数

（94–35×2）÷2=12（兔子数）

总头数（35）– 兔子数（12）= 鸡数（23）

解释：让兔子和鸡同时抬起两只脚，这样笼子里的脚就减少了总头数 ×2 只，由于鸡只有 2 只脚，所以笼子里只剩下兔子的两只脚，再 ÷2 就是兔子数。

其实这是假设。

假设全是鸡：2×35=70（条）

鸡脚比总脚数少：94–70=24（条）

少算的脚数：4–2=2（条）

兔：24÷2=12（只）

鸡：35–12=23（只）

鸡兔同笼问题，许多小学算术应用题都可以转化成这类问题，或者用解它的典型解法——"假设法"来求解。因此很有必要学会它的解法和思路。但学生理解并会用很难。大家学了近半学期还有三分之二不会，题型一变得数准错。急得汪老师总骂学生"蠢材"，学生破罐破摔，你骂蠢材，就是骂笨蛋也不会。蠢材、笨蛋老师怎么能教出不蠢不笨的学生来?

那个时间段,汪老师过的是"蠢材加笨蛋"的日子!学生遇到算术应用题的"坎",他也遇到了上地理课的"坎"。

当时地理课本都发下来了,老师无人敢应教。新中国成立前,邢台一府九县才有一座初级师范,统共几十名学生,不是一般人家上得起的。魏家庄高小的老师只读过四书五经,语文、算术还勉强应付,历史呢,戏台上张良、韩信、刘关张也许沾边儿,地理就难说了。地理是世界或某一地区的自然环境(山川、气候等)及社会要素的统称。"地理"一词最早见于中国《易经》。春种、夏锄、秋收、冬藏,二十四节气种地的"理"也许无师自通,但地球的"理"就玄乎了。只见过田间小道上的独轮车,连自行车都不知为何物,什么铁路、航运、矿产、机器等见所未见、闻所未闻,怎为人师?于是,大家推来推去,抓了汪老师的大头。

汪老师讲语文滚瓜烂熟,口若悬河,拿起地理课本却结结巴巴,念不成句子。

他讲中国四大山脉、四大河流,同学们问:"老师你见过吗?"问了汪老师个大红脸。

他讲山,山就是块很大的石头。同学们问:"整个一块大石头,人们在山顶上,河从哪里流出来?"

他讲城市就是个很大很大的村子。同学们问:"那种地要走多远?带饭还是送饭?"汪老师还是答不出来。

……

一天汪老师正在宿舍看地理书,书上讲的虽自己有些也不大明白,但读起来总得顺溜些,连读书上的话都结结巴巴念不成句子那真成蠢材笨蛋了。

"四大山脉是指喜马拉雅山、天山、昆仑山、唐古拉山。其中喜马拉雅山脉位于青藏高原南巅边缘，是世界海拔最高的山脉。四大河流长江、黄河、黑龙江、珠江。长江是中国第一大河，全长6300公里，为世界第三大河……"

汪老师正在念着，秦淘彬跑进来。自从蝈蝈事件之后，他对汪老师不但不讨厌还有点喜欢。老师宿舍也成了他的家，经常跑来，除了请教问题，就是在一起聊戏剧、武侠小说，一聊起来两人都有说不完的话题。他这次来是要告诉汪老师，他又遇到算术难题了。这次难题是植树问题：

一个学校圆形操场120米，周围要栽树，每隔2米栽一棵树，问需要准备多少树苗？秦淘彬答60棵。

一条路段120米，要栽树，每隔2米栽一棵树，问需要准备多少树苗？秦淘彬也答60棵。

秦淘彬不解汪老师为什么判作业时第一题判对号而第二题判错号？汪老师当时骂了他："你真是越学越蠢。自己回去找原因。"

秦淘彬灰溜溜地走了，找了几个同学，在教堂后的空地上用树枝当树苗"栽树"，"栽"到最后还真把错的原因找出来了——少栽一棵，需要61棵树苗。他高兴地来告诉汪老师。汪老师说："既然你能用形象思维弄懂了抽象思维的植树问题，那能不能也解决一下鸡兔同笼问题？"

这个题可比"植树"难多了，思考了几天后终于想出了一个全班同学齐上阵的办法，近似于演节目：

男生双手着地扮演兔子，女生挺胸抬头扮演鸡，按着计算鸡兔同笼的"假设法"计算鸡和兔的数。队形变来变去，同学寓学于乐，乐不可支，就在这有目的的玩乐中，终于把计算鸡兔同笼问题的"假设法"弄明白了。尽管全班同学不是百分之百的掌握，但会计算的人增加不少。

这次汪老师高兴了，手不住地捻着山羊胡子。

……

一天，他拍拍秦淘彬的肩说："正好过几天就到秋假了，我想让你陪我出去走走，咱俩一起长长见识去。"

带着师母烙的一大摞饼，秦淘彬和汪老师出村一直往西走，走了20公里见到了铁路、火车，再往西20公里见到了太行山。原来山不是一块大石头，是由大大小小许多小山头组成，中间缝隙很大，是河谷、盆地，泉水从石缝流出有头无尾的小溪，小溪变粗就成了河。又往南走了两天，到了顺德府，现名邢台。邢台的街道很长，胡同很宽，城里人不种地，靠做工、经商生活。当时汪老师拍拍秦淘彬的肩说：

"淘气包，受你'亲临其境'的启发，这几天咱俩脚上的泡没白磨。地理课我能讲了。"

秦淘彬听了懵懂，那时他还不知道"亲临其境"这个词的意思。不过汪老师从此迷上了地理，宿舍里装满了世界、中国、省、地、县地图，毕业生走到哪里，他就把小红旗插到哪里，还要求他们每人写一封信介绍那里的地理知识。

（1952—1955 年）

第十一章　又跳了一级

1952 年秦淘彬 13 岁。

那年隆尧中学招生，往年实行寒假招生一个班，这年全省统一改为暑假招生要招三个班。秦淘彬高小才上了一年半，被高年级同学怂恿，拉去"垫背"。三分之一的课程还没学，就敢混进去考，真是无知者无畏。当时就是闹着玩的，根本没放心上，也没和舅舅以及母亲说。估计考不上，所以精神非常放松，还是第一个交的卷子。

发榜那天，人家从前往后数，他从后往前查。先看备取，没有；再看正取，最后一名下面打了个截至符号，叫"做椅子圈的"。倒数好多行，依然没有发现自己的名字，不想再看了，就在扭头要走时，忽然听到同学喊："有的，秦淘彬。还在老前边呢！"于是回来正数，每行竖写四个名字第三行头一个名字果然是自己，新生录取 159 名，他是正数第九名。

突如其来，还有点不相信。自己一个穷孩子，从小经苦受难、忍饥挨饿，所幸解放后能上学了，但小学读得乱七八糟，初小读了五册跳到八册；高小刚上一年半能考上中学真是运气！究其原因，这里一半也许是与爱观戏、看书、听书，杂七杂八的知识增多不无关系。

喜出望外，还是孩童的真性情！也许是高兴过了头，回到舅舅家，冒冒失失地背起小包袱就往南汪店村跑，归心似箭，想把自己考上中学这个好消息第一个告诉母亲。

母亲正在做晚饭，院子里的一声"娘——"把她唤到门口，手里还端着一瓢水。看着儿子背着个小包袱站在眼前脑子里"嗡"的一下，想都没想就感觉凶多吉少：

要你读书才住舅舅家，这小包袱背回来了准没有好事，不是被舅舅家撵出来了就是被学校开除了，没脸在舅舅家住了。刚上学时就苦口婆心嘱咐，好好念书学本事，不能淘气，不能惹事，可这次真彻底，小包袱都回来了还念什么书？早有耳闻，儿子上学竟经常跑到集市上看戏、听书；和三教九流混在一起；上课还玩蝈蝈；人家下课玩老鹰抓小鸡游戏，他上课却领着同学玩鸡兔同笼；自己玩不算还跟着老师一起去了顺德府和太行山玩……

秦淘彬看见娘手里有瓢水，扔掉小包袱扑上去捧起了就喝，"咕咚咕咚……"天热，又是跑着回来的，15里路早渴得嗓子眼儿冒了烟。

喝爽了，用胳膊蹭了一下嘴巴正要向母亲报告好消息，只见舅舅和舅妈牵着头驴进了院子，驴的笼头上有朵纸做的大红花。后面跟了一群人，有老人孩子，也有几个妇女和壮年男，一看认识，都是本村的，不用问准是舅舅、舅妈和这头戴红花的驴招来的。

舅舅一见秦淘彬又给了他一巴掌，嗔怪："跑，跑，你就知道跑，我和你舅妈骑驴都没撵上你。"

秦淘彬不好意思说："俺想让俺娘高兴，早点知道。"

"让你娘让你娘，就不知道让你舅也高兴高兴。你舅还是从别人那里知道的。知道了就和你舅妈赶来了，你舅妈还给你扎了朵大红花，原本是想让你骑着驴戴着红花回来风光风光的。你是你们老秦家第一个读书到中学的人，要是在过去，通过乡试就是秀才，通过公试就是举人了……"

秦淘彬扯扯舅舅的衣襟："舅，别瞎说。"

母亲被眼前的一幕弄糊涂了，直到舅舅对母亲说："全地区 17 个县才有邢台、南宫、隆尧三所中学。你们老秦家坟地冒青烟了，你儿子小学没毕业就考上中学了，还是河北隆尧省中。"

随后舅舅还从兜里掏出鞭炮放以示庆祝。闻讯先来的和后来的街坊邻居也上前表示祝贺。母亲招呼着大家屋里坐，并端出在院子里已晒红的枣款待大家。

母亲的脸上始终带着笑容，但眼里一直含着泪，直至天黑了大家散去才哗哗地流下来。秦淘彬来到她跟前问：

"娘，你怎么了？"

母亲说："没怎么，娘这是高兴，为你高兴！谁能想到秦占元和刘九菊的儿子如今都要上中学了。"

"娘，你要高兴，我以后还要给你考上高中，考上大学。让娘天天高兴。"

"儿啊，如真是那样娘也未必天天高兴。"

"为什么？"秦淘彬还傻傻地问。

那天晚上，母亲辗转反侧，难以抉择：终于熬到儿子长大一点了，认字、识数会算小账了，再用不了几年就能顶立门户了……可千辛万苦哺育的小鸟却要飞了。不放飞吧，怕难为了孩子，他要不喜欢上学是不会去考试的；放飞了吧，刚刚有点暖热的窝又要成为空巢，自己连个说话的人儿都没有……但母亲就是母亲！第二天早晨起来，用凉水洗了把脸，精神起来，决定支持儿子继续上学。

在等待开学的日子里，秦淘彬几乎没有离开母亲，母亲没日没夜地给他做鞋。他就或坐或卧在母亲身边看书，有时看课外书，更多的是看高小还没学过的课本。

父亲人高马大英武无比，母亲也是妇女中少有的高身材，遗传，秦淘彬出生时就比一般的婴儿大，等渐渐长大，总是比同龄孩子高半个头，到十二三岁的时候就像十五六岁了，个高脚长，不但脚长还宽还厚，别说无钱买鞋就是有钱也买不到合适的。这可苦了母亲，做一双新鞋只够他穿20多天，还不时前面脚趾头钻出来后边鞋底被磨透。

在这个假期里，母亲就忙乎他的装束了，一口气给他做了八双鞋，还做了一顶帽子和一件衣服。

帽子是要白天晚上戴的，为的是遮盖住脑后头的"九十毛儿"和头顶上的"茶壶盖儿"。她在做帽子的时候秦淘彬曾小心翼翼问过："娘，我都是中学生了，还留着吗？"

母亲看着他没吱声，不摇头也不点头，此时无声胜有声，秦淘彬有点犯浑，母亲如果同意还会给你做帽子吗？

衣服是一件深秋穿的小大衣，那是母亲去外地卖布看到的一个新款式，喜欢得不得了，觉得儿子穿上一定好看，当时是要给他买的，但舍不得钱。这次儿子要离家去更远的地方上学了，比她的娘家还远，她又想起那件衣服，极力回忆款式的细节竟自己裁剪自己一针一线缝起来。此时此景触动了一边看书的秦淘彬，竟悄声吟起课本上唐代孟郊的《游子吟》：

> 慈母手中线，
> 游子身上衣。
> 临行密密缝，
> 意恐迟迟归。

谁言寸草心，

报得三春晖?

母亲听了，一边缝衣一边问："最后两句娘没明白，什么意思?"

秦淘彬来了精神，坐起来给母亲讲："春晖，是指春天的孟春、仲春、季春;晖，是指阳光。意思是子女像小草那样小小的孝心，能够报答得了像春天阳光普照的慈母恩情吗?"

母亲接下来讲："不用报答。做母亲的只想为孩子付出，没想得到报答。"

在秦淘彬要走的头一天，和母亲一起来到尼洋河。那棵老柳树还在，依然巍然挺立，枝繁叶茂。不过河床渐窄了，河流变细了，退水的河滩长出一片片绿色植物，有高高的树苗，有茂密的野草，还有趴在地上的蕨类。秦淘彬弯腰拾起一块鹅卵石向远远的河水里抛去。

自从那年母亲和奶奶以及邻居告知了他父亲的事后，他自己和母亲一起经常到这里来的时候更多了，有时是来祭奠，有时是来这里消闲。一次母亲曾在这里教他打水漂:拿起一块小石头挥手抛进河里，如果手法正确，石头在水里能跳跃着飞得很远。母亲告诉他，打水漂是父亲教她的，父亲是打水漂的能手，村里的人没人能赢他。

那天秦淘彬打第一个水漂没成功不服气，又捡起第二块鹅卵石抛出去，这次虽然成功了，但只不过飞跳了一次，他失望地回头看母亲，母亲正双手合十面对大柳树祈祷。他跑过去，发现母亲在流泪，低声自言自语:

"他越走越远了——越走越远，以前相隔15里，还有舅舅一家在身边照应。这次相隔30里，身边没有一个亲人——我放——心——不下——"

"娘——"秦淘彬叫了一声。

母亲愣了一下，当转身看他时已是笑容满面，泪水已经擦干。

秦淘彬终于明白了多天来母亲亦喜亦悲的心境。

……

有人说人最美好的生活是长不大，没有离开父母的时候，但哪位孩子愿意不离开父母而长不大呢？哪位父母又会因留孩子在身边而不让孩子长大呢？原生家庭的逐渐解体实属无情，但也自然，就像剪出生婴儿那根脐带。

开学的前一天秦淘彬背着书包，扛着行李，手里还拎着一个脸盆。母亲满脸笑容陪着他走出家门来到村口。母亲还要继续送时，被秦淘彬双手拦住，示意不要，母亲坚持，他说：

"娘要再送我就不走了，不读书了，我要在家陪娘，陪一辈子。"

母亲一听，吓得不轻，只好止步，追踪着儿子的背影，母亲虽有千般不舍，万般无奈，一百个不放心……但她接受了现实，目送儿子往前走，走到路的远端，一晃儿不见了儿子身影。她不知道不见了身影的儿子此时正蹲下身子脱鞋呢。脱了鞋，他把它包好放到脸盆里拎着，竟光着脚板向更远处走去。

秦淘彬早就深知母亲给他做鞋的不容易，仅是鞋底就很费时费力，要把一层一层旧布用浆糊粘好、晒干，剪成鞋底，再用麻绳一针一针纳紧……做一双鞋需三四天时间，纳鞋底要用手来回拉麻绳，能把手拉得血肉模糊。所以他从懂事起除了冬天就这样瞒着母亲不怎么穿鞋，光着脚丫子踩坷垃，走远路，还故意踢石头、踏蒺藜，让脚底磨出一层又一层厚皮。

……

世界上有最真挚的爱，即父母之爱；

世界上有最真挚的孝，即子女之孝。

什么是父母之爱?

什么是子女之孝?

真的父母之爱和真的子女之孝最原始的，最本真的，最心甘情愿的——无需喧哗，无需言声，默默地做甚至偷偷地做就是了。

第十二章 "不扯犊子"总务主任

9月1日开学，发了新校徽"河北隆尧省中"，也就是后来的隆尧第一中学。

河北隆尧省中的前身是"滏西联师"，1947年隆平县和尧山县合并，统称隆尧县。县城在隆平，中学设在尧山，可见中学地位之重要。当时校址在尧城镇（今名尧山村）。尧城镇是尧山县旧城，曾经是中共冀南二地委专员公署所在地，周围有城墙，中学地域包括原来的文庙、县衙，占了三分之一城垣，西、北、南三面都是城墙。

新生分三个班，秦淘彬分在12班。全班47名同学，来自高邑、柏乡、隆尧、清河、新河、巨鹿、宁晋、临城、内丘、邢台等10多个县，年龄大的20多了有了老婆孩子，小的十三四岁，排队身高从一米八到一米四，一条斜线，报数从瓮声瓮气到奶声奶气，像钢琴上的琴键，音节变化颇有乐感。

新落成的教室，红瓦蓝砖，大玻璃窗，晚自习用的汽灯亮瓦瓦的。新生的宿舍在东南角，一个小院，睡大通铺，几十个人一排，晚上门口放一个大尿桶。

伙房在校园西部，当时没有饭厅，吃饭在一片树林里。10人一组，一组一个大瓦盆。一般早饭高粱面窝窝、老咸菜，午晚两餐小米干饭，冬春一般是熬白菜、萝卜条儿，夏季多是菠菜、北瓜汤。吃饭时以菜盆和饭盆为圆心，围一圈蹲着吃。

报到那天在学校吃第一顿饭，秦淘彬吃得很香，小米干饭，菠菜汤，汤里还飘着几片白肉，这是对新生第一顿饭的款待。大哥哥、小弟弟初次见面，虽还陌生但其中也少不了特有的顽皮、嬉闹，正吃着饭，秦淘彬发现有同学一边吃饭一边在议论他：

"是女生，我敢打保票是学花木兰女扮男装。不信咱俩赌弹脑壳。"

"赌就赌。我说是男生，谁女生光脚上学呀？"

……

秦淘彬知道他们是在议论自己的着装。在小学大家见怪不怪，但中学生了，好奇心增强就不那么容易错过。于是一开始两个人的争论，最后就变成几个人的争执，甚至连吃饭都不好好吃了。

一位瘦高个儿、头发花白的老师走过来，实际从新生开始吃饭，他就在各组间溜达，有时一边观望着，还问几句话。本来他已经要离开了，一回头却被这组的"不正常"招呼过来。他看了每一个同学后把目光落在秦淘彬的身上，他也发现这个同学的着装有些特别，问：

"叫什么名字？"带着浓重的东北口音。

"秦淘彬。"回答有些不好意思，脸蛋红红的，声音弱弱的。

他端详一下，目光如炬。转向其他同学扔下一句："都好好吃饭，别扯犊子。"说完，走了。

同学听了，张嘴吐舌头。

"别扯犊子"，是东北的一句俗话，意思是：务正业，干正事，不要瞎想、瞎猜、瞎说、瞎做。为此高年级的学生还送他个称号——

"不扯犊子主任"。

刚来报到大家就有耳闻，瘦高个儿、头发花白的老师是总务主任，姓傅名充吕。他曾经是辽宁省一个抗日游击队的司令员，后来辗转到冀南工作，曾任冀南二专区专员。一次反扫荡被日本兵俘虏，受组织委托做"伪事"，坚持地下工作，营救了大批革命干部。抗战胜利后回到根据地，听说派他做地下工作的领导牺牲了，对敌工作都是单线联系，这样一来浑身是嘴也说不清了。他被沉默几年，忍受着误解，直到中华人民共和国成立后经过组织调查、甄别，才还回清白。恢复工作时，他已年老体弱，被安排到河北隆尧省中做总务主任。

同时同学们还听说他另一件事：

前几年学生伙食费每月 4 万元，换算成现在的钱是每人每月 4 元钱，平均每人每天是 1 角 3 分，当时是低标准物价，小米 6 分钱一斤，鸡蛋 1 角 6 个，猪肉 2 角 5 分……学生大部分是半大小子，正长身体的时候，干吃不饱。上面教育部门建议把伙食费提高到 6 元，这可难坏了总务主任，他知道，学生大多来自农村，他们的伙食费大多是父母土里刨食、鸡屁股抠钱，每人每月交 4 元钱都费劲，再提高到 6 元，就会有一大批学生过不了坎儿，只有退学。最后的结果，他说了算：

"别扯犊子，维持原来标准。"

维持原来标准学生吃不饱吃不好怎么办？这位深受学生畏葸又敬爱的总务主任，白山黑水、尧山滏河，曾经枪林弹雨，这时又像侦察员一样，出没粮店、集市、农民菜地，斤斤计较，一角一分地计价还价。同学们记得他每年春天都要到南关孵小鸡的人家，买一些泻黄蛋，既便宜又富营养，鸡蛋汤上飘着血丝儿。每星期改善一次伙食，蒸一顿白面馍馍，吃厌了小米干饭的学生们，眼里霎时放起光。

除此,他还给伙房一项重要任务,就是种菜、养猪。在西城墙根儿下开出一大片菜地,种一些应时的蔬菜,弥补学生菜金的不足。猪圈里总是肥猪满栏,还养了一头老母猪,一窝一窝地生产,小猪剋骟成膘猪,气儿吹似的长肉。这些猪,平时不动,只等期末才杀几口,考试几天吃几天猪肉大锅菜,为学生们解馋鼓劲儿。

那天被总务主任说了"别扯犊子"的几个同学一下午风平浪静,但晚饭后到宿舍百无聊赖好奇心就又上来了。秦淘彬正在整理带来的物品,几个同学凑过来,一个同学问:

"你光脚,是不是没鞋穿?"

秦淘彬说:"我有鞋。我有我娘给我做的八双鞋。"说着打开包裹给同学看。

同学看了很惊讶,异口同声"哇——"

另一个同学又问:"你能不能告诉我们,你为什么戴帽子?都到宿舍了还不摘,晚上睡觉也不摘吗?"

"不摘。"

大家更惊讶了,真是莫大的诱惑,于是七嘴八舌:"为什么?"

谁也没想到秦淘彬调皮地回答:"不告诉你们。"

这不是引火烧身吗?同学们真的火了,七手八脚拥上来要摘他的帽子,秦淘彬双手捂着帽子往宿舍外跑,正好与来找他的总务主任撞了个满怀。

总务主任把秦淘彬带到办公室,首先关心地问:"你光脚冷不冷,戴帽子热不热?"

秦淘彬不知道怎么回答,脱口:"不冷也不热。"

总务主任说："你说不冷，你却戴着帽子；你说不热，你却光着脚丫子。"

秦淘彬无语。

沉默了一会儿，总务主任坐到他面前，也让他坐下，竟滔滔不绝说起来：

"我从你的学籍登记表里知道你是烈士的后代，是秦占元的儿子。我在辽宁当抗日游击队司令时就听说冀南有个游击队中队长，武功了得。当我调到冀南任十一专区专员时本打算见他一面的，但还没见面他就牺牲了。"秦淘彬很意外，睁大眼睛。总务主任继续讲：

"后来我听说你刚出生14天就跟着母亲到处逃命，即使回到家乡也忍饥挨饿，你是靠母亲织布把你养活的。新中国成立了，你长大一些，书念得不错，高小跳级，上中学又是跳级。刚才我看到你母亲给你做的那么多鞋你却光脚不舍得穿，知道母亲做鞋辛苦，能省就省，你是个孝顺的孩子！我想问你的是这大热天戴帽子也和孝顺你母亲有关吗？"

秦淘彬当知道总务主任知道他的父亲，紧张的心情放松了不少，他点点头，也滔滔不绝说起来："听母亲说，我刚出生奶奶找了个算命的，说我'吉凶相随''福祸相递'，母亲为了让我避凶躲祸，根据当时农村流传下来的风俗从剃胎毛起，就给我头顶上留了个桃型'茶壶盖儿'，脖子后边还留一缕桃型的'九十毛儿'，说是不但能逃灾逃难，还能长命百岁。她的一个朋友姊妹还给我起了一个小名叫'老逃'。母亲把这两个地方的头发当成了我的命根子，也当成了她的命根子，小时候有闲她就把我的'茶壶盖儿'扎起来，梳成一炷朝天香，还扎上根红头绳，有时还插上一朵野花。长大了，我不喜欢了，男不男女不女的，看人家的头发精神，看自己的寒碜，哭闹着要变成分头，母亲说什么也不答应，有一次我自己拿剪子要剪，把母亲吓得扑过来夺过剪子抱着我失声痛哭，哭得很伤心。从那以后我没再敢提剪头发的事，我怕她伤心……"

秦淘彬慢条斯理地讲着，总务主任聚精会神地听着。

讲完，秦淘彬要摘下帽子给总务主任看他的头发是多么搞笑。但被总务主任制止住了。他只说了句：

"你真是个孝顺的孩子！但我没想到你竟如此地孝顺。之前我还以为你的头有什么毛病呢。想告诉你如有病要快点治，别耽误了。"说完他站起来说："天不早了，快吹熄灯号了，回宿舍吧。"

走到办公室门口，总务主任跟出来说："过一个月就放秋假了，回家你替我给你母亲敬个军礼，你父亲了不起！你母亲也了不起！"

走出办公室，总务主任又跟出来一本正经叮嘱："你要坚守好帽子的阵地，防止那些调皮捣蛋的家伙偷袭。"

"明白，司令。"秦淘彬也一本正经答应。

谁也没想到师生的一次谈话，距离竟拉到如此的近。"不扯犊子主任"最后哪像个曾经的"司令"和"专员"，简直就是好出鬼点子的大孩子，不过满嘴用的还是军事术语。有人说，爱孩子的大人，长期和孩子在一起，就会变成孩子，即使是老人也不老了。

一个月后放秋假，秦淘彬回到家里已是晚上，母亲不在。邻居告诉他母亲上夜校学文化去了，这出乎秦淘彬的意外。令他意外的还有，当母亲回来时，后面跟来个女人，很干练，说话快。母亲看到秦淘彬向女人介绍。"我儿子"。女人看了秦淘彬一眼点点头，又爆豆似的和母亲说了几句什么就走了。秦淘彬问母亲她是谁，来干什么？母亲告诉是地区的妇联主任，要母亲走出家庭当村妇女主任。

秦淘彬非常高兴："娘，我就离家这么几天，你的变化真大，又学文化又要当干部，我真替你高兴。"

"你大了不用娘操心了，娘该干点自己想干的事了。娘想学文化，我儿都上中学了，你娘还不识几个大字呢。但娘不想当干部，干部可不是谁都能当的，娘知道自己几斤几两，没有文化，国家政策知道的少；娘是小脚，行动也不方便……咱农村缺医少药，娘想学文化后跟你表姨学治病救人的本事，为咱村和附近的村做点事。告诉你，娘跟你表姨已学会接生了……"

"真的？"秦淘彬惊讶得大叫，"总务主任说的没错，父亲了不起！娘也了不起！娘，你站好，我要替总务主任给你敬个军礼。"

母亲被秦淘彬的话和动作弄得丈二和尚摸不到头脑，直到儿子把在学校的经历一一讲了才明白。

等秦淘彬说完，母亲有点不好意思，低头半天没说话。她知道那个总务主任让她儿子给她敬个军礼的真实意图。

"娘——"秦淘彬又是柔柔地弱弱地喊了声，又把娘的心喊酥了。

母亲端详着刚走了一个月的儿子，长高了，长白了，长胖了……心想进了国家的保险箱，还有什么可担心的呢？在夜校学习，听老师讲课也悟出点道理：命运不好，也不能信迷信，那玩意儿不靠谱，只有靠自己自立自强才能改变命运。她叫秦淘彬拿剪子来，秦淘彬一时没明白问：

"娘，你要干什么？"

"咱不要'茶壶盖儿'、'九十毛儿'了，娘给你剪个小平头。"

从镜子里看到自己的小平头，越看越看不够，比那些剪分头的小伙伴还精神，左看右看，舍不得放下镜子。

秦淘彬高兴之余还把自己的名字的"淘"改为"陶"。

母亲问，"儿啊，这两个字都一个叫法，你干嘛改呀?"

秦陶彬说："娘，这叫同声字，音同，意不同。这带三点水的淘，是淘米的淘，也是小孩顽皮淘气的淘。这带像耳朵的陶，是用黏土烧成的器物像缸、碗、盆、罐子什么的。我把我的名字里的淘改为陶，是想让自己黏土一样经过烧制，成为像爹、像娘那样的人。"

母亲明白了，把儿子揽到怀里夸："我儿有学问! 我儿会有出息的!"

第十三章　润物细无声

新中国成立伊始，经济恢复时期，要发家种棉花，农村一片兴旺。没有什么运动，民主平等，团结友爱，一心向上，形成了学生们绝好的社会环境和学习环境。在这样一个地处穷乡僻壤的中学，还有一支精英级的教师队伍，哪个教师站出来都可以和现在的大学本科教师媲美。当时教师的来源：一是京津名牌大学毕业、抗日战争爆发归乡现被政府请回来的；二是新中国成立后省教育厅派来的大学毕业生；三是各界旧知识分子经过培训做老师积极性高的……

秦陶彬的语文老师在新中国成立前是天津工商学院国文系讲师，曾和语言学家朱星是同事和朋友，已经出过四部语言学术专著，同时还不断有学术论文在报刊上发表；教生物的赵宝成老师是北京师大生物系的高材生；教数学的郑老师，能把《数学千题详解》等参考书倒背如流；从河北师范学院分配来三个实习生，两个教音乐，一个教体育，即使是实习生也把年级搞得热火朝天……

教自然地理的崔连贵老师是班主任，也许是受小学亦父亦母、亦师亦友汪老师的影响，秦陶彬从小就对地理尤其是自然地理情有独钟。地理课上，他依然是活跃分子，积极举手回答问题，善于独立思考提出自己的看法。一次教地理课的崔老师拿出一张中国地图给同学看，他看来看去不禁问老师：

"老师，地图上怎么没有咱这地方的尧山？课本里也没有讲尧山的文字。"

崔老师知道他喜欢地理，还喜欢刨根问底，竟说："它太小了，可以忽略不计。"

秦陶彬不服气："它明明那么大嘛！"

老师还戏谑地说："《山海经·山经》上还说宣务山（即尧山）高1850丈呢，那是夸张。"

崔老师的回答，还是没有让秦陶彬服气。他的不服气实际是地理老师的激将法——让他在潜意识里认识到：山的高大往往并不在山的自然"高"和山的自然"大"上。喜欢自然地理，更要喜欢社会地理和人文地理。

这事过了一段时间，师生都几乎忘却的时候，地理课的课程进度到学测量课了，秦陶彬提出测量尧山，而崔老师欣喜，正中吾意。

在崔老师的支持和安排下，还配备了三脚架、水平仪，秦陶彬和课外地理小组，用了一天的时间，测出了结果，尧山海拔157.6米，这是有史以来第一次真实的文字记录，直到如今所有关于尧山的高度文字，仍然沿用这个数字。

尧山确实很小，不但不高，长不过3000米，阔才1500米，按地理学的标准，充其量是一个小丘陵，而且山体毕露，几无植被，说不上美观。

测量完后，崔老师又让学生们深入社会，调查研究，搜集资料，课堂交流，让学生了解和知道尧山其独异的地理位置和人文景观是无与伦比的：

它在广袤的华北平原拔地而起，在京广线和津浦之间独树一帜。山巅有东魏武定三年（545 年）"陶唐采封"碑，记录了尧天舜日的故事。有人考证《禹贡》中的黄河碣石，亦即此山。诚然，尧、舜、禹截至目前都还是史前传说的无以考证的人物，但是代表他们事业的原始部落领袖总是有的，古代华夏以水为患，华北平原一片汪洋时，尧山无疑是最理想的治水指挥部和政治中心。

秦陶彬小时候，大人曾领着他逛过尧山庙会，半天爬不上去，因此在那时他的眼里，再小的山也是高大的。记忆中山道两旁有明代书院、隋朝彦综法师墓、同声古石室，还有卧佛寺、千佛殿、准提塔，越走越古老，最后是尧祠，再往上就是天上的张玉皇了。从山上往下看，云蒸霞蔚，山岚飘忽，山脚下的郭园村是周太祖郭威的故里，西山南村是周世宗柴荣的出生地，东南王尹唐陵是唐高祖李渊的祖坟……

在当时只记得一些名字，还说不出"物华天宝、人杰地灵"的话。但从这次的地理课，并亲自测量、亲自调查、看资料，他渐渐感悟到了，"山不在高有仙则名，水不在深有龙则灵"的内涵和意境。

尧山之南有一条河，就是韩信背水一战的泜水的下游。秦陶彬的家乡南汪店村就在泜河之南，睁眼就能看着尧山如日月之恒，成为故乡的标志、心里的屏障。所以他在回忆这次地理课的测量感受时不无感慨：

"尧山虽小、虽矮，但是一个具有鲜明特点的地域；是一个精之所在，气之所蕴，神之所附的地方！这里有历史演变的沧桑厚重；这里有优越的地理环境和特殊的人文结构；这里有多姿多彩的历史文化形态；这里有丰富的历史文化遗存；这里产生过大量的文化名人；这里有瑰丽多彩的风土民情。"

"山不在高有仙则名，水不在深有龙则灵。"这是语文课上，吴英华老师教背的刘禹锡的《陋室铭》的头两句。

而吴老师的教学方法也和地理老师有异曲同工之妙，让他受益匪浅。

一次作文课，吴老师出题目《最敬爱的人》，有的同学写父母，有的写老师，有的写志愿军战士。秦陶彬不假思索写起诸葛亮，从《三顾茅庐》写到《七星灯》，涉及几十出孔明戏，重点发挥《空城计》。作文讲评课那天，吴老师一边讲，一边笑得前仰后合，虽肯定夸奖了一番但最后却给了个不及格。批语是"文不对题，张冠李戴。"

秦陶彬不服，说自己从小就是个戏迷。"唐三千，宋八百，唱不完的三列国"。京剧剧目有三千出，绝大部分自己都看过。吴老师找他面谈后指出要害：

"你写的诸葛亮不是人，是一个戏剧里的艺术形象。回去看一遍《三国演义》咱们再谈。"

秦陶彬知道这是惩罚，乖乖从图书馆借书。没想到一看竟上了瘾，70万字五天看完。还不服气，主动找吴老师申辩："第九十五回《马谡拒谏失街亭，武侯弹琴退仲达》与《空城计》故事大体一致。"

吴老师不答应，把自己的一部《三国志》递给他，说："看三遍。要仔细看，反复看，比对着看。"

吴老师够狠的了，秦陶彬也够倔的了。

《三国志》是文言、古汉语，几乎每句都要查字典，看注释，加上裴松之注共计117万字，秦陶彬看头遍用了三个月，二遍用了一个月，三遍用了十天，严格按着吴老师的要求仔细看，反复看，比对着看，真的就看出问题来了：如在人物上，原来诸葛亮首次北伐，对手并不是司马懿，而是张郃；《三国志·赵云传》中的《空城计》不是诸葛亮而是赵云……在时间上，《三国演义》街亭之战发生于228年，罗贯中"关公战秦琼"，调司马懿提前三年披挂上阵；《三国志·赵云传》定军山之战发生在219年，罗贯中却把它退后九年……在地点上，蜀军北伐，驻扎阳平关，即今日的勉县，在秦岭南麓。小说和京剧中街亭失守，街亭是在今日甘肃秦县。诸葛亮退居西城，西城在今安康西北，如果西城在安康，则与甘肃秦县千里之遥，那救驾的赵云，难道是从天上飞过来的……

看完了书，有了这些发现和思考，秦陶彬对吴老师佩服得五体投地，他感慨："吴老师教我读书，不但用眼，更要用心。让我慢慢体会到从史书到艺术的飞跃过程。更主要的是小说可以虚构，史书必须真实。"

吴老师在秦陶彬的记忆里非常深刻，他曾看到过语言学家朱星为吴老师出版的语言学专著写的序，佩服得不得了。而让他更佩服的是吴老师的博学和认真、执着。

吴老师是在新生入学下学期才来到这个学校的。静海县人，衣着朴素，儒雅气十足；高度近视，戴一副酒瓶底厚的眼镜；讲起课来满腹经纶、口若悬河，同学喜欢听他的课，就连课下也喜欢接近他，不管他讲什么同学都爱听。但来校不久，刚把同学的胃口调动起来业余时间就不见他身影了。有同学发现星期天和节假日他常常一个人去游山，很早很早出去，很晚很晚回来。像传说中南蛮子一样诡谲。

有一天他又去西山了。秦陶彬等几个调皮的学生悄悄跟在后边，只见他这儿望望，那儿看看，像在寻找失物一样猫腰盯着脚下，还不时地拾起什么用手抠抠，用鼻子闻闻。同学们好奇怪，一拥而上把他围住要看个究竟。吴老师近视眼，原以为这山上就自己，突然呼啦一群人围上，吓得喊："你们要干什么？"

同学们哈哈大笑，问："老师，那你在干什么？"

吴老师听到有人叫他老师，知道是他的学生，定睛一看果真是。他告诉他们他在寻宝。

"寻宝?!"同学们很意外，异口同声，"你在寻宝？难道这里有宝贝？"

"也许有但不知道是不是。"说着他张开手亮出一块被泥土包裹的小石头，用手指甲抠了抠泥，里面露出一丝绿色的光。

连吴老师都不知道是不是宝，那同学们更不知道了。再说同学们对宝并不感兴趣，而感兴趣的是吴老师是一个外乡人，来这里不久，是怎么知道这里有宝的？吴老师说"看书看来的"，他告诉同学：

自从决定调到这里教学，他就找一些相关资料书籍看，他说老师们只有了解学生学习的自然环境、社会环境和家庭环境才能有的放矢地给学生们传道、授业、解惑。他是看《山海经》，上有记载尧山"出文石，五色锦章"才知道的。同时还收获到一个动人的故事：

当年孔子周游列国，路经此地，时属卫国。车过泒河时不知深浅，把书浸湿了，过河后停车路边，把书籍和衣物搬到冈上晾晒，发现了许多五彩石子，捡起来爱不释手。从此，天天手里把玩，磨成两个五光十色的圆球。他去世后，孔门弟子代代相传。到了元代，孔子的后代孔大佑思念此事，从曲阜来到这里，在孔子停车晒书的地方定居，后人就把这个地方称为孔冈……

最后，吴老师说，他手里这块宝贝，是不是五彩石他不知道，关于孔子这个动人故事的真实性他也不敢肯定，但孔冈这个地方是真实存在的，至今还有孔姓人家。

……

同学们听了感慨万分，而最最感慨的是吴老师做事追求真实、追求完美、追求极致的风格，让他们终身受益。

身居山乡僻壤，在求学的路上，竟能遇到如此这样学识、才华、见解、作为的老师，真是三生有幸，令人羡慕！他们被春风细雨吹拂着，滋润着……

第十四章　露出尖尖角

　　美好的学习环境，像沃土、阳光、雨露，使学生们体质增强、智力得到充分发展。秦陶彬从1953年入校身高一米四，到1955年毕业时长到一米七五，大脚大手大脑袋，身体健硕，精神饱满，那是他此生最美好的时光，记忆力超常提高，提出问题和解决问题的能力不断增强，到初中三年级学习成绩保持着绝对年级的第一名，各门成绩都是高分，连作文都是100分。他把这除归功吴老师的教学精湛也归功于自己的记忆力本来就好，到了初中就更好了，看书眼比手快，一目十行，一般眼过就不会忘了。《数学千题详解》虽达不到数学陈老师倒背如流的程度，但无论是作业还是考试从没被难题难倒过，这除归功于各科老师的教学精湛还归功于文学艺术，形象思维和抽象思维的互补互助。他在班级既是外语和数学的课代表，又是文娱活动的主力和文学创作的骨干。

　　学校为了活跃学生文艺生活，每隔两三个星期就搞一次文艺晚会，会场在旧文庙里，各班争先恐后。每次晚会，12班都有节目，秦陶彬是当然的主力，很受欢迎。一年级演了一个独幕话剧，他扮演一个农村小媳妇，接着又演了一出历史剧，是他自己改编的。二年级开始演京剧，唱青衣，上演过《打渔杀家》《霸王别姬》……

班级文学创作骨干非秦陶彬莫属，他喜欢文学创作和他喜欢文艺有关，和爱读书的关系更大。

有人说，尽管爱读书的人不一定爱写作，但爱写作的人一定是爱读书的。阅读量会使一个人的写作能力和阅读能力形成正比，因为阅读量能使写作者有很好的文学修养。这就难怪秦陶彬的作文到二年级后都是 100 分了。

秦陶彬出生在农村的贫寒之家，在上小学之前没有见到过任何书刊报纸，直到新中国成立了，上小学了，才接触到书刊。偶然一个机会，在同学那里看到一本《续小五义》意外地发现了一个奇妙的世界，最幸运的是又遇到了因材施教的龚先生，鬼使神差似的把他推到这个奇妙的世界里。他一发而不可收，从那时起看书成了他重要的课外活动。他像海绵一样从中汲取知识、能力和快乐。起初他饥不择食，见着什么看什么，在小学看了上百部农村流行的武侠小说；中学又看了百部中国古今长篇小说。有关三国的几种版本自不必说，还有《水浒传》《西游记》《儒林外史》《老残游记》等。更有鲁迅和冰心的书，如鲁迅的《彷徨》《呐喊》《故事新编》《野草》《朝花夕拾》等；冰心的《繁星　春水》（诗集）和 1932 年出版的《冰心全集》之一、之二。他喜欢鲁迅的冷静和批判的精神，也喜欢冰心的童真和爱心。新小说，看过《老桑树下的故事》《新儿女英雄传》等。他看书很快，每星期一两部，寒暑假二三十部，虽然大多是基于好奇囫囵吞枣、混个脸熟，但收获还是毋庸置疑的。有人说，不为"为"之而"为"之是真的"为"……

另外他在小学高年级和中学，有幸参加了一些社会活动，直接地或间接地有了一些区别于其他同学的生活体验和积累知识、思想、语言的机会，如：

　　1950 年，他作为隆尧县学生代表，跟随高小老师去巨鹿县参加公审汉奸张伯奎的大会。张伯奎军阀出身，"七七事变"投靠日本人，任县警备大队大队长。民谣说："巨鹿人民倒了霉，出了汉奸张伯奎，杀人一千八，不分你我他。"在审判大会上，秦陶彬目睹了民众愤怒的眼神、紧握的拳头和高亢的声讨声，他第一次在心里真真实实地感受到，什么是汉奸叛徒，什么是家国情怀。

　　1950 年 10 月 25 日，中国人民志愿军"雄赳赳、气昂昂，跨过鸭绿江"，一场轰轰烈烈的抗美援朝运动在全国展开。4 月 4 日儿童节（后改为 6 月 1 日），青年团团委书记到学校作报告，号召同学给志愿军叔叔写慰问信。

　　一个月后，秦陶彬接到一位叫王亮叔叔的信，在建立了通讯关系后，王亮不准他叫他叔叔，王亮说："我只比你大五六岁，应该叫我哥哥。"秦陶彬不同意："你萝卜不大，长在背（辈）上，我父亲是牺牲的八路军，和解放军、志愿军是亲兄弟，不能乱了辈分。"争论了两三个回合，秦陶彬只好妥协听哥哥的。

　　这哥俩书信来往频繁，一星期一封，王亮向他讲述参战的体会，他向王亮汇报学习情况。但在第二年的冬天，王亮哥哥的信渐少，内容越来越短直至失联。他在等王亮哥哥信的日子里，经常夜里做噩梦，猫在被窝里哭；心越来越慌，预感有不好的事情发生，天天到传达室看有没有来信。直到从其他渠道知道王亮哥哥受了重伤，已回到祖国，住在一个医院里，已无法给他写信了……

　　在初中阶段，秦陶彬还当过农村扫盲班的老师。乡政府信不过速成教师，就请在校学生代劳。

　　秦陶彬来到一所小学教室里，往上看屋顶吊着明晃晃的汽灯，往下看不论男还是女，一个一个脑袋上戴着白色的羊肚毛巾。他开始讲课，刚讲了几分钟，台下就响起鼾声，此起彼伏。也许大家劳动一天累了，也许他奶声奶气的童音不入他们的耳朵，急得他哭了鼻子，找乡长要辞职不干了，乡长说："别急，我想个法子让他们精神点。"

乡长的方法就是让大家说说自己没有文化的难处。没想到这一招还真灵，谁都有一肚子话要说。

一个农民伯伯说："新中国成立后一个叫卢二的地主欠我在他家打工的钱，我去讨要，卢二说没有钱，写了个字条让我去找他当乡长的弟弟三歪处拿，我信了去了，竟被三歪喊来人暴打了一顿。我不服，指了指字条说是你哥哥让我来拿钱的。三歪让一个打手念字条给我听，字条上写的竟是'此等刁民，吊起来打八皮鞭，唉——不识字，可把我害苦了，竟主动找上门挨打。"

接着又一个农民伯伯说："我曾被派给八路军送粮食和担架，因为不识字，出一次工就在墙上画一个横道，出工一年，竟画了半墙。还没来得及数，一场大雨，屋子漏水，把墙上的道道冲没了。我以为没戏了，白干了。要不是新政权给笼统估计了一下，把报酬付给了我，我全家就得喝西北风。"

一位妇女婶婶说："没有文化能把人害死。我姓苟，我爸死了随我妈姓，我妈读过私塾。上小学的第一天，老师问我是哪个苟？我说我妈说是一丝不苟的苟。老师说，什么是一丝不苟？你干脆姓一丝不挂的挂吧，于是我就回家跟我妈说改姓。我妈打了我一巴掌，一边打一边生气说，姓有随便改的嘛，你不要上学了，这个老师是二百五。我妈本来是要自己教我的，但她改嫁了，把我扔给了奶奶。但奶奶一个大字也不识。等我有孩子上学了，还是大字不识几个。一天孩子有病，让我跟老师告假，我想写孩子病了，躺在炕上，却写成了躺在坑里。把老师吓得急慌火燎地跑到家里来，以为孩子死了。"

……

七嘴八舌，争先恐后，泪水不断，笑声也不断。泪水和笑声点起了一把火，大家学文化的热情高涨起来。

读了这么多书，有这么丰富的经历所积累的素材，作文你不让他得一百分都难。根据语文课上老师的命题作文，秦陶彬一篇比一篇精彩。凡是他的作文，老师都给他贴到教室前边墙上让同学学习欣赏。在吴英华老师的指导和鼓励下，他又将有些精彩的作文打磨、修改寄给报纸杂志。

记得自己的第一篇作文是发表在《中国少年报》上的，名字记不得了，大致内容是写寒潮来了，一个残疾孩子回学校关教室窗户的故事。其人物和故事是真实的，但主旨不单单是热爱集体做好事，而是突出了一个残疾的孩子要长大还没长大，是如何战胜自己的自卑心理的。

接着又在地方小报的副刊上发表了《油房·粉房·豆腐房》三首诗，纯农村题材，司空见惯，和泥土一样普通，散发着泥土的味道，但在一个中学生小男孩笔下，生动、有趣，有意境、有语感、有张力……

秦陶彬的文章发表，如一颗炸弹，其威力把年级甚至是高低年级学生的学习积极性爆发出来，要知道那时候新中国刚成立不到五年，报纸刊物少得可怜，能给一个名不见经传的学生发文章简直是凤毛麟角。

秦陶彬在学校成了名人，连学校负责敲钟和送报纸的老爷爷都知道他的事。实际他这个名人是不好当的，好多同学记得想当年他刚到学校报到时头顶"茶壶盖儿"和"九十毛儿"，光着脚丫子的样子要多可笑有多可笑。人不可貌相，海水不可斗量，人在任何时候不要小看人，越被看不起的人越容易逆袭给你看。

发表作品的报纸被送到学校那天，吴英华老师紧紧地拥抱他，半天说不出话。

地理老师和他握手叫着他的名字说"我看好你，你就是这个地方尧山附近孔冈那里传说的石头，有光彩。"

数学老师来祝贺："你在数学上能不能也放一颗炸弹？"

总务主任见到他上去就是一拳，非常严肃："小子记住，不准骄傲！"

秦陶彬哪敢骄傲？尽管比以前写作更勤奋了，但越来越谨小慎微，甚至是偷偷摸摸，究其原因一是作品发表率太低，常常给他退稿。二是当时提倡"学生以学为主"，搞出如此的另类，不但有的校领导也有很多同学还有家长认为是"不务正业"，多亏他的学习成绩始终名列前茅，否则也许会把他刚刚冒出的"尖尖角"扼杀在摇篮中。

一天，秦陶彬又来到传达室看有没有信，敲钟和送报纸的老爷爷递给他几封信，以为是他的中稿通知，脸上替他露着喜悦，有抑制不住的高兴，岂不知又是退稿信：有的指出稿子的不足之处；有的说些鼓励的话；还有的怎么邮去，怎么退回来；当然也有的泥牛入海无消息，当时都是手写稿，没有底稿，不发表没关系，但不退稿那就算白写了。

尽管高潮过去秦陶彬又先后在报刊上发表了几篇豆腐块文章，体裁不一，题材不一，字数不一，但更多地是退稿。真名真姓摆在传达室门口，来来往往，谁来了谁念一遍，有同情的，更多的是讥笑。

大家七嘴八舌，说得秦陶彬低下了头。他觉得不好意思。吴老师告诉他，投稿可以化名，鲁迅、冰心都是笔名，真名叫周树人、谢婉莹。秦陶彬听了，脑洞大开，投一次稿换一次名字，最后竟想出个笔名——"尧山璧"。这一招还真灵，除敲钟和送报纸的老爷爷以及个别老师知道尧山璧即秦陶彬外，其他人渐渐地不再把关注和热情投向他。

至于笔名"尧山"，好理解，他在测量尧山的报告中写过：是他故乡的标志！是他心里的精气神儿！至于"璧"，那一定是想到了孔冈的五彩石了。璧：是平圆形中间有孔的玉。古代在典礼时用作礼器或饰物，美玉的通称。《汉书·律历志上》有"日月如合璧，五星为连珠"的句子，意思是说日月就像美玉结合在一起，五星（指水、金、火、木、土五个行星）就像珍珠串联在一块。后用"珠联璧合"比喻杰出和美好的事物聚集、融合。

回首中学时代，秦陶彬有无限感慨，他说那是他此生最美好的时光，是他文学之梦伊始的地方。不过有时也会回想起童年那个读课文好摇头晃脑、说话经常"之乎者也"、教生字不会拼音还要骂一句"多此一举"，还有打学生手板的习惯、要求学校的老师和学生要叫他"先生"的龚先生和他的曾经对话：

"你看这石板像什么？"

秦陶彬答："像黑夜。"

龚先生又问："这上边的字像什么？"

秦陶彬拿起石板左看看右看看说："像星星。"

龚先生摸摸他的头说："你这孩子长大或许能成为诗人。"

第十五章　纠结

时间如飞。

中学三年级下学期到了，同学们面临毕业后的选择。

秦陶彬想放弃考高中上中专。原因是中专两年毕业，有的中专不但不要学费，还包分配，更主要的是能就近工作，离家近，他可以陪伴母亲、照顾母亲。他是个孝顺的孩子，他曾说："没有母亲就没有我。母亲是我的一切，在我心中母亲就是上帝。"

头年寒假回家，他发现母亲明显地瘦了、黑了，眼角有了皱纹，头上有了白发。才40多岁已未老先衰。不过母亲的精神头儿挺足，还在上夜校；还在白天织布；还在抽空跟她表姐学医，不但能亲自给产妇接生，还能给出生不久的小孩医治"四六风"。

"四六风"是初生婴儿疾病，即脐风。是婴儿刚出生不久、人体各个器官还没有发育成熟、抵抗力非常低、对外部适应能力比较弱、由伤口感染引起的急性疾病，有明显的发烧和痉挛症状。发病多在出生后四天至六天。如不进行治疗，脑部会受到损伤。由于当时医疗事业还不够发达，尤其是农村，缺医少药不说，产妇和婴儿的卫生状况也令人堪忧。这种婴儿病在当时非常普遍。

见母亲如此的辛苦和劳累，秦陶彬曾劝说："娘，你别织布了。"

"不织布，咱娘俩喝西北风啊！"母亲还是原来那句话。

"娘要织布，那就不要给小孩看病了。"

"那可不行。"母亲立即回绝，说："那是一条条小生命啊，你能见死不救吗？咱宁可喝西北风也得救啊。"

……

听到母亲这么坚决，秦陶彬没再吱声。本来想在假期里和母亲谈谈考学的事，从此再没提一句。因为他已经知道自己该怎么做了，尽管自己还是希望考高中多读些书。

秦陶彬决定考中专不考高中的消息在年级传开后师生们反响挺大。

老师们遗憾："这么好的成绩，不考高中太可惜了。"哪个老师不希望自己教的学生能有更好的未来啊。

同学们感慨："他这么好的成绩都不报考高中，我们报考有什么资格？还不如像他一样报考中专，早毕业，早工作，早养家糊口。"这个年级生源大多是和秦陶彬一样来自农村，虽家境各有不同，但穷苦，生活艰难大多是一样的。

……

升高中考试在即。

那时中学生能考上高中，就等于迈进大学一条半腿了，学校领导非常重视，加强管理，老师们细致入微不放过任何一个知识重点，就连"不扯犊子"总务主任也来了精神，杀猪改善伙食……老师和学生积极进入备考。

一天，学校一位负责招生的老师找秦陶彬谈话，说知道他报考中专了，根据他的学习成绩和日常表现，学校决定保送他上中专，不用考了。秦陶彬听了很高兴。之后这个老师接着说：

"不过我还是建议你报考高中。你的成绩报考高中以后再考大学一点问题没有。咱们国家刚成立几年，缺人才啊。你继续读下去，真成了人才，咱们学校也是为国家做贡献不是。你家的情况学校都知道，你母亲给小孩治病的事学校也有耳闻。我们相信你母亲是会支持学校对你考高中的建议的。"

弄巧成拙。本以为要对母亲尽孝心，没想到竟涉及母亲支持不支持学校！

这事本不是什么问题，但在一个要长大还没长大的小男生心里却觉得好大好大。于是在一个星期六的下午他特意回了趟家，他没有直接回南汪店村自己家，而是去了魏家庄舅舅家。

秦陶彬读小学是住在舅舅家的。记得上学没几天，放学回来发现舅舅家一间房子墙壁刷得雪白，像一张大大的粉莲纸，心里动起来，上学都十几天了认识会写了不少字，在石板上写不好，想到黑板上写，但老师总没叫到他，心里痒痒，这墙壁可比黑板大多了何不露一手，于是找了块木炭就在墙上尽情地写起来，什么人、口、手，马、牛、羊……歪歪扭扭、横七竖八，觉得不过瘾，又画了一些对应的画。这可惹了乱子，原来这刷新的房子是准备给近期大表哥娶媳妇用的，正好那天母亲也来舅舅家，为舅舅家娶亲的事放下织布的活儿来帮忙的。看着被他弄得乱糟糟的墙一家人急得团团转，母亲气得拿着笤帚追着他满院子跑，恰好舅舅回来了。他还以为舅舅会生气把他打个半死，没想到舅舅朝墙上看了看，端详了半天，末了嘿嘿笑了，连说："好，好，咱家祖祖辈辈没识字的，这回可要出秀才了。"说完还抱起他亲了亲。

秦陶彬知道舅舅喜欢他，他也喜欢舅舅。后来发现不但自己喜欢，乡亲乡里的人们也喜欢他。无论自己或家人遇到什么难处、过不去的坎儿都喜欢找舅舅帮忙、出主意。直到上中学后，懂得了一些事情才知道原来舅舅是个不一般的人。

舅舅 1925 年就入党了，担任县农民协会常委，组织农民协会，开展针对地主恶霸的反霸斗争，中共顺直党委领导亲临祝贺，唱大戏三天，天津《益世报》发了消息，成为冀南土地革命一面大旗。四一二政变后，他在白色恐怖下搞过地下工作，后来又参加了冀南暴动。1937 年，他参加了冀南第一支抗日游击队，打过无数次恶仗，在枪林弹雨中救过很多人。抗战胜利，土改完成，上级安排他一个比较高级别的职务，这在别人是求之不得的，他却婉言谢绝了，一是因文化水平低，二是因两次坐牢身体不太好，怕担不起重任耽误国家的事，更主要的是家庭拖累太大。实际现在的舅舅不是大舅而是二舅。大舅在冀南暴动时因掩护县委和群众被敌人绑在树上烧死了，留下一个孤儿需要照顾。而自己的父亲也是因舅舅引导参加革命的，抗日战争中牺牲了，又留下姐姐和自己一对孤儿。这沉重的家庭担子舅舅不忍交给国家自奔前程，请求上级批准留在本地，一直担任的是村支部书记工作。

秦陶彬来到舅舅家正好赶上舅舅和舅妈在家，舅舅一见到他高兴地放下手中一张报纸迎上去拍拍他的肩说：

"大作家回来了！"说得秦陶彬一下红了脸。

舅妈递上水，指着旁边两张报纸带着埋怨："你文章发表了也不捎信告知我们一声，邮回来给我们瞧瞧。你舅还是从乡里会计那里知道的。"

"有这么重要吗？"

"当然重要啦!"舅舅接过话:"我们刘家,你们秦家,祖祖辈辈都是农民,和土坷垃打交道;再不就是军人,舞刀弄枪,没想到出你这个舞文弄墨的,这是要改换门庭了。"

"舅,这哪跟哪啊。不就是发表了几篇文章吗?"

舅舅沉思了一会儿接着点点头说:"嗯——你说得也对,这不算什么,真正的作家是要写大书的,写很长很长的文章,像魏巍写出《谁是最可爱的人》;赵树理写出《小二黑结婚》。咱不能骄傲,更不能到处显摆,要谦虚,谦虚才能写出更好更长的作品来。"

"嗯。舅,我知道了。"

"不过——舅还是要奖励你,给你买了支钢笔。"说着让舅妈拿了过来。钢笔是黑色的,装在一个白色的盒子里,舅舅继续说,"你还在用蘸水笔,写写蘸蘸,字迹不连贯,不小心墨水还会弄脏书本和衣服。舅知道很多学生都使用上钢笔了,但你舍不得买,说买一支钢笔够一个月菜金钱。你舍不得买,舅给你买,咱买不起名牌进口'派克'和国产'英雄',咱买杂牌,一样好使。用它好好写字,写文章。"

"谢谢舅!"秦陶彬打开笔盒拿出钢笔欣赏着,激动得眼里含着泪不知再说什么好。他特别羡慕有钢笔的同学,那时钢笔是一种文化的标志和象征,在制服的上衣口袋上别一支钢笔,感觉人立马和原来就不一样了。

舅舅对于秦陶彬的关心和帮助是司空见惯的,在某种程度上是弥补了他父亲的某些角色。

舅妈在灶台忙乎了大半天,做了几个秦陶彬爱吃的菜,直到端上桌子的时候秦陶彬才支支吾吾告诉舅舅报考学校的事,自己拿不定主意,请舅舅参谋定夺。

舅舅哈哈大笑:"我说你小子回来不直接回家到我这来准是有事,

我还和你舅妈打赌呢，你不说我不问，看谁能扛过谁？这不——"他转身喊："老婆拿酒来，我赢了！"

舅妈一边端酒一边嘟囔："喝，喝，就知道找理由喝。"

"我这不是高兴吗？外甥是个好孩子，对母亲孝心！外甥还是个好学生，书念得不赖！"之后他问秦陶彬，"是你娘恋恋不舍你，还是你恋恋不舍你娘。"

秦陶彬实话实说是他，也不想离母亲越来越远，但他更想读书。

舅舅说："原来是这样，那你明天就踏踏实实回学校准备考高中吧。你娘现在管不了你，她现在比我还忙。"

舅舅的话让秦陶彬如入十里雾中，本以为很棘手的事被他说得如此轻松。他有点不懂，更有点不放心。几个月没回家了，没见到母亲，舅舅说她比舅舅还忙，她在忙什么？怎么也不会比舅舅忙啊？想到这，秦陶彬放下还没吃完的饭，下炕穿鞋背起书包就走，等舅舅急忙跟出去，他已消失在夜幕中。

"娘——"刚进院就喊母亲。母亲没有应声。

闯进屋子，看着地上站着两个人在哭哭啼啼，炕上母亲正跪着给一个男人怀里的婴儿清洗肚脐，肚脐周围到处是血淋淋的脓水，婴儿一动不动，一声不响。

秦陶彬后来知道又是一个"四六风"小病号，地上站着的是婴儿的奶奶和妈妈，炕上抱着婴儿的是爸爸，他们是从五十里外的村子来找母亲治病的。婴儿病得很重，来不及接母亲到他们家治，就直接把孩子抱来了。也许就是抢出了这么一段宝贵的时间，万幸，孩子在第二天上午有了哭声，还吃了几口奶。母亲在给婴儿医治期间没有时间关顾秦桃彬，直到这时才插空和儿子说话：

"马上都要升学考试了，你不在学校好好复习，回家干什么？"

秦陶彬说："报考高中还是中专？我想知道娘的想法。"

"你的想法就是娘的想法。"

"我想报考中专。"

"那不是你的想法。"

"你怎么知道？"

"知子莫如母。你有这份孝心娘就高兴知足了，但娘不能太自私了。娘养你不是为了回报，不是要你养老、陪伴。娘养你，是要你长大成才、有出息……"

正说着，一辆驴车停在院子里，有人急切地招呼："这是刘九菊家吗？西村的连锁媳妇要生了，请你快去。"

"知道了，就来。"母亲答应着，回头对婴儿的父母交代了几句，拿起接生包小跑到院子上了车。

秦陶彬撵出来，有点失落地喊："娘——"

母亲一边和秦陶彬摆手一边说："儿啊——人往高处走，水往低处流，马上回学校去，好好复习——娘等你考上高中的好消息。"

（1955—1958 年）

第十六章　以第一名成绩考上高中

1955 年 6 月，秦陶彬 16 岁，以第一名的成绩考上河北省立邢台中学。

邢台市是一座古城，有三千五百年建城历史，曾是殷商都城。春秋时的邢国也存在五六百年。1925 年被北洋政府批准设立为顺德市，是行政督察区的驻地，工商业发达，教育氛围较好，曾是直隶四师、三女师、十二中、抗大总校等学校驻地，是冀南地区的工商业和文化教育的中心。

1946 年又在这里成立了北方大学。北方大学是解放战争时期创办的第一所综合性大学，校址就设在邢台城西。1948 年 8 月大合并，中共中央决定将晋冀鲁豫边区的北方大学与晋察冀边区的华北联大合并，建立了华北大学。北方大学（暨华北大学）新中国成立后通过整合建立和派生繁衍出一批新中国的高等学府、科研及艺术机构，如中国人民大学、中国农业大学、北京理工大学、北京外国语大学、北京航空航天大学、北方工业大学、白求恩医科大学、中央美术学院、中央戏曲学院、中央音乐学院、中国歌舞剧院、中国科学院等都与之有着血脉渊源。

河北省立邢台中学，创办于 1943 年，前身是太行一行署创办的晋冀抗日中学，校址在河北省赞皇县野湖泉。1945年，邢台解放迁到此处，并改称为太行联中干部学校。1950年，更名为河北省立邢台中学。1953年被确定为河北省重点中学。1956年更名为邢台一中。

1955年，秦陶彬就读时的河北省立邢台中学的地址就设在北方大学旧址，继承了部分师资、图书和教学仪器。

秦陶彬对邢台并不陌生，读高小时曾因汪老师讲地理课要"身临其境"陪他来过一次，虽然走马观花，但模糊的记忆还是有的，所以这次从南汪店村到邢台距离90里，竟没走冤枉路，到了城里是有些晕头转向，但鼻子下有嘴没费多少周折。到了学校，注了册，领了书，在去宿舍的路上，看到粉刷一新的办公楼、教学楼、图书馆、实验室、运动场……心中莫名地生出一种情愫，不知是感动还是感慨，总之心里酸溜溜的。

到了宿舍，他一眼看到了教室一样宽敞的屋子，窗明几净，阳光灿烂，整整齐齐两排大通铺。通铺不是像中学那种铺着谷草须席地而卧的样式，而是有木柱、木板的大通铺……瞬间他那心里酸溜溜的东西又涌了一下。

宿舍的人不多，大部分同学还在来学校的路上。早来的几个同学正在聊天，见了他愣了一下。

难怪同学这种表情！大热天的，他虽穿着便服短袖，但衣裤都是家织布的。布粗，厚，显得很热。实际母亲已经给他做了一条细布裤子，还买了一件细布衬衫。但那是要在开学典礼上穿的，路上尘土飞扬，他怕弄脏了。母亲还要给他做一件小大衣，被他制止了，他说上中学你做的那件我一次都没穿，这不是浪费吗。母亲问为什么不穿。真实原因是款式像女孩装，但他说出来的是儿子舍不得穿。

他在脱鞋的时候，同学又是一愣，并交头接耳，有的是看到鞋底有两个大窟窿，有的是看到他的两只又长又宽又厚的大脚。这次母亲又给他做了八双鞋，不过只带来两双。

几位室友看后表情复杂，他们的家境不得而知，也许比秦陶彬家好，也许还不如秦陶彬家。但他们似乎明白了：自己家也许过得不好，但要知道有人过得也许还不如自己家。

秦陶彬收拾完东西，下了床，主动和大家打招呼，互相通了姓名，没用一会儿就无话不说了。闲聊中一个来自巨鹿中学的刘姓同学问：

"唉——秦陶彬，我看你带来不少书，你一定喜欢看书了。"

"喜欢看。"

"除了看书，你还喜欢什么？"

"看戏。"

说完还想说"写作"，却被刘姓同学打断："我喜欢看书，更喜欢写作。"后又问："听我们中学老师说，你们隆尧中学有一个学生特牛，会写文章还会写诗，文章和诗都登报纸上了，你知道吗？"

其他同学听后感到很稀奇，也过来问：

"那是他自己写的吗？"

"是抄别人的吧？"

秦陶彬一怔，不知怎么回答。

"他读几年级？"

"今年该中学毕业了吧？"

"他上高中一定会上咱们学校吧？"

……

一连串问，秦陶彬开始不知怎么回答，最后干脆三个字——"不知道",说完不禁吐了下舌头,坏笑了一下。

　　闲聊了一会儿,他们一起涌出宿舍,在校园里逛,逛来逛去又逛到校外。首先来到学校南边的蚕种场,一片郁郁葱葱的桑树林:没有柳树的婀娜,也没有松树的高耸,但听桑农讲桑叶喂蚕、蚕儿吐丝织布的复杂过程,令他们惊奇。

　　　　野蚕食青桑,吐丝亦成茧。
　　　　无功及生人,何异偷饱暖。
　　　　我愿均尔丝,化为寒者衣。

　　刘同学随口吟出唐代于濆的《野蚕》,令大家刮目相看。
　　秦陶彬虽从小就与织物打交道,但还是孤陋寡闻,对桑、蚕、丝的转换知道甚少,他只知道由棉花转为织物的过程,不由得记起小学汪老师教背的清代马苏臣的《咏棉》:

　　　　金秋玉立喜田丰,一片冰心自暖融。
　　　　莫道花开如雪海,人间有我免寒穷。

　　但,诗到嘴边,并没有吟出来。
　　之后,他们又来到了学校东北方向的达活泉。
　　达活泉,原为一个大水池子,周有百步,深有丈许,泉水晶莹剔透,一望见底,水量大时,似开锅的水,翻华斗艳,银花沸腾,无数水泉,犹如玉盘行珠,滚流不息。
　　小孩都喜欢水,他们在那玩了好一会儿才转到校外的西边。
　　校外西边对面是一排排白色的楼房,楼不高,仅三层,他们隔着围墙向里张望，看到的除一排排楼房还有甬道边上的一片片搭晒的白被单，有穿着白衣服、白裤子、白鞋，戴着白帽子的人在其间走动，来到校外的西南边才知道这是一家疗养院，门口的大牌子上写着：荣军疗养院。

……

开学典礼后，进入紧张而有意义的学习生活，才知道这所学校的不一般，荟萃了一批学识渊博，懂得教育管理和教学方法的优秀领导和教师。

如校长杨少章，前河北省长杨秀峰的侄子，曾在抗日时期，烽火连天中以蓝天当被、大地为床，在青石板上领着如饥似渴的学生学文化；

一位地理老师曾是民国时期一位知名将领的参谋，人称"地理通"；

一位语文教师是时之高中语文课本的编委之一；

班主任兼教生物，是一位民主人士、大学生物系毕业；

……

他们在教育上追求培养学生德智体全面发展；在教学上，一切从实际出发，灵活多样，不拘一格；在教学方式上，以老师讲为辅，以学生自学为主，实行个人思考、集体讨论；社会实践也安排得丰富多彩，不是参观，就是慰问，调查研究，还参加了很多劳动，如抗旱、抢收……整个的教学活动有北方大学在时的遗风。

中学学习名列前茅的秦陶彬，在高中虽然各科的知识增加了深度和难度，但由于老师的讲课技巧，科学性、连贯性以及趣味性，让他学起来仍然轻松。他学习认真，成绩突出，自谦自律，性格稳重，团结同学，热爱集体……开学不久，被老师提名、同学通过选为班级学习班长。那时学生干部的称呼和后来不一样，学习班长大致相当于班委的学习委员。他还和刘同学由于喜欢文学而参加了学校组织的"文学卓娅班"。

"卓娅"取自《卓娅和舒拉的故事》里主人公的名字。《卓娅和舒拉的故事》是一本描述卓娅和舒拉如何成长为苏联卫国战争英雄的故事，感情真挚，语言朴实。这部书在苏联影响极大，20世纪50年代初被介绍到中国以后受到读者喜欢。

其实"文学卓娅班"就是把学校爱好文学的同学业余时间组织在一起，读有关文学作品、分析作品、讨论习作等。

第十七章 困惑

上高中不久，同学们渐渐感觉上午第四节课和下午第二节课经常饿得慌，精神集中不起来，坐不住板凳……

不久前，公布了《农村粮食统购统销暂行条例》和《市镇粮食定量供应办法》，其中高中男生每月34斤，虽然数目不少，但那时缺少油水，蛋、奶、肉更缺，只靠30多斤粮食就显得不够，何况是些正在长身体的半大小子，生命力旺盛，整天蹦蹦跳跳消耗很大。

学校虽然想了一些办法，弥补粮食的不足，但传统思维，传统做法，习惯平均主义，吃大锅饭，最后仍是"自古华山一条路"——加大水分，中午吃干粮，早晚喝稀粥。

喝粥，对于中国人由来已久，"黄帝始烹谷为粥"，后来就成为以粥节粮的法宝。何为"粥"？《随缘食单》中说："见水不见米，非粥也。见米不见水，非粥也。必使水米融合，柔腻如一，而后谓之粥。"粥分多种，水多米少谓之稀粥。

记得中秋节晚饭，食堂好心，想让学生最起码喝粥喝个饱，还特意加了红枣和豇豆，学生们山呼万岁，敞开了肚皮。食堂也没想到，端走了一盆又一盆，最后只剩锅底了，现做来不及，只有添水。最后造成在饭后的文娱晚会上，大家没心思看节目直往厕所跑。

此时的高中生，出生新中国成立前，经过饥饿的童年或少年，新中国成立后分了田地，刚吃过几年饱饭，但又要饿肚子。但此饿肚子和以前的饿肚子不能同日而语，毕竟中午还有一顿干粮，早晚只不过是不扛饿的稀粥而已，但调皮同学闲来无事竟编起歌谣：

　　一组十个人，稀汤一大盆。
　　米粒如星星，能够照见人。
　　勺子搅三搅，盆里起波涛。

食堂的师傅们本来就着急，但巧妇难为无米之炊呀！他们只好在粥里加一些菜叶，显得稠些。不过调皮的同学又编出新歌谣：

　　一组十个人，米汤一大盆。
　　米粒如星星，菜叶似彩云。
　　天天云遮月，肚里起吼声。

还有其他同学研究出喝粥的技巧：

一是盛粥时不能急着盛，更不能搅着盛，当你盛的时候一勺子下去就能盛到稠的，这是个物理问题……

二是要找小碗盛，食堂的碗一样大，那你就买个小的。因为小碗吃得快，吃完还能盛到第二碗，等大碗吃完再盛可能就盛不到了。两小碗一定比一大碗多，这是个数学问题……

对此问题，秦陶彬有自己的思考，他想起了中学"不扯犊子"总务主任。如他在一定能想出个对每个同学都有利的办法。后来他自己想出来了一个方案：同学因高矮、体重、饭量大小的不同，粮食部门把统销的总数分给食堂后变成饭票，学生根据自己的实际饭量买饭票，这样饭量小的同学既可以省下买余量的钱又可以将余量补充给饭量大的同学了。

这个方案，他曾和班主任交流过，班主任夸他有思想，有情怀，能从全局考虑问题，说尽快反映到总务处。但总务处还没有回话，一场大规模的急风暴雨式的反右派斗争遍及全国，河北省立邢台中学宁静和谐的校园瞬间不宁静不和谐起来。

高中生虽然不参加反右派，但随着运动的深入，"红专辩论"却成了在校生那时期特定的专门用语。"红"就是拥护国家，拥护党，拥护社会主义。"专"就是努力掌握建设社会主义的知识和本领。提倡又红又专，这个提法本来没有什么不对，但一搞起群众运动就不好驾驭了。

临到秦陶彬"排队"了：

秦陶彬根红苗正，在家庭成分上找不出毛病！那就在其他地方找缝隙。他一上高中就递交了入团申请，但到高二了还没批准。究其原因，在一次发展新团员的支部会上给出答案：

是他的"德"不好吗？

"不。"一个支委说，"他是个心地善良的人。他饭量大，晚饭喝粥，夜里饿得睡不着，他娘知道后给他烙了些豆渣野菜饼子带来夜里充饥。同宿舍一些同学比他饭量还大，夜里比他还饿得慌，更睡不着，他就把饼子拿出来分给大家吃。"

……

是他"智"不好吗？

"不。"另一个支委说，"他是以隆尧中学第一名考上高中的，在高中成绩一直名列前茅，还被咱们选上学习班长。他的脑瓜是聪明，但也刻苦努力，咱们有谁看过他那么多书？像他研究那么多问题？"

……

是他"体"不好吗？

"不。"又一个支委说，"他在小学稀里糊涂跳了级，比咱班大多数同学小一岁多，个子和咱们差不多但弱，用体育老师话说小孩没肌肉，瘦就显弱。但他干活却不惜力。你们记得不，咱们到磨镰岗谈话村参加植树，他怎么就能比我这个大力士在同样石头瓦块的地方多挖了两个树坑？至今我都没弄明白。"

接着另一个支委插话，"咱们到沙河县支援抗旱种棉花他也是这样，到四五里远的山上担水，他担的是最大的水桶，说多一口水就能救一棵棉花苗。几个来回，肩磨破了，红肿了也不叫一声苦说一声累。"

……

但是——

"但是"，在汉语里是转折词，这个词真是邪乎，能把一切事务旋转一百八十度。

一个支委说："他虽写了入团申请，但从不找我谈话，也不写每周的思想汇报。让他举报刘同学在文学卓娅班的言行，他一句不说。数学老师被打成右派离开学校那天晚上，他还擦眼抹泪偷偷去车站送行。"

……

万幸！秦陶彬。有人说，如果那时不是规定学生不参加运动，就"但是"的事他就是个妥妥的"小右派"。

但是——这位支委还是意犹未尽，又提出秦淘彬"虽根红苗正，德智体全面发展，但他爱看小说，爱唱京剧，还爱写作，有白专倾向"。

这下，众支委爱莫能助了。说的是倾向！发展的趋势！红底上蒙了一层薄薄的白粉，就成了粉红色。于是他不能参加团的积极分子会议和活动，但也不是打击的明确对象。

真得感谢这位团支委！

秦陶彬知道了自己处境和身份之后倒是轻松了很多，成了没人管的人甚至有点我行我素。他仍然把大部分时间放在了"白专倾向"——看小说、唱京剧、写作上。

第十八章　见到赵树理

秦陶彬在高中期间，图书馆是他的天堂。除了上课和吃饭、睡觉，几乎所有业余时间都是在那里度过的。

图书馆的书真丰富，这得力于北方大学的余留。他钟情于国内外小说，把喜欢的国内古今小说读完后又饱读外国小说——《母亲》《战争与和平》《钢铁是怎样炼成的》《红与黑》《茶花女》《巴黎圣母院》《简·爱》《安娜·卡列尼娜》《局外人》《悲惨世界》《傲慢与偏见》……中国文学为他打开了一扇一扇门，国外文学又为他打开了一扇一扇窗。

文学以最具体的、最生动感人的细节反映了客观世界的各种人和各种事，让人产生如临其境、如闻其声的感觉，并从思想感情上受到感染、教育和陶冶，同时也让他的感情得以发泄，爱憎得以倾吐，潜移默化地历练和塑造着自己的性情和灵魂。

《钢铁是怎样炼成的》这部小说对秦陶彬影响很大，主人公保尔出生于贫困的乌克兰铁路工人家庭，早年丧父，十分贫苦，全凭母亲替人洗衣做饭维持生计等描写，让他感同身受。保尔顽强、执着、刻苦、奋进、勇敢、奉献、宽容、诚实、坚强、不为命运所屈服的性格和顽强坚韧的意志，坚定不移的信念，热爱读书的精神，更让他佩服和敬仰。尤其是当知道作品是在作者瘫痪卧病在床、双目失明、忍受病痛与病魔做斗争的同时，在病榻上历时三年完成的时候，就更佩服和敬仰得五体投地。他读了那么多书，对作者产生这么浓厚的兴趣还是第一次。

他对列夫·尼古拉耶维奇·托尔斯泰的作品《战争与和平》也非常喜欢，对作品中表示对战争的不满，但不要用暴力和邪恶去抗争的观点也表示赞赏。他更赞赏书中人道主义的描写，道德上的自我修复和博爱主张。

作家与读者，两个人的国度、时代、背景、地位、年龄、身份、经历、性格等大相径庭，但对一事务的看法如此的相似相近。在心灵的求索中，似乎有一种"独立而不改，周行而不殆"的意味。正如大哲学家康德所说："位我上者，灿烂星空；道德律令在我心中。"

看书累了，秦陶彬经常独自到校外桑树林和达活泉走走、转转。

一天，他转转、走走，竟来到学校附近的荣军疗养院。

自从来高中报到的第一天知道这儿是荣军疗养院起，他就想进这里探个究竟，至于什么原因，他一时也说不清。后来开学不久学校和这里的疗养人员搞过一次慰问和联欢，他才知道这里的疗养人员大多是从朝鲜战场上回来的受伤志愿军，有轻伤的也有重伤的。那次他还代表班级唱了几段京剧，受到志愿军叔叔的喜欢。

学校提倡学生拥军优属，允许学生到那里做些力所能及的事情，如帮助工人扫扫院子，帮助护士晒晒被子什么的。不过疗养院有规定，可以进轻伤区和叔叔们聊天和交朋友，出于安全和卫生的考虑，重伤区不可以进去。

秦陶彬利用业余时间已来过几次，这一次和往常一样进去后看见一位护士推着一车被子就跑过去，帮着推，帮着晒。接着又陪着去楼里拉第二车，就在路过重伤楼外甬道旁的宣传橱窗时，他看到了一个熟悉的名字——王亮。那橱窗里的一则消息说的是特等残废军人王亮节约军贴支援灾区的事迹。

秦陶彬看着这个名字这条消息震颤起来，好像有心灵感应："他就是我的志愿军哥哥！"仔细打听，果然是，让他悲喜交加。有关领导知道了具体情况后，给他做了一系列的卫生护理把他带到王亮房间。只是他心目中那个顶天立地的英雄哥哥已经常年躺在病床上了，永远地站不起来了。

听秦陶彬报了名字，王亮僵硬的身子动了一下，干涸已久的眼窝涌出泪水，嘴巴嗫嚅了好久。秦陶彬听不懂，护士介绍说：

"在清川江保卫战时，他的头部被击中，晕倒在零下40度的冰河中，两天后才被发现，身上凡是突出的部位鼻子、耳朵、手和脚都冻掉了，只剩下一条木桩样的躯干。"

秦陶彬听了泪水涌动，他抱着他大哭，一边哭一边说，我要把哥哥的事迹写出来，写出来，让更多的人知道。

回到学校，只要有闲他就开始写作，常常熄灯了还要打着电筒写。星期天跑到疗养院念给哥哥听，虽然哥哥听不清楚他也念。风和日丽时，推着哥哥出来透透气，晒晒太阳，充当他的耳、鼻、手、足。友情对于两人已是一种默契，一场终生的邀约。

遗憾的是，后来王亮去世了，而秦陶彬写的作品《清川江上一座永久的桥墩》在一家刊物退改时竟丢失了。丢失的原因是他用的笔名"尧山璧"，而学校门卫只知道有个学生叫秦陶彬，不知道谁叫尧山璧。

一天，秦陶彬在图书馆发现一本刊物《河北文艺》。

《河北文艺》是新中国成立初期，每省一报一刊之一，是省文联与文化厅合署办的一本面向街头剧团和街头文艺的刊物，发表剧本和曲艺为主（北京市的干脆就叫《说说唱唱》）。编辑部经常关门下乡。后来不断增加文学成分，1956年才改名《蜜蜂》。

曾经稿件的丢失，并没有影响秦陶彬的写作，那是读书的积累和写作的激情。一开始他也并没有明确的体裁选择，小说、诗歌、散文、剧本，甚至顺口溜、民谣等等也一一尝试，结果对诗歌有些偏爱，也许他很认同我国现代诗人、文学评论家何其芳对诗歌的概括：

"诗是一种最集中地反映社会生活的文学样式，它饱含着丰富的想象和感情，常常以直接抒情的方式来表现，而且在精炼与和谐的程度上，特别是在节奏的鲜明上，它的语言有别于散文的语言。"

"这个定义性的说明，概括了诗歌的几个基本特点：第一，高度集中、概括地反映生活；第二，抒情言志，饱含丰富的思想感情；第三，丰富的想象、联想和幻想；第四，语言具有音乐美感。"

既然《蜜蜂》是本省的唯一文学刊物，而诗歌又是诸多文学表现样式独具特征的一种，那就试着给投篇稿子吧。是一首诗，诗名为《小枣树》：

　　　　小枣树，弯弯腰，

　　　　树上挂着黑板报，

　　　　表扬哥哥劳动好。

　　　　画又画，描又描，

　　　　生怕一字写不好。

　　　　手捂心，心在跳，

手捂嘴，嘴在笑。

忽听背后有人叫，
书记拉着哥哥到。
张大姐，脸发烧，
双手摇红一树枣。

这不过是一首儿歌，写的是孩子眼中的大哥哥大姐姐的爱情世界，美好，有趣。《蜜蜂》给原诗发表了，据说是时任主编田间和副主编张庆田一起选的稿。

第一次在文学刊物上发表自己的文学作品是令人难忘的，他手拿刊物激动不已，看了一遍又一遍。那是他曾经对文学文字的"热爱"，又把"热爱"变成了文学文字的真正开始。也许以前他所有的写作还有外在因素，如老师的激励，如让自己动心事件的触发，但这一次不同，是一颗年少青春的心的飞扬悸动；是由写作变为创作的一次突发彩排；是朦胧中一个原始真实梦想的显现；是自己要为之终生努力的最纯真的开始。

之后秦陶彬笔耕不辍。仍以诗歌为主，仅在高中期间一边读文学作品一边创作诗歌就有百首，有的发表了，有的继续修改，当然有的也成了垃圾扔了。

秦陶彬是个幸运者！
而运气来了挡都挡不住。
一天，团地委学生部长董振国派人通知，著名的作家赵树理来邢台，与文学爱好者召开见面会。董振国是新河县李家庄人，是革命先烈董振堂的本家兄弟，曾在隆尧县当过团委书记，知道秦陶彬从小喜欢看小说。

听到这个消息，秦陶彬激动得半夜睡不着，第二天提前一个小时赶到会场。

赵树理出生在山西省晋城市沁水县的一个贫苦农民家庭，1925年夏考入山西省立长治第四师范，开始写新诗和小说。他的小说多以华北农村为背景，反映农村社会的变迁和存在其间的矛盾斗争，塑造农村各式人物的形象，开创的文学"山药蛋派"，成为新中国文学史上最重要、最有影响的文学流派之一。他是现代小说家、人民艺术家，曾任《曲艺》《人民文学》编委。

秦陶彬是读赵树理《小二黑结婚》《李有才板话》《李家庄的变迁》等作品长大的，早就是心中的偶像。此时他的长篇小说《三里湾》刚出版不久，正是街头巷尾热议的时候。

会场设在西街地委礼堂，长条木凳上坐满了人，多数是师范生和读高中的学生。赵树理在一片热烈的掌声中走进来。

与道听途说来的不同，以前有传闻说：

他留着分头，经常不梳，乱蓬蓬的，穿粗布对襟褂子，戴一顶旧毡帽，趿拉着旧布鞋，端一个大烟袋锅子，经常出现在田间、饭场、老百姓的炕头上。夜里在棉油灯下写作，累了就到合作社买一小碗白酒，也不就菜，一饮而尽，喝罢乐悠悠地回住处。逢人就问好，群众说老赵像个活济公。

这次他已戴上了前进帽，穿起了中山装。也许是因为进了北京，担任中国曲艺协会主席、中国作家协会理事、《人民文学》副主编，需要讲究一些。但是坐下来，帽子一摘，衣服扣子一解，一口地道的晋东腔，不时还加些笑话、顺口溜，逗得大家哄堂大笑。

尽管那天的会议主题是《三里湾》，但大家开始的兴奋点还是《小二黑结婚》，提出了好多问题，他一一回答。他说，小说中的二诸葛原型是他父亲，平时掐掐算算，还搞个小买卖；三仙姑是山西襄垣县五道渠村的一位神婆模样；小芹是神婆的女儿；金旺、兴旺是涉县刘庄两个农民的形象。这些人都是他走南闯北写出来的。

《三里湾》是描写农业合作化运动的第一部长篇小说，成功地塑造了几十个有血有肉的人物。如何刻画小说中的英雄人物与普通人物呢？他说他写的先进人物事事要站在群众前头，又置身于群众之中……是工作的带头人，又是群众中的一员……所有人物都是在探索一个命题——对农民性格弱点的改进。

关于作品的叙述方式，他说中国古典小说传统手法——讲故事，按时间顺序和空间移位叙述事件，回答"以后怎么了"的问题，他自称自己是卖盆的，大盆套小盆，有头有尾，环环相扣，没有大幅度跳跃，符合中国农民的欣赏习惯。

赵树理最令人叫绝的是鲜活的农民口头语言。正是这些语言的方式给他的小说带来一股浓郁的生活气息。问他怎么学习语言，他说处处留心用心记，也用本子记，记下来就是宝贝，用出去就出彩儿。

问他为什么只写农村题材，怎么看待俗和雅的关系。赵树理说："我不想上文坛，不想做文坛的文学家，我只想上'文摊'，写些小本子夹在小唱本的摊子里去赶庙会，三两个铜板可以买一本，这样一步一步夺取那些封建小唱本的阵地。做这样一个文摊文学家是我的自愿，为农民写作。"同时他又强调："为农民写的作品也要讲品位，什么品位的东西摆在什么位置上，茶壶摆在茶几上，尿壶就不能摆在那儿了。"

……

听君一席话，胜读十年书。秦陶彬牢牢把赵树理的话一字不落地记在心里。

散会的时候，秦陶彬拿着刚买了不久的《三里湾》和其他与会者一样请赵树理签字。赵树理看了看他说："你穿的对襟粗布褂子和家做布鞋我以前也经常穿，抗磨还抗脏。"接着问：

"你叫什么名字？"

"秦陶彬。"

"哦——你就是秦陶彬啊？我在《蜜蜂》上看到你写的一首诗。不错！"

第十九章　看梅兰芳演戏，
　　　　听齐啸云讲戏

经常有人问秦陶彬："你是怎样走上文坛的？"他总是笑而不答。因为说了怕人不信。前面已经写过，实际他喜欢戏剧先于喜欢读书和写作。

他曾生长在穷乡僻壤，连小学里的先生们从来也没听说过李白、杜甫、《红楼梦》《西游记》，更别说鲁迅、冰心了。甚至过春节，一个村子也出不了一个能写对联的人，往往是带着年货跑几十里的外村请人代写。除了黄历从来没见什么杂书，可以说是文学的沙漠。

但那时孩子，尤其是农村穷苦人家的孩子对戏台并不陌生，新中国成立前，三里五村都有野台戏班子，逢年过节或庙会找个场子、搭个棚子就开唱。新中国成立后，成立了文化馆，文化娱乐火了起来，村村成立剧团，京剧、梆子、秧歌剧种很多，没有剧团的村庄文化馆重点扶持。对于那时候来说，这是最广泛的艺术传播以及文化普及和启蒙。

秦陶彬从两岁就坐在大人腿上看野台戏，有时还被抱上台，求人给画个花脸，多是关公、秦琼，象征吉利，然后招摇过市，引人哄笑。大一点了自己就爱去戏班子里掺和，跑跑龙套，扮个《秦香莲》

里的冬哥、春妹等什么的。

有个三九天，临清京剧团小武仲主演《欧阳德》。天下着大雪，奇冷无比，台上的演员反穿着皮袄，端着马勺一样的大烟袋锅子，手冻得直发抖，台下看戏的冷得乱跺脚，最后只剩 20 个人了，其中就有他，临散戏，腿都僵了。他成了村里出名的"小戏迷"，迷到晚上看戏，白天画戏剧人物。

和其他小孩玩，也离不开戏，用秫秸篾子扎成各种样式的头盔，木棍削成刀枪，比比画画，咿咿呀呀。看得多了，戏中的情节、人物、场次乃至唱词也记住了一些。最容易记的是地方戏中粗野而生动的唱词，像戏剧人物程咬金的"瓦岗寨上做皇帝，水土不适光撺稀""罗八弟你挑好的，康窝窝菜团子是我的"。后来也记住了一些文雅的唱段，像杨玉环的"海岛冰轮初转腾，那冰轮离海岛乾坤分明"。记住了唱词又学会唱腔，只是高粱地里嗓子，不那么专业罢了。

那时乡里优待军烈属，发个木牌，看戏不用买票。在学校、家里不忙时，秦陶彬就跑着到处看戏。甚至有了特别想看的剧目，不惜逃学。从戏台上学来许多有声有色的历史、文学知识，掌握了不少形象生动的语言。

从小看书看戏，稍微大一点，就跃跃欲试想演戏。

那时县文化馆每年分片搞文艺汇演，他当时是小学生，放假回家就参加了村里的文艺宣传队，演《兄妹开荒》《夫妻识字》等秧歌剧，大人的打扮孩子的童音，演得好不好没人管，仅就好玩得到观众一阵阵的满堂彩。

初中，是学校业余剧团的骨干，演过一出话剧里的农村小媳妇觉得不带劲，后来排演京剧，没演红净而攻旦角。《打渔杀家》他扮穆桂英，不仅扮相好，还有一副天生的好嗓子。只是唱腔没有经过调教，只能大体上有个板眼，连拉弦的文武场都没有，就这样也足以把全校轰动了。后来排演《霸王别姬》，他不会舞剑，没有程式，一路乱耍。为了学剑，他跟一个剧团到几个台口扒台板，记下路数，终于把一套剑舞从头到尾比画下来。

不但演戏还要写戏，曾根据《水浒传》改编了一出京剧《黑松林》。效果褒贬不一。有的说"好棒！"有的说"瞎编！"

秦陶彬唱京戏的瘾头一直保持到高中毕业。在高中，组织了一个业余京剧团，上演过《宇宙锋》《玉堂春》等梅派剧目，不仅唱青衣，也反串过王金龙、崇公道，他既是主演也是导演。而且这时的演出条件也大有改善，场地、服装、行头、拉弦的文武场都有了。唱腔按乐谱学，梅葆玖的一段《西皮慢三眼》"我这里假意儿——"足足学了一个星期。十六七岁的年龄，记忆力好，不费什么劲儿各科成绩皆优。他把不少精力用在看戏、演戏上。

到了 1958 年最后一个学期，他的戏瘾有增无减，高考的事儿还没有提到日程。一天，有个戏迷同学告诉秦陶彬，邢台东县东汪乡来了个角儿，坤伶黑头，唱功极佳，说是外贸部下放干部，姓齐名啸云，正在水库工地劳动，休息时给大家唱戏。他听完放下复习资料就狂奔邢台城东 20 里东汪乡。

齐啸云，女，原名齐润霖。出生于官宦之家，祖上曾当过乾清的吏部尚书，父亲是天津《民生报》主编。1953 年毕业于燕京大学，学对外贸易。自幼酷爱京剧，师从郝寿臣、马连良，后来又跟着钱宝森和裘盛戎学，继承裘派、郝派等艺术基础上自成一格。台上雄武刚劲，唱腔尤见功力。

秦陶彬来到南大树村水库工地找到了齐啸云。头扎白头巾，腰系宽布带，她拉着装满土的车，健步如飞，简直就是个壮小伙子。中间休息，她不歇着，抹了一把汗，端起青瓷大碗唱道："将酒宴摆之在聚义厅上，我与那众贤弟叙一叙衷肠……"声响如洪钟，灌满了偌大的水库，掌声、叫好声不息。休息完了，大家仍情绪高涨，气势如虹。秦陶彬被这气氛感染着，兴奋不已，竟想起了不知在哪本书里看到的一句话："艺术是气质的非凡产物。"

县领导看这场面高兴极了，请齐啸云不要干活了，以她为主角其他配角从各部门拼凑，成立一个京戏慰问团，到劳动工地，到山区村民那里去慰问。秦陶彬偷偷地跟上这个慰问团，齐啸云比他大10岁，让他叫她姐姐。在去转场山区路上，齐啸云跟他说：

"越没有艺术的边远山区，越热爱艺术，越需要艺术。"

"实际艺术的营养到处都在，比如看到山峦起伏，我明白了《连环套》的形势；看到贺坪峡的险峻，便想起《阳平关》的曹操'只手独擎天'的意境；望着山区黎明轻雾弥漫，便想起了《探阴山》包拯念的'观东方，一阵明，一阵黑暗；望开封，那就是自己的家园'……"

在彩排的礼堂，秦陶彬亲眼目睹了齐啸云既是演员又是导演、音乐、舞美、灯光、道具统一调度，俨然一位三军统帅。

……

他终于明白了在为人民服务中存在的艺术家是怎样的态度和行为，是怎样把光明和正义以及高超的艺术送进人民的心灵深处的。

1958年对于秦陶彬来说，简直是吉星高照，好戏连台。刚认识了齐啸云，又听到一个戏迷说梅兰芳来邢台演出了！把他心里京剧的火苗煽得熊熊燃烧。用现在的话说就是疯狂的追星族。他从初中起学演过《打渔杀家》《霸王别姬》《玉堂春》《宇宙锋》等梅派名剧，做梦都想有朝一日亲眼看到梅兰芳的风采。如今他的驾临，乃千载难逢的机会，美梦就要成真了。

梅兰芳在邢台剧场演出，秦陶彬花了一元钱买了张前排的偏座票，那可是高中生一个星期的菜金。正式演出的那天傍晚，他提前两小时来到剧场，首先看到海报，压轴戏是梅兰芳的《贵妃醉酒》，大门未开就在外转磨磨，一边一字一句背《贵妃醉酒》的剧本台词。

这个剧本是梅兰芳以白居易《长恨歌》为题材，编演了四本连台的《太真外传》。曾红极一时，可他自己不满意，又借鉴汉剧《醉杨妃》改编成了《贵妃醉酒》，取得了极大成功，成为持续几十年的代表作。

大师就是大师，对剧本有独到的理解：他改的贵妃摒弃过去演员醉酒思春、放浪形骸的失态，代之以突出宫怨的主题。辙口不变，唱腔依旧而意境完全改观，更符合《长恨歌》的原旨。

幕布拉开，戏剧开场，只见60多岁的梅兰芳舞步轻盈，如芙蓉出水；腾落俯仰，飘飘欲仙；抚肩凝神，玉雕瓷塑；回身转睛，桃李春风……一个雍容华贵的醉美人儿跃然台上。

大师表演时，台下鸦雀无声，掉根针都能听见。观众不敢叫好，生怕耽误了眼睛、耳朵。演出结束，掌声山呼海啸，一次次把大幕抬起，许多人眼含热泪不肯离去。直到后来的人看到出来谢幕的大师脸上沁出的汗水连成了道儿，才恋恋不舍退场。

看了中国最伟大的京剧表演艺术家之一的表演，秦陶彬呆了，想起太史公的一句话："高山仰止，景行行止。虽不能至，然心向往之。"至此，他真正地懂得了京剧的高深，唱戏需要童子功夫、天赋和修养，绝不是儿戏、玩票能达到的。从此，他对京戏的爱好由狂热变得冷静起来。但是，多年的舞台生活，比他从语文课上学到的知识还多得多，这是不能否认的。戏剧舞台是形象生动、色彩斑斓的语文课，他从中学到了大量语法修辞，历史知识、社会知识、音韵知识，以及风俗、人情、世故……后来他偶然看到一本《京剧剧目初探》，发现2700多个条目中，有2000多出他都看过，戏路子、台词比较熟悉的也有上百个。这大概就是他爱好文学的基础了。有人说：

文学是戏剧不可撼动的灵魂！戏剧也是文学不可或缺的载体！

第二十章　抉择

尽管报考上大学离母亲和故乡越来越远——这就是长大！但在高中毕业回家等待上大学的录取通知书的一段时间里，母亲却犹豫和纠结起来。犹豫和纠结的并不是儿子能不能考上大学？儿子是不是读大学的那块料？而是儿子多年读书，一路走来，一次次给她的惊喜，她现在已不需要惊喜了，而是叩问：

"你都读近十年书了，什么时候能独立门户？"

"你都近 20 岁了，你的发小、同学都当爹了，就是没当爹也有媳妇了，就是没有媳妇也都有对象了，你什么时候能给你爹和我生个大胖孙子啊？让秦家人丁兴旺、代代相传？"

她问儿子大学要读几年，儿子告诉她四年。她吓得差一点坐到地上，"我的娘啊，比读初中、高中的时间还要长？"她急切地问："那学校让娶媳妇生孩子吗？"

儿子摇摇头。

"儿呀，娘等不到四年后再给你娶媳妇。"母亲几乎是哀求和绝望，急得眼泪都掉下来了。

……

母亲毕竟是 20 世纪初生人，难免受小农意识、农耕思想的影响。

　　此地此时此人对人所有生存因子的"根"和一个人未来发展的"源"都有着毋庸置疑的本性和真情；对家族、宗亲一类毋庸置疑地膜拜；对"不孝有三，无后为大"毋庸置疑地敬畏。代代宗宗、祖辈传承，他们都不想在自己或下一代戛然而止，所以普遍存在这样的习俗：当孩子刚刚出生，就结娃娃亲；大一点到七八岁就开始换亲；18 岁左右就结婚生子。从古到今已成惯性。

　　此地此时此人还有坚守"七十二行，庄稼至上"的乡俗。无论你在外读多少书，做多大的官，有多少财富，回到这块土地，大家按礼节欢迎你、款待你、尊敬你，但未必崇拜你、欣赏你、喜欢你。他们崇拜、欣赏、喜欢的是当地的匠人，有一项好手艺，比如走街的铁匠、木匠、小炉匠甚至剃头匠、掌鞋匠，他们靠一己之长，把特长做到极致来养家糊口。尤其是会种庄稼的里手、把式，养畜耕植，谁能让庄稼收成好，猪儿养得肥，蔬菜伺弄得旺……谁就受关注、受重视。

　　人们首先顾及的是眼前利益，先是生存后才是发展并没有什么错。信息的闭塞、交通的阻碍等，贫穷、落后也确实限制了他们的想象力，即使是有着织布的手艺、见过一些外边世面的秦陶彬母亲也难理解读大学的真正益处。"能识些字，会拨拉算盘"是她对儿子最初的期许。"人往高处走，水往低处流，做有出息的人"是她后来对儿子的理想。村里没有人读过大学，秦陶彬如考上大学就是古今第一人。母亲想不出他读完了大学能干什么，但她能想出他不用读大学就能干什么——做小学教师！而且她相信如果儿子现在就当小学教师会比三里五村任何小学教师都强，绝对是个合格的"教书匠"。如此，他还有必要上大学吗？要等四年吗？母亲很精细，会算账。

　　母亲出身贫寒，后又丧子丧夫，女儿不在身边，唯一的桃儿她是用半生的努力养大的，他是她的命；是她从丈夫牺牲后唯一活下去的意义和价值。她不求养儿防老、不求有付出就有回报，只求儿子"往高处走，做个有出息的人"。而有出息的人未必要读大学，未必要做官，未必要发财……而是要学会做人！学会做人最好的职业就是当老师，为人师表，教人做人！在扫盲班里，她学习知识，学习能力，学习道德……她突然感悟到老师的职业是最崇高、最圣洁、最伟大的职业。

知道了母亲的想法和心事，秦陶彬没有否定和拒绝，他知道母亲的这些想法和心事并不愚钝，而是英明。他何尝不是这样想的呢？早日工作，担起家庭的责任；早日结婚，了却母亲的心愿。他是母亲的一切，母亲也是他的一切。

从小就读过元代人郭居敬编撰的《二十四孝》，看过图本，也读过文本，"戏采娱亲""芦衣顺母""王祥卧水""丁兰刻木"……生动的故事，尽管不同时代道德标准有些出入，但表现先贤行孝、尊老、敬老的传统美德还是深入他的骨髓，融入他的血液，成为他道德品质修养的样本。在报答母亲的养育之恩中，他注重"孝顺"即为顺从，顺从母亲的意志。做一些事情只要是合法合理的，尽可能尊重。都到读中学了，他还头顶上留了个"茶壶盖儿"，后脑勺留一缕"九十毛儿"，他也知道不好看，曾自己拿剪子要剪掉，但当母亲抱着他失声痛哭，他就再没有想剪，他怕母亲伤心，尽管同学取笑他，也只好连盛夏也戴个帽子。

为了顺从母亲心意，他已经不准备上大学了，为了早独立门户，结婚生子，他竟同意见母亲托人介绍的姑娘。

开始跟母亲学织布的一位远门亲戚要把大他三岁的女儿介绍给他。母亲开始同意，还相信亲戚"亲上加亲，格外亲""女大三，抱金砖"的说法。但见了面，母亲首先不干了。虽然相貌、身材不错，家境也好，但走路因脚小颤颤巍巍。母亲问儿子行不行？秦陶彬说：

"母亲说行就行。"

母亲说："不行。咱家不能有两个小脚女人。即使她没裹过脚也不行，顶不起门户。"

第二个是一个性格豪爽的女孩，长得壮，有眼力见，母亲和介绍人在院子里说话，她看到院子里有落叶，抄起扫帚就扫，当扫到一口缸旁，缸把落叶压在缸下扫不出来，只见她双手握缸一使劲把缸搬了起来，惊得母亲差一点大叫，一怕伤了女孩，二怕打了她的缸。介绍人趁机说：

"怎么样？你儿子是个白面书生，你家里缺这样的劳动力。"

介绍人和女孩走了，母亲问儿子："满不满意？"秦陶彬说：

"母亲满意我就满意。"

母亲说："我不满意。你娶了她，我怕她欺负你。"

……

后来又相继有人介绍了几个，有的见了面，有的没见面；见面的有的男方家人不同意，也有女方家人不同意的。母亲和大多数母亲一样：总觉得自己的孩子是最好的，即使不是最好的也怕孩子娶了或嫁了吃亏、后悔，其间的犹豫和纠结谁也不能否认这也是一种真挚的母爱。

一天，秦陶彬正光着脊梁、光着脚丫子、穿着长裤、戴着用柳条编的草帽儿在河边割草、拾柴，每年暑假他都是这样，将割下的草拾的柴晒干打捆背回家码成垛留给母亲冬天烧炕取暖。在太阳落山的时候，他听到邻居家的孩子在远处喊：

"陶彬哥——二娘让你快回家——"

秦陶彬问:"干——什——么——"

"不知道——你快回——就是了——"

秦陶彬跑到邻居孩子身边不禁问:"告诉哥,是不是我家来客人了,还是个女的。"他猜想又是来相亲的。

邻居孩子说不知道,他正在大街上玩,是二娘让他来叫的。

那几天,秦陶彬尽管心甘情愿陪母亲给自己相亲,但却没有一点点怦然心动。他也是个近 20 岁的大小伙子了,一米八的大个,满脸的青春痘,情窦初开,浓情蜜意,喜欢异性,表现自我这都是再正常不过的生理和心理反应了,何况他还爱看书、看戏,情节中的男欢女爱、如胶似漆、爱意绵绵、含情脉脉、海枯石烂、依依不舍……他听得多了,看得多了;另外他还写过爱情诗,在文学刊物上发表的第一首诗就是。说他不懂男女之事没人信!但他心静如水,这里唯一的解释,用民间一句俗话、糙话说,那就是个不谙世事的"青瓜蛋",而用现代文明一点的学术语言也许就是"晚熟"了。

秦陶彬和邻居家的孩子回到自家院子,院子里一位邮差倚着自行车在等他。母亲端着一碗水从屋里出来递给邮差。邮差一边喝水一边打量着他。

"你叫秦陶彬?"

"我是。"

"你真是?"

"要不我去拿学生证给你看。"

"不用了,有你一封挂号信,要签字。"邮差把信递给秦陶彬。

秦陶彬签完字,拆开信看。母亲问:

"什么事?"

秦陶彬很平静地对身旁的母亲说："娘，这是我的大学录取通知书，我被河北大学中文系录取了。"

母亲面无表情，接过信正面反面地看。

这时邮差不淡定了，"什么？你是学生？还是大学生？"他又上下打量一下比农民还像农民着装的秦陶彬，又看了一下签字单问："哥们，你说实话，你是叫秦陶彬吗？"秦陶彬又要回屋拿学生证，他摆摆手推车走了，走到院子门口还回头看了一眼。

邮差始终不敢相信眼前这个"农民"和大学生之间会有联系。

接到了大学录取通知书，秦陶彬心情还是激动的，那是自己三年寒窗的结晶。不管上不上大学，都是自己人生的一个节点，过去的已经过去，未来正在召唤。

农村，一村一村，地方不大，人不多，亲戚和亲戚之间的联系更是紧密。傍晚，远在魏家庄正在吃饭的舅舅就听到了外甥考上了河北大学的消息。他让感冒正在休息的妻子快拿酒来，他又找到了要喝酒的理由。喝着喝着，不但没醉却越来越清醒，突然想起前几天有人向他说秦陶彬在家相亲的事，还请他牵线搭桥把自家女儿介绍过去。知妹莫如哥，从小他就是秦陶彬母亲肚子里的蛔虫。她在想什么，她想做什么，都能猜个八九不离十。"坏了"，他叫了一声，立即把一大杯酒灌下肚和妻子打了个招呼就奔南汪店村来了。

秦陶彬和母亲刚吃完饭。母亲已在院子里一边乘凉，一边纳鞋底。母亲只要闲着，手里总是有件活儿，不是缝补衣服就是纳鞋底。秦陶彬在倒腾一天割来的草。草太湿，需要打开捆散开再晒。

舅舅进来，娘儿俩一起迎上。母亲问："快黑天了，你怎么来了？吃晚饭了吗？没吃我给你做去。"

舅舅气哼哼地说:"没吃我也不吃了。"

母亲哄着他问:"是谁又惹你了?是桃儿舅妈吗?"

舅舅借着酒劲喊:"他舅妈才不会惹我呢,是你!"还骂了一句:"蠢,你蠢到家了。"他接着没好气地说:"我再不来,你娘儿俩还不知道再做出什么幺蛾子事来。"

秦陶彬怕舅舅惹母亲生气,想上前劝劝,舅舅没等他说话便大喊:

"还有你,书都被读到驴肚子里了。连我这个土包子都知道'书中自有黄金屋,书中自有颜如玉',你能不知道?别人家的孩子想读书读不上,你有书读却不想读了。没出息的货!"

秦陶彬再没敢说话,他知道舅舅已知道了他的一切了,来者不善。

果然,舅舅咕咚咕咚喝了一大碗水后指着秦陶彬说:"我喝醉了,晕,困,不回了。你舅妈感冒了,你趁天还没黑,过去照顾她一下。"

母亲听了,急。问用不用她去,她可是几副草药一根针就能治好。

舅舅说了句"不用",就进屋躺到炕上了,等秦陶彬收拾一下走出家门时,他已鼾声如雷。

第二天秦陶彬回来,舅舅已早回去了。母亲正在做棉被。

"娘,这大热天的你做什么棉被?看你满身满头的棉絮,都被汗水粘住了。"秦陶彬一边问一边帮助往下摘。

娘说:"你去天津上大学,那可是靠海边的地方,冬天冷起来透心凉,能凉得骨头疼,娘给你做床厚褥子、厚被子,就不怕那地方冷了。"

"娘，你又喜欢我上大学了？"

"什么话？你应该自己喜欢上大学才对。你都多大了，自己的事要自己做主。"

"娘——"

"儿啊，你是咱村、咱乡、咱县第一个大学生，要争气啊。咱不能像那戏文里说的只为个人，金榜题名了，就洞房花烛夜。你还小，咱要学更多的知识，学更多的本事，做个更出息的人。"

"娘——"

"儿啊，娘同意等你大学毕业了再娶媳妇，找个你自己喜欢的，不要管娘，你喜欢，娘就喜欢。娘也不急抱孙子了，晚几年不碍事。"

……

秦陶彬惊讶！惊奇！甚至惊愕！他惊讶、惊奇甚至惊愕母亲一夜之间的一百八十度大转弯，是舅舅的三寸不烂之舌说服了她？还是她天资聪明突然地顿悟？不得而知！

秦陶彬在把母亲身上头上一朵朵棉絮摘净后来到另一个房间，他突然发现，母亲把他的大学录取通知书整整齐齐摆在挂着父亲烈士证书前面的桌子上。

瞬间，他的眼泪哗哗流下来。

（1958—1962 年）

第二十一章　诱惑

在等待大学开学的日子里，可把母亲忙坏了，做完了被褥，就做衣服，做鞋。她终于给儿子做了一套细布衣服，制服样式，儿子穿上很精神，很帅气，在上衣兜里再插上支钢笔，妥妥的一位知性青年。儿子的脚长疯了，还不到 20 岁就开始穿 48 号鞋了，又大又肥像一只只胖猪娃子。如果把母亲夜以继日做出的八双鞋摆出来，能占半铺炕。

秦陶彬在那段时间里，白天仍然光着脚光着脊梁戴着柳条编的草帽割草拾柴，晚上还是看书。

1958 年一切都超常发展，高中毕业了，不愁上大学。全邢台地区 17 个县只有一所高中 4 个毕业班，满打满算不到 200 人。河北省包括天津市高等学校，本科和专科共招 1 万多人，各地最后一批工农干部速成中学毕业，热门高校和专业优先录取，普通高中毕业生几乎是"按需分配"，秦陶彬各科成绩名列前茅，爱读书、写作，自然分配到在文科享有盛名和美誉的河北大学。

河北大学始建于 1921 年，历史悠久，距今已有百年，历史沿革复杂，多次更名、更换地址。

　　以前，秦陶彬对考不考大学和能不能考上并不在意，只是全班都报考了，他也随大溜就报了，这除了孝心，也许就是后来痛快同意母亲不上大学的原因之一。他明确知道自己喜欢看戏、演戏，喜欢看书、写作，他觉得即使自己做了像母亲说的小学老师，或者干脆做个农民也耽误不了他这从小就莫名其妙的兴趣和爱好。只是，母亲一夜之间变"摇头"为"点头"，更主要的是录取通知书的袋子里有一张招生简章，是这张简章介绍的学校中文系的八大教授让他眼睛发了光，把上大学的欲火点燃起来了。

　　这八大教授中唯一熟悉的名字跃然纸上。他几乎不相信自己的眼睛，看了一遍又一遍。

　　秦陶彬看戏、看书，和大多数人一样，并不在意作者是谁？但读语文课本、课外书籍和文章以及戏剧海报甚至书法，经常能看到"顾随"这个名字，一开始还以为是重名，但看他的东西多了才知道"不得了！""了不得！"现实生活中还真有这样的人？才高八斗，学富五车！

　　由于得益于北方大学留给高中图书馆的丰富书籍，秦陶彬读了不少顾随先生的著作和文章。

　　他读过顾随先生 20 年代初发表的短篇小说《反目》和中期发表的《失踪》《孔子的自白》《母亲》《废墟》等，还有抗战期间发表的《佟二》和新中国成立前发表的中篇小说《乡村传奇》等。

　　他读过顾随先生 20 年代就出版的旧体诗词集《无病词》《味辛词》《荒原词》《留春词》《霰集词》《濡露词》《苦水诗存》等。

　　他读过顾随先生创作的杂剧《馋秀才》《再出家》《马郎妇》《祝英台》《飞将军》《游春记》等 6 种计 26 折。

　　他读过顾随先生多种学术著作和学术论文《稼轩词说》《东坡词说》

《元明残剧八种》《揣龠录》《佛典翻译文学》等。

……

后来请教老师，才知道顾随先生是当代的教育家、文学家、书法家，20 世纪出色罕见的国学大师。顾随先生的词，开创了以当代语言入词的成功先例，为词体由晚清民国传统写作向当代转换的一大关枢。是中国现代文坛上一位卓然特立的作家；中国文学史上最后一位发表杂剧的剧作家；是一位有远见卓识的学者、专家，对古典文学特别是古典韵文作了大量的研究，著作颇丰。他还精于书法艺术，曾师从书法大师沈尹默先生，草楷皆工。

后来又渐渐知道顾随是清光绪年间生人。四五岁进家塾，学四书五经，唐宋诗文及先秦诸子的寓言故事，还读了一些小说。1907 年入广平府中学堂，1915 年考入北京大学……毕业先后在燕京大学、辅仁大学、北京师范大学、河北大学、中法大学及中国大学等校讲授中国古代文学，40 多年来桃李满天下，红学泰斗周汝昌是他"最得意的学生"；被鲁迅称为"中国最为杰出的抒情诗人之一"，学者冯至是他的终身挚友。

他有着特立独行的是非观念和气质，对冯友兰的《新原道》有自己的评判，对周树人和周作人兄弟有客观独到的评价：佩服周作人读书多，敬仰周树人的精神状态，认为"后者超迈可望不可及"。

再后来秦陶彬又渐渐知道顾随先生原来是河北清河县前坝营村人，竟是自己半拉老乡。他未成年也有丧亲的经历，16 岁母亲病逝，曾悒郁、伤感，写了不少长吁短叹、泪水盈盈的旧体诗词。他也痴迷于京剧，是个戏迷。他不喜欢舞台上摇曳多姿、缠绵多情的梅兰芳，而喜欢有"武生宗师"盛誉的杨小楼。甚至杨小楼逝世，他不但当众大哭，还说"从今后再不听戏了"。

……

就这样顾随渐渐成了秦陶彬心目中的"神"！五体投地，心醉魂迷。他不仅仅是喜欢、欣赏而是崇拜，崇拜顾随的世界是有知识人的世界、有情怀的世界、有正义感的世界。

这张招生简章，没有什么特别，印刷极其糟糕，但它介绍的学校中文系的八大教授却让秦陶彬眼睛发光，心里痒痒。恨不得明天就开学，他已心潮澎湃、归心似箭。他渴望早一天见到自己的偶像，洗耳恭听、聆听教诲。

1958 年 8 月末的一天，秦陶彬坐着舅舅赶的牛拉铁轱辘车，从家乡南汪店村，来到内丘火车站。原来母亲也是要来送行的，只是还没启程又被外村一位待产的家人接走了。

以前上小学距家约 15 里，上中学距家约 30 里，上高中距家约 90 里，他都是靠他那双大脚来去的，这次实在是路途太远，千里之遥。牛车是舅舅从生产队借的。一路上，舅甥俩无语，只有车轱辘在乡间路上碾压沙土碎石的铿锵声。

"呜——"一条绿色的长龙徐徐进站。舅舅为秦陶彬买票时也为自己买了张站台票，此时他正帮着把东西搬到车上。秦陶彬这次带的东西真不少，新棉被、旧棉衣、八双鞋，一年四季的穿戴和日常用品，尤其是书就足足三大包……怪不得舅舅执意用牛车送他。

舅舅下了车不肯走，站在车窗外目不转睛看着比他高出半个头的外甥。秦陶彬也目不转睛地望着他。秦陶彬突然发现，舅舅黑黑的头发里有一缕缕白发，眼角的皱纹更多了，心里不由"咯噔"一下，心里喊"舅——"，眼泪也随之掉了下来。

"呜——"又一声汽笛的鸣叫，火车徐徐开动了。只见舅舅在站台上一边跟着火车跑一边向他挥手。

第一次坐火车，就被火车送到天津。那年正是天津市改为河北省省会的时间点。

到车站接新生的同学都是各系的，大都是高年级的，也有新生，只不过比在接的新生早来一天两天罢了。接新生的同学中，大都是男生，也有少数女生。在接秦陶彬这列车的就有两名女生。都穿着连衣裙和平底鞋，要不是一个梳着辫子，一个梳着短发，他还以为是双胞胎呢。她们都长得娇小玲珑，说话的声音清脆悦耳像似夜莺在唱歌。

当18岁的秦陶彬，穿着上衣兜里插着钢笔、母亲亲手做的细布制服样式的衣裤走下火车的时候，接站的同学一阵骚动，他身材修长，头发乌黑，额头很宽，眼睛特大……浑身集聚着一股聪颖智慧和青春活力。他在和大家互相握手的时候，听到那两个女生在大声小气说着什么，还"咯咯咯"地笑个不停，一个说"像赵丹"，一个说"像孙道临"，看到男生都看她们，娇羞地吐了吐舌头立马捂嘴觉得很不好意思，等大家再转头看秦陶彬时，他本白净净的脸庞红得像个水萝卜。读中学、高中都是男女分班，哪经过这场面，在一群陌生的男生面前被两个女生夸！

年轻人在一起有说不完的话，没用几分钟就从陌生到熟稔，七嘴八舌、吵吵嚷嚷，直到手提肩扛出了站台、上了8路电车才消停了会儿。车上的人很多，十分喧闹。车路过了一个大站，下去了很多人，车在行驶，刚安静了一会儿，只听梳辫儿的女生指着一座建筑物问：

"唉，秦陶彬，你喜欢京剧吗？那就是我们天津最大最好的京剧院。"

秦陶彬手握车吊环晃晃悠悠，他第一次乘电车有点站不住，还有点晕。他听有人叫他，但不知道说的是什么。只答应了一声"唉——"
再没后音。

短头发补问了句："你喜欢京剧吗?"

"喜欢！喜欢！"秦陶彬听清楚了，实话实说。

"我和她"，短头发指了指梳辫儿说，"也非常喜欢。"

"我不喜欢。"

莫名其妙！两女生和男生们都"哈哈"笑了。觉得他这个人好
有趣。

下了电车，进了校门，中文系在八里台分校。大家又手提肩扛、
七嘴八舌、吵吵嚷嚷。走在去新生宿舍的路上，水泥路，宏伟气派的
教学楼掩映在郁郁葱葱的绿树和姹紫嫣红的鲜花中……耳目一新、诗
情画意的校园一扫秦陶彬从下火车被两个接站女生搞得的尴尬，正一
边走一边欣赏着校园，又听到梳辫儿一声叫：

"啊！好大呀。"大家驻足回头望她。她正紧跟秦陶彬的后边指着
他的鞋大叫。

大家望着秦陶彬的鞋也立即大惊小怪起来。有的蹲下用手量，有
的把脚伸过去用鞋比，青葱的年龄，好奇的心，对一切事物都有着满
满的新鲜感。

第二十二章　豪华盛宴

到了新生宿舍，宿舍已不是二十几人的大通铺，而是木床，上下铺。

秦陶彬送走了接站的同学，再回到宿舍，看到原在下铺的同学又主动选了上铺，他想换回来，被同学拒绝了，说："就你那身高、体量，还有大脚，就老老实实住下铺吧，你要是从上面塌下来，我非粉身碎骨不可。"说得大家笑起来。

一进宿舍，秦陶彬就注意了一个细节，一个宿舍上下八张床，为什么只住七个人，直到他的东西放在床上没了自己的容身之处时，才发现那空下的床是给大家放东西用的。仅仅就这样一个小细节，竟让他感动起来，觉得城市就是城市，省会就是省会，比起农村来简直就是进了天堂。

秦陶彬视为好像进了天堂的首先是食堂：

食堂早餐是油条、豆浆、咸菜，午晚一荤一素，荤者竟有对虾和海鱼，素者烧茄子烧土豆之类。他是个农村孩子，初中一天三顿小米干饭，高中玉米饼子萝卜汤。一个月吃一两次荤菜是有的，但对虾或海鱼从没吃过，简直是一步登天。

至于课堂，那就不用说了，仅就中文系的八大教授，堂堂都是豪华盛宴：除了大名鼎鼎的顾随，还有黄绮。

　　黄绮是我国著名的学者、文字学家、书法家。他涉猎广泛，博览群书，在古文字研究、诗词创作、书画篆刻等诸多文化艺术领域都有着独特建树。江西修水人，黄庭坚嫡传后人，西南联大青年才俊，闻一多的助教，唐兰的研究生。在多所大学任教多年，著作颇丰，其语言文字学专著《解语》《说文部首讲解》《说文解字三索》具有重要学术价值。还是书法篆刻大家。板书也是独创的铁戟磨砂体，金石有声。早年以诗词闻名，如《归国谣》《无弦曲》，是其代表作之一。当时，著名学者闻一多看过后曾称赞他"有杜甫的沉郁"，朱自清称其"有李清照词风"，吴梅称其"可入稼轩殿堂"。

　　除此还有教现代汉语的张弓、裴学海、詹英、雷石榆、韩文佑、魏际昌……张弓是我国现代修辞学奠基人之一，1925 年就出版了《中国修辞学》；教古汉语的裴学海，与北京大学王力教授齐名，1934 年出版《古书虚字集释》，高校文科师生人手一册；教唐诗的詹瑛，著有《李白诗论丛》和《李白诗系年》；教外国文学的雷石榆，左联诗人，在日本任教多年，著有《日本文学简史》；教古文的韩文佑，博学多闻，张中行称之为"北方大儒"；还有魏际昌，是胡适的研究生，著有《桐城派古文小史》《孔子教育思想》；等等。

　　1957 年 1 月 25 日，瑞雪纷纷，载有《毛泽东诗词》18 首的《诗刊》创刊号问世，全民欢腾，释家纷起，郭沫若、臧克家、周振甫、赵朴初等争先恐后。因为拥有两位诗词大家顾随和黄绮，1958 年河北大学中文系在全国高校首开毛泽东诗词课，黄绮教一二年级，顾随教三四年级。

　　黄绮讲毛泽东诗词，擅长从修辞、音韵入手，条分缕析，字斟句酌，娓娓道来，连标点符号都可以听出。

秦陶彬得陇望蜀，听了黄绮的课，还想听顾随的。自来学校，就想见到日思夜想的偶像。尤其是又听到先生的一些传奇，就更想见到他了。

校园有传说：顾随是五四以来，最负盛名的"苦水词人"，《无病词》《名辛词》《荒原词》风靡二三十年代，是辅仁大学中文系主任，讲授诗词曲赋，在北京各大学都挂头牌，名声如京剧生界谭鑫培、旦行梅兰芳……

低年级的学生要听高年级的课，尤其是顾随的课谈何容易！但对于秦陶彬的执着，谁都拿他没办法。别说，执着的人还真幸运！他真得到一位高年级同学帮助，终于获得旁听的机会。

因为是顾随先生的课，大家早早抢占座位。本校和外校老师挤在后排，秦陶彬因为有偷听之嫌，侧身角落，屏息凝神。

终于见到了！心咚咚地跳。

先生个子不高，清癯俊秀。一双剑眉入鬓，凤眼生威。时值初冬，先生被搀扶着登上讲台，依次放下手杖，解去围巾，摘了绒帽，脱掉长袍，仅剩缎子对襟小袄。抬头亮相，六十出头已现老态，但面容清癯，精神矍铄，须发半白，仙风道骨。

他回头在黑板上写下十六字令三首：

山。
快马加鞭未下鞍。
惊回首，离天三尺三。

山。

倒海翻江卷巨澜。

奔腾急，万马战犹酣。

山。

刺破青天锷未残。

天欲堕，赖以拄其间。

九行字，一片烟云，粉笔有毛笔的效果。半行半楷、欧体，工丽秀美，书卷气十足。

下面开讲，小令做起大文章，45个字，足足讲了90分钟。以李白"山从人面起"起兴，层层深入，由山到人，由人到山。第一首说山之高；第二首说群山之动，山高山动写外表；第三首，刺破天柱写精神，先破后立。每首自成一体，合起来是整体。

诗的思维运动着，发展着。先生讲课不带稿子，决不重复别人。先生是诗人，诗人论诗与作者息息相通，把自己的感受和启发、精思妙意，深入浅出、出神入化地表现出来。也把听者带入诗的意境中。

先生学问深厚，经验丰富，旁征博引，以剑论山，扯出柳宗元的"海畔尖山似剑铓，秋来处处割愁肠"、苏东坡的"割愁还有剑铓山"，二位只割自己的愁，毛泽东却让他"刺破青天"。以马喻山，辛弃疾是"叠嶂西驰，万马回旋"，"青山欲共高人语，联翩万马来无数"，辛的山是马，毛泽东的山是战马，而且是酣战之马，不仅是手腕高低之区分，而是胸襟、世界观的差别。

台上的先生全然忘我，陶醉在诗意之中，兴趣飞扬，不时有妙语锦句冒出。"'惊回首，离天三尺三。'好家伙，原来如此近！""'奔腾急，万马战犹酣。'好不痛快！""信不信由你。也不由你不信。"……

讲着讲着就跳出书本，引申到小我和大我、生活与创造、形象思维与逻辑思维等艺术理论上来。说作者是写景的高手，因为他有丰富的阅历，只有伟大的思想才能写出伟大的感情来……

精深内容的分析，加上精湛的表达技巧，京腔京韵，甚至京白，抑扬顿挫，跌宕起伏，腾挪跳跃，包袱迭出，如听马连良的念白、刘宝瑞的单口相声，超乎寻常的艺术享受。随着先生的声容手势，一呼百应，前仰后合，笑声雷动……从没见过一位教师讲课如此叫座，这样迷人。

听了顾随先生一堂课，秦陶彬醉了三天，之后又蹭课数次，越听越上瘾。最后竟发展到不管先生在校内或天津的其他大学讲课他都想法去听。

有一次，顾随先生应邀到南开大学讲词，因知道得太迟，来不及跟任课老师请假只好逃课，回来被老师狠狠批评了一顿。不过他觉得太值了！直到老年，他仍记忆犹新：

"如数家珍，妙语连珠，先生讲韦庄说到：'骑马倚斜桥，满楼红袖招。'顺口蹦出一句：'嘿，到女儿国了。'满堂喝彩。"

"顾随热"在南开园持续了两三个月，许多学生以用先生的腔调诵诗为荣。天津报刊、《河北大学学报》和《青年文艺》上不断看到先生的新作，歌颂新生事物。如他的新作《蝶恋花》："西出阳关迷望眼，衰草粘天，山共斜阳乱。一曲渭城多少怨？歌声三迭，肠千断。风景非殊时代变，山要低头，人要埋头干。千里龙沙金不换，石油城在盐湖畔。"《鹧鸪天》："唐代王维、孟浩然，擅名诗作写田园。高风千古陶元亮，带月荷锄陇亩间。当世事，异从前，更新思想复支援。试看集体农民力，土变黄金，水上山。"副标题："欢迎下乡参加劳动生产同志。"秦陶彬说："当时我兴奋极了，能为顾随词中人。"

听顾随先生的课醉了的秦陶彬，有点得寸进尺，竟想亲身领教。一次，还找了个借口：高中演《玉堂春》，听说王三公子是曲周人，专门跑去，找到了王家墓地和苏三坟。真有个明朝南京兵部尚书王一鹗，对上戏里唱词"哪一位去往南京转"，"他本是兵部尚书三舍人"。可是王家后人不承认，《广平府志》上说兵部只有一子，何来王三，没有王三何来苏三？顾随先生在广平府上了四年中学，临近曲调，想必知晓。

课余时间，秦陶彬常在中文系门口转悠，终于有一天见到先生，期期艾艾，冒昧提出。先生听到乡音，看到撅肚小棉袄大裤裆的他，忍不住笑了，用冀南话问：

"你是哪一湾的？"

秦陶彬回说："顺德府唐山县。1931年的称呼，后来改称尧山、隆尧。"

顾随先生说："离俺们村最近的一座山，四月初一大庙（会）有名，你问的问题去查查《三言两拍》。"

秦陶彬听后飞也似的跑到图书馆。果然在《警世通言》第24卷，找到了《玉堂春落难逢夫》，惊叹先生的记忆力。

多次蹭课，又多了几次当面请教，在顾随先生面前混了个脸熟。在以后的蹭课中虽还是很艰难，一波三折，但秦陶彬更珍惜每一次得到的机会。

第二十三章　写作从地下转到地上

　　进大学，受顾随、黄绮、詹瑛、雷石榆等名师指点，更懂得了一些读书方法，更明白了读书贵在精，在于品质，在于思考。

　　1958 年，兴起新民歌运动，倡导工农兵方向，刊物发表作品，作者的名字前面要冠以工人、社员、战士、学生字样。秦陶彬翻阅了古今中外各民族的民歌集数百部，重点精读了诗经、乐府、明清民歌、信天游、爬山调。二年级起转向诗歌，在大量阅读中外诗歌的基础上，重点研究陶渊明、李白、杨万里、普希金、郭小川。后又通读中外剧本，重点研究元曲、莎士比亚、莫里哀、曹禺。对经典作家，由眼熟到口熟（记、背）心熟（思考、比较）渐渐明白了读书的"入出法"，"入"就是对熟悉的亲切、迫切，深入进去；"出"就是继承、发展，学以致用，如用在写作上，比如陶渊明的自然、杨万里的"活法"、赵树理的幽默、郭小川的比喻……

　　那年是省会第四次回迁天津，一些重要的刊物也随之前往。《蜜蜂》文学刊物迁至天津营口道 58 号。当时还出了个笑话，天天有人提着瓶瓶罐罐前来要打蜂蜜。看门的大爷说："走，走，走，这儿不卖蜂蜜，别处去。"后来又把人家喊回来说："俺们这儿的蜂不吐蜜，只吐字，买一本杂志看看吧，有滋有味的。"

后来本着一省一刊的原则,《蜜蜂》并入天津文学刊物《新港》。随着刊物领导和编辑人员的变化,《新港》处处想在前头,写作队伍建设和稳定抓得更紧,老一代写作人员一个不能少,王亢之、王林、方纪、孙犁与远千里、路一、梁斌本来就是一家,都是原冀中的,一个战壕的战友,亲密无间。重点是团结青年作者,从《蜜蜂》那里抄来名单,一个一个联系,告诉新刊名、地址、电话等,一个也不丢,就连秦陶彬当时还是个芝麻粒小的作者也不忽视。

一天,《新港》编辑部主任阿凤来到河北大学中文系,要找尧山壁。办公室查无此人。

开学伊始,系领导就宣布,中文系培养学生的目标是研究人员、大中学教师,至于文学写作虽然没否认但也不提倡,系办公室一些教师还称之为"不务正业",甚至隔三岔五就敲打两下。所以秦陶彬还是像在中学一样隐姓埋名偷偷摸摸地写作。

熟悉秦陶彬的同学猜测尧山壁就是秦陶彬!因为他无论在图书馆和教室或者宿舍除了看大部头的书,还爱看文学杂志。一看起来也是废寝忘食。

一天,系办公室传唤说:"有个叫阿凤的找他。"

一个女生的名字!秦陶彬听了很紧张。

自从上大学第一天刚下火车,遇到了梳辫儿和短头发起,秦陶彬就做下个毛病,一见女生就紧张。

同宿舍的同学以为秦陶彬在搞对象,感兴趣地尾随而来。

进门一看是个半大老头儿,脸上还有一大块胎记。秦陶彬心里很激动,激动的原因竟是阿凤是个男同志、天津作协理事,更激动的是,他刚读完他的《散文二十六篇》又新买了一本《在岗位上》。没想到这么快就见到了作者,还是自己找上门来的。

阿凤同志很热情，自报保定府人，还说了几句家乡话，一下没有了距离，说："河北有个光荣传统，写农村的题材多，但写工业题材的少，你来到天津上学是了解工业和城市的好机会。"

事情很巧，就在阿凤来找秦陶彬没几日，学校系里接到教改的通知，贯彻教育与生产劳动相结合，与社会实践相结合。系里安排他们班级到飞龙橡胶厂参加技术革新。阿凤得知高兴极了，让秦陶彬找几个同学写点作品。作品写好了，阿凤亲手修改，在《新港》选发了一组，有散文、特写、小小说、诗歌……署名"河北大学写作组"。刊物出版在社会影响很大，在学校更是掀起不小的写作热潮。社会关注，校领导表扬，中文系觉得光彩，再没有人认为写作是"不务正业"了。

从此秦陶彬写作由地下转到地上，笔名将"壁"改为"璧"。现代汉语"壁"与"璧"，读音相同，字形相似，词性相近，但是意义有所不同。随着年龄的增长，学问的增加，他爱咬文嚼字："土"是岩石风化的产物，能生万物；"玉"，是石头的精华，美饰世界……"璧"，有"史学双璧"之说，指的是西汉史学家司马迁编纂的《史记》和北宋时期司马光主编的《资治通鉴》，是珍贵的宝贝，高贵得无价。"壁"有"壁立千仞，无欲则刚"之说，是清代民族英雄林则徐的一副自勉联，意为"海纳百川，有容乃大"。内涵着意志、勇气和力量……二选一，秦陶彬最后选择了"壁"。不久大家都知道了尧山壁就是秦陶彬，秦陶彬就是尧山壁。不可思议的是，随着时间的推移，作品发表的增多，知道他叫尧山壁的人比知道他叫秦陶彬的人还多。

不久，阿凤通过中文系，给尧山壁又派了个活儿——到光复食品店，跟在全国劳动模范张士珍身边体验生活。仅体验了一天，他就彻底服了。光复街道两千多户，男女老少张士珍没有不认识的，见了谁都有话说，不笑不说话。一天多少菜，分多少车，心里有数，公平分配。保证家家不断顿，人人有菜吃。货少时，一棵白菜分四份，只要她出面，谁也没有怨言。更令人惊奇的是，她有一门绝活儿，拿菜一手准，算账一口清，看一眼秤星随口报出价，分厘不差。拉车送菜是个力气活儿，一车又一车，一趟又一趟，装装卸卸，连男人都觉得累，何况女同志。十年如一日，一人风雨，方便千家，尧山壁颇为感动。写总结时，文采飞扬，虽然受到阿凤的表扬，但也指出不足，因对生活不熟悉，缺少城市群众的语言，要他多深入基层，体验生活。

那么怎样才能熟悉城市，掌握工人语言呢？阿凤曾带尧山壁到过工人文化宫，请一位文化馆长介绍几位工人作家的成长过程。尧山壁看过万国儒的《龙飞凤舞》、张知行的《巧大姐》、飞鸽自行车车厂工人刘中枢的作品。当时天津工人文学社与上海工人文学社齐名，是中国文苑一支并蒂莲，工人作家的摇篮。"中国工人作家有多少？有人说两万，上海的胡万春，天津的万国儒。"工人文化宫的馆长还说："其实，天津的第一位工人作家是阿凤，产业工人，当过火车司机司炉，办过《铁路工人报》。天津工人文学社从孕育到成长，他出力最多。"

……

无论是阿凤的身体力行，还是文化宫馆长的一席话，对于还是个学生的文学爱好者尧山壁来说，都是弥足珍贵的，让他记了一辈子，对于未来所从事的文学事业可以说打了个底色，受益匪浅。

第二十四章　移情别恋

不久，提倡写"五史"，即村史、家史、厂史、公社史、连队史。河北大学历史系和中文系包括尧山壁等 20 多名学生奉命来到劝业场。

天津劝业场始建于 1928 年，曾是天津最大的一家商场，也是一个集商业、娱乐业于一体的大型商贸区，是天津商业的象征。

从河北大学穿过五大道，满眼小洋楼，踏上和平路，鳞次栉比，灯箱光怪陆离。有轨电车叮叮当当开过好像儿时庙会上看到的拉洋片的西洋景。位于和平路与滨江道交叉口的劝业场在周围建筑中鹤立鸡群，六角塔楼，七层高，八面威风。内廊、过桥相连，四角有电梯，乘上有腾云驾雾的感觉。一二三层是商铺，原有 300 多家，已经公私合营。四五六层包括天华景戏院、天宫影院、天露茶社、天纬保龄球社等八个天字头的娱乐场所……

从农村来到城市，城市商业对于尧山壁来说虽然陌生却感新鲜、好奇，充满着吸引力，他又有写作基础，写起劝业场的场史并不费劲，一篇接一篇，还写一篇被展示一篇，这引起场内和场外人的注意。

场内有位女职工，看了他的文章就喜欢上他了，说他写的文章有文采。她高中毕业，也喜欢文学，只是因家境没有报考大学而直接参加工作了。经人指点认出他来，又被他的身材和颜值吸引，她与梳辫儿和短头发的感觉一样，他像赵丹或孙道临，就勇敢地找到中文系的调干生张富珍大姐牵线，张大姐问她：

"他家是农村的，万一毕业回农村怎么办？"

"我也去农村。"

"听说他没有爹，家很穷。"

"我家也不富。"

"这人土了吧唧，冬天就穿件撅肚小棉袄和大裤裆棉裤。"

"这说明他朴素，能吃苦。"

……

干部大姐被感动了，很热心。尧山壁知道后，吃惊得不行！

自从上大学遇到梳辫儿和短头发"接站"以后，尧山壁发现她们不时在自己的世界里出现：他正在食堂饭桌前低头吃饭，一抬头，看到她俩已端着饭在自己的对面坐下，看他看她们，微笑着点点头开始吃饭。但尧山壁却不淡定了，不知道怎么吃自己的饭了，是快点吃完离开？还是陪她们慢慢一起吃？

那时晚饭后，学校提倡跳交谊舞，扫舞盲，尧山壁总是躲着不去。一次班长清点人数，发现缺了他，派人把他提溜过来，塞进舞场。女学生干部主动拉手邀请，他手忙脚乱，没走几步就踩了人家的脚，一连踩了几个人。他不好意思了，独立出来自己一个人扭。把大家扭得哈哈大笑，那哪是跳舞，扭扭捏捏的，简直就是舞台上的花旦。突然他发现，梳辫儿和短头发也在旁观的队伍中，他一下子乱了方寸，脸通红，手脚更不协调了。

冬天，开滑冰课。体育室没有他穿的那么大号的冰鞋，滑冰课上同学在冰上尽情地滑动，他只有站在旁边看，像一只被抛弃的孤雁。

梳辫儿和短头发不知怎么知道了，利用节假日跑遍天津城为他找大号冰鞋，最终也没找到。还好！之后体育老师了解情况后免修了他的滑冰课，这让他很感动。

……

敏感的年龄，尧山壁失眠了！

这是一段莫名其妙的感情经历！

他突然感觉自己喜欢上梳辫儿和短头发了，还断定之前之所以看见她们脸红、紧张也是因为喜欢。他似乎惊叹过：现实生活中竟有如此活泼天真可爱的女孩！长得又如此娇小玲珑、冰清玉洁！

后来当他知道她们曾为他的冰鞋操过心，就更惊叹了！惊叹她们还是非常灵慧聪颖善良的女孩时，心中的那种感觉就更加别样了，曾经有一段时间梦中曾出现她们靓丽的身影和笑声，课堂上听到室外有女孩子的说话声，溜号望去，他真的就看到梳辫儿和短头发一边路过，一边大声小气说着话。

……

不过这段异样的感情在他的心中留存很短，一两次的闪念而已。他不知道这种情感是在追逐和探讨那存在的庄严和生机勃勃的人的本性的召唤？还是只不过是一分傻气和九分好奇的使然？因为他此时连她们姓甚名谁，是哪个系、哪个班的都不知道。她们知道他吗？他的家乡？他的家庭？他的身世？他的母亲？……城乡差别、贫富差别——他突然害怕起来，想起一句不知道在哪本书里看到的话："没有面包，即使是维纳斯也会被饿死的。"

于是他把一片"求近之心"尽量弄成了"疏远之意"。

进入冬天，同学们都穿上了棉衣棉裤，普遍地胖了一圈，尧山壁开始没穿，还是秋天家织布的那套便服。寒风刺骨，有时真的很冷，他就将所有的单衣套在里边，加了一层又一层。他不穿棉衣是怕同学尤其是梳辫儿和短头发笑话他。

宿舍空床上那套棉衣是母亲在他上高中时做的，棉裤现在穿还合适，宽腰、大裤裆。他在长，棉袄却小了，穿在身上几乎扣不上扣子。实际母亲是要再给他做一套新的，只是做了新被子、褥子再没有棉花和布了。

不过经历了还没开始就结束了的情感冲击，他想明白了，要活一个真实的自己！"人不怕穷，怕的是没有出息。"母亲的话，犹在耳边。于是脱下了一层层单衣，把那套棉衣穿在身上。实话实说，对于城里人来说看起来真的是怪怪的，不是吗，宽裆棉裤、撅肚棉袄曾把第一次和他见面的顾随先生都逗笑了。

不过那时人们的生活都不富裕，穿衣吃饭各有习惯，在同学中虽引起反应但很快就平息了，尤其发现系里裴学海教授也穿着和他一样款式的棉衣、棉裤大家就更见怪不怪了。这一老一小，曾成了中文系的一道风景。

为了让自己的"疏远之意"更奏效些，之后他又故意头发长了不剪，乱蓬蓬的留着像个鸟窝。有时还不好好洗脸，甚至故意往自己的脸上抹点灰，以引起他人反感……没长大的孩子，玩起这一些把戏倒是一套一套的。直到老年回望这段经历，他才掏心窝子解释是自己有"自卑感"、没有勇气，而最坦荡和直接的原因是：同时喜欢上两位女孩，是难以抉择的，更更主要的当然是，在他心灵深处还藏着一位女性——他的母亲。母亲是否喜欢她们？尽管母亲曾说"你喜欢，娘就喜欢"，但他"愚孝"——一定要做到娘喜欢的，他才能喜欢。

大学生，青春期，搞对象是常态。张富珍之后提起总是说：

"那小子情窦未开。"

尧山壁知道后自嘲："我哪是情窦未开？我是移情别恋。"

尧山壁所说的"移情别恋"是看戏和读书。

在劝业场一待三个月，除了体验生活、采访、写文章再无他事，看戏成了他业余生活之一，劝业场内就有天华景戏院，为他提供了不用移步就能看戏的机会。

自幼农村看土台子戏，中学登台六年，学梅派青衣，在高中认识了齐啸云就是天津人，她说天津就是京剧的三关口儿，闯不过天津成不了角儿。天津戏迷也是最有学问的，每次叫好和起哄都在艺术的节点上。在这里，天华景的戏迷给他上了一课又一课。他完成了由看戏到听戏的转变，懂得了角要看新、戏要听旧的道理。那一段时间，他迷上了奚啸伯，他喜欢上他的声音，鼻腔共鸣，膛音充沛，低回凝重，他将他与马连良比，得出马连良美声在空中飘荡，而奚啸伯是在地上行吟，各有千秋的结论。

尧山壁天天晚上天华景看京戏入了迷。而另一个串门的地方就是天祥商场一楼的古书店。午休、星期天的时光，大部分把自己打发在那里。那时已开始实行粮食定量，吃不饱，但一进天祥古书店就兴奋起来，书能充饥，旧书架像黄土地的田畦，放手刨，尽情翻，像在老家溜山药、拾花生。逮住好书，有钱就买，没钱可以赊。旧书便宜，角儿八分的，得一次稿费就能抱回一大摞。只要沉下心来，还真能淘到宝贝，捡到漏儿。庆幸到手的有一本董西厢，一部乐律全书，一套1928年创刊、刘豁公编的《戏曲月刊》，还凑齐了全部河北梆子演出剧本及曲谱。至今还供在他书房里的重要位置，常常伸手翻看一下，找回大学时期劝业场那段美好的日子。他的艺术修养最初来自舞台，戏曲把历史和书籍筛选和浓缩，典型化了，是一部彩色和立体的书。

后来他因个子太高尤其缺乏童子功就不唱戏了，也不写戏了，但是一些戏的元素，比如简洁、集中、幽默、雅俗共赏都融进诗歌、散文的创作中。

天津和平区营口道 58 号，一座小洋楼，铁栅栏门挂着两块牌子，一个《新港》编辑部，一个河北文学艺术工作者联合会。田间任省文联主席，副主席有梁斌、康濯、孙犁、李满天、方纪……要说著名作家的阵营，当时河北是十足的文艺强省。河北大学中文系更是全国的强系，有八大教授，个个都是国家级学术领军人物。

尧山壁，不解风情却开始写爱情诗，刚刚学了词，尤其是学《花间集》后一种说不清的情绪在他胸中涌动，他在追求古代情诗的那种意境，一口气写了 20 多首，最满意的两首，其一《水火》，其二《歇工》，都是在老家亲身经历过的场景和情绪，也都是农耕文明中小诗人们得之不易的创作。几次修改以后，曾经兴奋不已，好像找上了异性朋友，释放出了心里的一团热火。

等到星期天就到省文联，亲手送给诗歌编辑部钟铃。钟铃兴奋得跳起来，大叫："难得的好诗！"只是那时，爱情诗是禁区，常常被扣上"小资"的帽子，他说"暂时压一压，等待时机。"过了一个星期，钟铃见到他又说："你的诗我拿给田间同志看了，他也爱不释手，也说暂压一压。"

校里校外，月月有奇迹，天天有新闻，还有自己创作的诗歌的发表，近期，《河北日报》《天津日报》《新港》发表了他不少诗。还有一家报纸副刊发表了他一首名字叫《食堂婚礼》的诗歌。他那时写诗歌有点上瘾，一天能写几首——这对于尧山壁来说日子过得太充实了，太美好了，天堂一样。

第二十五章　人生的推动力

寒假，尧山壁从天津回到家乡，路过舅舅家，没想到舅舅家却停火了！

开饭时左邻右舍要拿着盆盆罐罐去生产队大食堂打饭，都过了大年二十三灶王爷上天的日子了，还不见一点年味儿，大锅里是清汤寡水的菜粥，一家给一个窝窝头。

吃饭的时候，舅舅和舅妈自然把窝窝头让给他吃，他还给舅舅，舅舅又推给他，他又把窝窝头让给舅妈，舅妈又推给他……如击鼓传花似的，最后舅妈把窝窝头一掰两半，给他一半，给舅舅一半，怕舅舅不接还在上面捏了一小块放到自己嘴里算吃了。舅舅接过不说话，默默地吃着，吃得很慢，吃完了把掉在身上的饭渣渣捻到口里，毫无表情地说：

"你不是上大学还写诗吗？这是不是你写的？"说着拉开抽屉，拿出一个本本，里面夹着几块剪报。

……

舅舅又问："是不是你写的？"

尧山壁看了看，急忙摆手否认："不是，不是，我还没这水平。"

舅舅说："不是？我看像。你小子从小看戏，看过《十八扯》，这不是新十八扯吗?"尧山壁有点委屈,力求清白。

"那这首诗是怎么回事?"舅舅又从本子里抽出一块剪报。

"红漆大门贴双喜,哪对青年好福气,鲜花开在春天里,新食堂里行婚礼……"下面署名:尧山壁。

还有一首:"火烧云,过荒山,低头吓出一头汗,锅驼机,擂战鼓;扬水车,亮银鞭,满坡社员齐呐喊,要把麦浪赶上山。"

尧山壁脸红了,心慌了,觉得无地自容。

舅舅看着他,指着面前的饭碗说:"你不是在写大食堂吗?今天体验一下真实生活。"接着又关切地说:

"现在时兴吹牛皮,可不能脑瓜子一热跟着起哄,你要看看实际食堂普遍是什么样子,不能欺骗自己,也不能欺骗读你诗的人。也许你是好心,可是说假话就会帮倒忙……"

尧山壁发现舅舅的脸色是严肃的。第一次看着他那么严肃,远不像他六岁在墙上涂字那一回的宽容和他在中学发表第一篇文章时那么高兴。也许舅舅认为他长大了,大人是要有自己的真伪判断、是非准则的。

实际人们吃不饱饭的事,尧山壁也不是一点也不知道,上学不久,刚刚吃了"盛宴"不长时间就觉得不对劲,学生又像中学时实行定量,男生34斤,女生31斤,每月发饭卡,每天1斤1两,早3两、午晚各4两,划卡领饭。已是顶天立地的大小伙子了,一碗米饭或是两个玉米饼子,三口两口吞下去也只能算个半饱,多亏国家号召"学校书记抓食堂"。

当时学校党委书记戈华,是一位很优秀的干部,特能干,曾长期在冀西、雁北打游击,后来调任河北大学主持常务工作,他很爱知识分子,对顾随等一些老教授非常尊重。他组织精壮的武装干部到坝上打黄羊，那时坝上黄羊很多，几个围猎下来，一车一车黄羊被拉回学校分给全校职工，也给学生食堂分一些改善伙食、打牙祭……不过杯水车薪，饥饿还是无情地袭来，有的同学饿得走不动路，身子打晃，但即使这样，还是比乡下的百姓好很多。

百闻不如一见！面对真实的生活，尧山壁醒悟了：没有真实的生活，哪有艺术的真实？生活的真实，是艺术真实的灵魂！

尧山壁初期诗歌稚嫩，但清纯自然，带着一股土地的潮气儿和禾苗的清香。到了 1958 年，兴起规模的新民歌运动，到处诗洋画海，河北的怀来、昌黎、巨鹿新民歌高潮此起彼伏，农村出身的尧山壁如鱼得水，连年丰收。他收集学习了大量中外民歌，吸收了丰富的营养，迅速地成长着，毕竟民歌是新诗的两大源头之一。但是新民歌一搞起运动就容易过头！思想和艺术的浮夸，脱离现实，抛弃真实。年幼无知的尧山壁难免染上这种时代病。多亏了舅舅的善意提醒和严厉的敲打！但刷去这些"胎记"，要付出时间和精力也是不言而喻的。

住下来，尧山壁发现舅舅不像过去那样，像舅妈说的"他把自己卖给公家，没日没夜地上班"了。舅舅常常窝在家里闲坐发呆，要不就扫地擦桌子，一天好几遍，把地扫得干干净净，桌子擦得铮亮。问舅妈舅舅怎么了，怎么不去上班了？舅妈小声告诉他，他才知道一切。

舅舅辞职不干了，改任乡信用社主任，是一个闲差。他把一半工资交给食堂管理员，买些米糠和萝卜给大家吃。个人的力量有限，只能帮几个是几个。

面对粮食减产、农村饥荒不断扩大的实际情况，国家抽调大批干部和一部分高校师生到农村整风整社。1960 年初冬，尧山壁正上大三，第一个报了名。他觉得离开农村两年多了，已经不了解现在的农村了。在一个寒风猎猎的早上，打起背包，乘坐大卡车来到天津西霸县堂二里村荣家大院。工作团的总团长是省委书记闫达开。

经过七天培训，懂得了一些精神、政策和工作方法后，分配到围安宫公社中公由大队。经过深入农村基层走村串户，亲眼见、亲耳听到百姓的疾苦：

公社食堂刚成立，三天两头改善生活，社员敞开肚皮吃，吃着吃着大队粮库就空了，后来定量，一斤半、一斤、八两、六两，最后每人每天四两粮食，只能熬粥。河边野菜吃光了，又用地瓜蔓、玉米轴粉碎充饥……一天三顿稀粥，几泡尿，肚子就空了。时间长了全身浮肿。一摁一个坑，半天缓不起来。工作队和村民一个标准，一次，尧山壁从固安中公由大队到地宫公社开会，不过四华里的路，足足走了一小时，从小挨过饿，这次饥饿又卷土重来。

四个月后，尧山壁和浪波同学被调到公社，在高熙曾教授领导下采访代食品制作经验，编印成册在全区推广。

三年困难时期，"瓜、菜、代"是常用词。那时瓜和菜已经变成和粮食一样金贵了，实际上"代"字是中心。这个"代"字包含了极大的无奈，也包含了中国农民无穷的智慧和创造，帮助饥寒交迫的人们渡过罕见的困难时期。

经过一个多月的蹲点跑面，他们收集整理野菜、树叶、旱草、水草、秸秆、秧蔓等10项100多种代食品的制作方法，比如春天一般的树叶都能吃，唯独杨树叶易中毒，苦涩不说还腹泻、浮肿，加工时必须用温水浸泡三天方可食用。秋天草根、中蒲根、茅根肥，铡碎晒干磨成面，烙饼、擀面光滑甜软。入冬将薯蔓粉碎晒干，磨面过罗，贴饼子、蒸馒头涩而微甜，咬在嘴里，如嚼中药丸子。还有玉米轴、棉花蒂，加工后一定要用少量火碱腐蚀，再加水磨成糊状，晾干后成土黄色粉末，美名曰"淀粉"，用来做主食。其实全是木质纤维，毫无营养可言，不过用来填肚子，应付肠胃之急。吃时，需就咸汤或盐水，因为此物拔干，吃多了拉不出屎来。有的食堂还想方设法做出花样，如刻出点心模子，用"淀粉"做馅，包一层薄玉米面，用点心模子压出月饼、"八件"等花样……

资料编成 200 多页，起什么书名议论较多。最后还是高教授有学问，说"李渔的《闲情偶寄》中叫'饮馔部'，袁枚全集中称为《随园食单》，我们叫《代食谱》，给粗俗的东西挂上雅号。"高教授躺在床上，眯缝着眼睛，露出得意的笑容，俨然完成了一部学术著作。

尧山壁在参加整风整社的时间里，在简报上看到一个离家乡不远邢台县东汪公社华庄大队的故事，这个故事让他感动得流泪。

麦收，每口人分到的麦子，一簸箕就端回家了。公社食堂解散不久社员们没有家底儿，分到的那点口粮支撑不了几天。

睢常泰，一个地方干部，常年深入基层，和社员同吃同住同劳动，对农村情况十分熟悉，是全省闻名的"老蹲点"，看着乡亲们饿肚子、浮肿、患病尤其要外出讨饭急了，他急忙给县委书记何耀明出主意：把集体的土地暂时借给社员一点儿，种一季萝卜救命，秋季收了萝卜再把土地收回，保证不耽误集体种麦子。民谚说"头伏萝卜二伏菜，三伏过了种荞麦"，从种萝卜到种麦，有两个月空子钻，机不可失，时不再来。

八路出身的何耀明愁眉紧锁，像伍子胥过韶关一样，在办公室踱来踱去，待到天明，终于下定决心。握着睢常泰的手说："救命要紧，干吧！"

　　华庄借地，借出意想不到的结果。一人一分地，秋后家家院子里萝卜堆成山，一冬一春村民的肚子有了保证。

　　也许"华庄借地"只是众多信息的来源之一，但是他们为了农村百姓不饿肚子的无畏尝试，促使了中央下定决心给农民下放自留地。

　　这件事在尧山壁的人生经历中可以说是记忆最清晰的一件事！也是影响最深刻的一件事！这对他以后生命意义的认识、人生境界的追求、人生格局的把握和人生情怀的操守，都在潜意识里起到内心驱动力的作用。仅在大学毕业去向的选择上他就坚定不移。

　　1962 年，到了大学毕业季。

　　尧山壁在分配名单中：留校，做大学老师。

　　这是多么崇高的职业啊！是大多数毕业生的梦寐以求。大学老师，那将来就是大学教授啊！

　　尽管尧山壁回校一年了，但他的魂，却留在了农村。思念那里认识的和不认识的人。他觉得自己喜欢农村，适合农村，知道自己喜欢写作的欲望大于做教师的欲望！他曾在文学作品中看到一段话，很认同："好的文学作品是最好的家庭老师！"好的作家作品"虽然不能御寒充饥，也不能疗伤治病，但可以使人的心灵得到抚慰和滋养，精神得到净化和提升。他们不一定使你荣华富贵，也不一定使你官运亨通，但或许能使你纯粹一点，高尚一点，有道德一点，脱离低级趣味一点，或许还更有益于人民一点"。就像睢常泰和何耀明等基层干部那样。

　　尧山壁自信自己可以在文化和精神上发挥作用。当然这也不排除农村还有他母亲的缘故，要知道他可是个大孝子。还有更重要的一点，他逐渐认识到了要写出好的作品是绝对离不开自己熟悉、熟知的和了解、理解的人和事的，像自己没见过农村大食堂，竟敢写出《食堂婚礼》等那是要多糟糕就有多糟糕的事情，难怪舅舅对他那么严肃、严厉⋯⋯

系领导和校领导知道他的选择，一开始不同意，他一表人才、文质彬彬、爱好广泛、学识深厚、做事认真、为人谦和⋯⋯妥妥的一位为人师表的青年才俊。不能他要走我们就让他走。但他心在农村，去意已定，又第二次第三次申请。

在第三次申请也未果的情况下，他来到省文联求援。他并不知道校党委书记戈华与文联主席田间是冀西的战友，最终河北大学忍痛割爱。很幸运，他如愿以偿。

再见了，河北大学！

再见了，学生时代！

（1962—1966 年）

第二十六章　学吃派饭

如愿以偿后，心里希望去邢台县，那里有两个人物始终在吸引着他。

一个是王永淮。

上邢台高中时，一年级语文课本，有篇秦兆阳写的《王永淮》，其中写他"扎根农村，艰苦创业，改变乡村面貌"的故事很感人。那时刚学写作，很想知道真人真事是怎么变成文学作品的。千方百计找到了当时是副县长的王永淮，当知道他也爱好写诗，一下子拉近了距离，王永淮让他跟着一名区干部，踩着秦兆阳的采访足迹到乡下走了一趟。

第二个是何耀明。

就是批准"华庄借地"的那个何耀明。14 岁就是小八路，16 岁当区长，后来当副县长、县委书记，把邢台县建成太行山最绿的地方，受到毛主席接见。他也爱好文艺，在尧山壁毕业分配要下基层的时候，何耀明正在和乔羽、苏里、武兆堤搞一部电影《我们战斗在太行山上》。

……

两个人当知道一个大学高材生放弃大城市一心下基层时拍着巴掌

乐，说"我们要！"

已是县长的王永淮见到尧山壁说："县直机关任你挑。"尧山壁说："我想去文化馆。"王永淮说："邢台县政府在邢台市，亦城亦乡。去文化馆好，能上能下，你小子很会挑。"

何耀明没露面，但很上心："文化馆需要加强，搞基层文化建设很重要。不过先让他钻山沟沟吃吃苦，磨磨性子，练练耐力。"有人介绍，他家就是农村的，从小吃过不少苦。何耀明说："从小谁没吃过苦。那不算数，长大了能吃苦才行。好钢要有旺火烧、重锤敲。"还和王永淮合计："在他面前，你唱红脸，我唱白脸，咱俩合力把他打造成一块好钢，成为老百姓喜欢的人。"

到邢台县文化馆报到，馆长刘金铭看了档案，说："你去石槽吧，先下农村深入生活一段时间。乔羽下乡的地方，你应该知道他。"

尧山壁一怔，乔羽就是写《我的祖国》和《让我们荡起双桨》等脍炙人口歌词的作者！谁人不知？

第二天刘金铭馆长亲自送尧山壁下乡。

九月天，起五更向北出城，过豫让桥，战国刺客豫让行刺赵王赵襄子的地方；路过西北十几里的赵孤庄，《赵氏孤儿》公孙杵臼藏孤的地方；向西是郭村，科学家郭守敬的故里——一条多么富于诗意的路线！开始路还算平坦，后来越走坡越高，路越坎坷不平。赶到玉泉寺吃了午饭，刘馆长说："下边的路你自己走吧，二十多了，该自己闯闯了，我回了。"

望着刘馆长的背影，尧山壁很茫然，路两边先是丘陵，后是大山，一座比一座高，中间一条路曲里拐弯伸向远方，望不到头。

多亏从小走垄沟踩坷垃，一天走了120里，摸黑赶到石槽村口。

老村长已在那儿等候多时了。

老村长把他安排在省林业劳动模范孙兴贵的家里，大娘端上灯把他领到小南屋，铺好炕，说乔羽来了也是在这儿睡。

尧山壁兴奋起来，迫不及待地躺下，似乎诗人的余温还在，会沾上一点仙气。

刚躺下，看到墙上有乔羽的诗《赠孙兴贵》："有土之处皆种树，有山之处皆成林。春蚕已超江南盛，夭桃独占江北春。桃树擎天张华盖，苹果遍地隐诗人。行者到此莫考量，葡萄美酒醉众神。"孙兴贵爱说快板，曾按乔羽的指点将多余的葡萄装入坛中，泥土封盖酿成美酒。

第二天，尧山壁回来，在村办公室又看到乔羽一首诗："人有凌霄殿，我有凌霄山。雄峙太行顶，绿树接青天。虎豹已绝迹，孩提正承欢。昔日大王居，今日桃李繁。"乔羽不仅是诗人，还是书法家，行草颇有功夫。之后，沿着乔羽的足迹，爬上一千多米高的凌霄山。

一个刚走出校门的大学生，尽管出身农村，但走进山乡，最大的困难是不会吃饭了。

过去在学校吃食堂，用粮票买饭票，用饭票换饭吃，一个馒头二两，一碗粥一两，可下乡吃派饭，一天交一斤二两粮票，四角钱随便吃。一天换一家，品种质量不一样，饭碗有大有小，实在是难以掌握。

太阳一竿子高，一个小姑娘来叫："工作员，今儿到俺家吃派饭了。"跟她沿着石板路拐弯抹角走进一家石头院，来到一座石头屋里，在一张石头桌旁坐下。主人先端上一碗稀的，黑瓷碗如盆大，内容介于豆浆与面粥之间，搅着菜叶，黄中泛绿，说叫豆沫，现磨现煮的。

禁不住豆香的引诱，抿了一口，果然美味。接着又端来一盘窝窝头，谷子面做的，拳头大小，主人倒过"黄金塔"来，塞上一个软柿子，像黄云托起半轮红日。尧山壁好奇又激动，但是拿起又放下，因为那碗豆沫已经尝了一口，应该喝完。一大碗豆沫该有二三两的样子，再吞下那"金塔红日"，显然要超过指标了。

吃了饭，上山劳动，刨坑栽树，与石头打交道很费力气，撒了两泡尿，一大碗豆沫就消耗殆尽了，饿得心慌腿软。午饭是红薯面饸饹、山韭菜炒蘑菇做卤，香味扑鼻，狼吞虎咽吃下去。吃完一拍脑袋，糟了！早饭一大碗豆沫，中午一大碗饸饹，一斤二两的定量一不留神差不多吃完了。

晚上，小姑娘再叫吃饭不敢去了，说还不饿。老乡以为他病了，特意做了一碗白面条，打了两个荷包蛋，叫小姑娘送到他的住处。尽管饥肠辘辘，面对饭碗不敢看了，更不敢动一下筷子，守了一会儿又送回去了。

……

几天之后，王永淮县长特意上山来看他，发现他瘦了，走访派饭的人家后，笑了，骂了一句"傻小子"和他说：

"你是三年困难时期饿怕了，把吃派饭当成考验，一天过三关。其实，吃派饭是群众路线的工作方法，访贫问苦、了解情况，不是去当客人，不能把自己当外人，该吃吃，吃饱了好工作。"

尧山壁说："我怕吃超了指标。"

王永淮安慰："不会。这地方自从'华庄借地'，基本没有饿肚子的了，即使粮食缺一点，也有瓜菜代备着。你吃过'金塔红日'了吗？是不是比单纯谷子面好吃？"

尧山壁点头，随着眼圈儿也红了。真为这地方的百姓有这样的父母官庆幸，同时也庆幸自己能追随到这样的人。在他的思维里，民以食为天，谁能让百姓吃饱饭，不饿肚子，谁就是好人。

之后，王永淮县长还和他讨论起群众对派饭的态度：大多数是乐意的，理解干部离家在外不容易，不看你职务的高低、工作的长短，而是看你人格品行，改着样儿让你吃饱吃好，有家在的感觉。当然也有看人下菜碟的。临走时还和尧山壁说：

"你还年轻，刚出校门，家是农村的，还参加过整风整社，但真正要了解农村，日子还很长哩。"他突然问："你知道乔羽吧?"

尧山壁回答："知道。我现在就住在他曾住过的孙兴贵家里，睡他睡过的床。"

"我和耀明书记有个想法，你不妨先深入深入他，体验体验他是怎么和咱这块土地亲近的，和这里的人们成亲人的。"

王永淮走了。尧山壁看着他的背影，咀嚼品味着他的话。

第二十七章　体验乔羽

　　乔羽，1927 年生，山东济宁人，原名乔庆宝。自幼聪明过人，三岁识字三千，六岁背过《唐诗三百首》。后来家庭生活拮据，靠哥哥做店员维持生活。高中期间，当过小学教员。1945 年邢台解放，成立北方大学，乔庆宝是第一批学员，在去学校的路上，一场绵绵春雨给了他灵感，由雨而羽。乔庆宝改名乔羽。

　　北方大学是解放区第一所院系齐全、规模大又正规的综合大学，汇集了全国一流学者、名家。乔羽文化基础好，编入高级班。但是课程中他并不看重文学艺术，信奉龚自珍的"经济文章磨白昼，幽光狂慧复中宵"，另外还喜欢哲学。不久内战重开，北方大学让出城市到山区、农村办学，乔羽曾办一张《光荣报》，从采写、刻字、插图、油印到发行一人完成。

　　1947 年冬天，乔羽到邢台临清县白地乡党尔寨参加土改，白天发动群众，晚上披着被子写材料，熬了六天，写出 12 万字的《党尔寨土改调查报告》，观点明确，材料生动，逻辑严密，文笔漂亮，被加版连载在《冀南日报》上。

　　通过实践，乔羽看到了文艺的功能，加深了对《在延安文艺座谈会上的讲话》的理解，写作了一些诗歌、小说、散文，还写过秧歌剧。

三年毕业分配到新中国文化部剧本创作室，创作儿童剧《果园姐妹》，童话《龙潭故事》《森林宴会》《阳光列车》，宋庆龄副主席亲自为他颁奖。

……

尧山壁和乔羽不是同学，但同过校。1945 年始，乔羽在北方大学就读三年，而七年后，尧山壁在这里就读三年高中，随时随地、零零星星听到有关他的一些事情，让他大吃一惊。

新中国成立后乔羽人到北京，心却还留在邢台，朝思暮想，请示到这里深入生活，1951 年背着行李回到了邢台地区沙河县渡口村，住石头院，睡土坯炕，晚上点一盏煤油灯，邻居婶子大娘都来"借光"纳鞋底做针线。听见鸡叫就起床，一天三出工，干活不惜力，不懂就问，很快成为一个戴眼镜的合格农民。

婶子、大娘讲，乔羽人好，地里不挑活，家里不挑饭。刨坑栽树，搬石垒堰，啥都干。冬天吃糠窝窝，夏天喝井中凉水，辘轳绞出一桶水，舀一碗不落地"咕咚咕咚"一饮而尽。

村里流传着他两个笑话，连孩童都知道，不会生炉子，撅着屁股用嘴吹，呛得鼻涕眼泪直流。用辘轳打水，不会使三连环水桶，水桶掉到井里束手无策，急得一头汗。邻居拿来钩子要帮他捞，他非自己动手，撅着屁股，捞啊捞，最后成功了，还总结出经验：手莫慌，沉住气，钩子就长眼了。

至今村里不忘他做的两件好事。一是带来照相机，听说谁家孩子过百天、生日，登门拍照，攒多了回北京洗印，回来送上照片、底片。开始村民害怕，说照片上的人和真人一模一样是因为吸了人的血，经过耐心解释，才解除了恐惧，渡口村 500 多户人家，家家有他拍的照片。二是带来西药,当时农村缺医少药,乡亲们感冒发烧、跑肚拉稀,手破头流血,吐口唾沫抹上草灰了事。他从北京带来一些常用药,阿司匹林、酒精、红汞之类,看着说明书给人治病,解决了不少问题。慢慢地驻地成了小药铺,十里八乡都来看乔郎中。

1958 年,乔羽要求下乡挂职,担任邢台县宣传部副部长,兼任邢台地区文联主席,何耀明和文化馆馆长景慧敏,根据南石门公社兴修七一渠的事迹,创作了剧本《天上人间齐歌唱》,乔羽亲自修改,一遍又一遍,又请省话剧团付长生导演,四股弦马凤仙、下放干部齐啸云主演,轰动了牛城,又到天津参加省汇演拿了一等奖。

……

还没见到乔羽,他的诗却看到不少。在水门村看到他写王永淮:"王永淮像春蚕,年年月月不离山。春蚕吐丝只几日,永淮辛苦几十年。"在渡口看到他写的《沙河谣》:"沙河沙河我的家,平原宽阔山岭大,煤铁金银样样有,到处都是好庄稼。"

……

尧山壁再一次感慨:一个外乡人能把"他乡为故乡",爱得这么执着,这么热烈,这么深沉,真令人五体投地的敬佩!

在何耀明的安排下,有一天,尧山壁终于把乔羽堵在了办公室,自报家门,送上习作。乔羽看得很认真,逐字逐句提意见。

第一次见乔羽,大脑门子尖下巴,身上没有多少肉,头重脚轻的样子,眼镜后一双清澈的眼睛,嘴角微微翘起,天生一个乐天派。浓重的鲁西话,抑扬顿挫,自然带一种喜感,还时不时地冒出一两句邢台的方言土语:"老娘的"(中老年妇女)、"媳物的"(年轻媳妇)……

一见如故,聊起天来才知道都属兔,乔羽大尧山壁一轮,一个6

月 16 日，一个 11 月 16 日。论起生日，乔羽像个孩子似的抱怨："你这只兔子生逢其时，满地庄稼。我这只兔子生在冬天，场光地净，常常被人追着跑。"

说到兔子胆小，乔羽说："我从来夹着尾巴做人，不敢奓翅。"

尧山壁说："我是个笨家伙，茶大胆，早晚得撞到枪口上。"

在聊到兴趣爱好时，尧山壁说："我真羡慕你，电影、歌剧、诗词，样样精通。"

乔羽说："这叫狡兔三窟。"说完哈哈大笑。

……

本来是师徒或曰师生关系，从年龄上说也几近两代人。一个是家喻户晓的文艺大家，一个是名不见经传的文学青年，一见如故，聊起天来哥们儿一样。

乔羽没架子，吸烟喝酒，到处是朋友。走在邢台大街上三步一点头，五步一握手，生一点的叫乔部长，熟一点的叫乔老爷，交情最深的是何耀明。

何耀明比乔羽大两岁，二人朝夕相处，思想默契，对话都是诗句，一天去黄寺工作，中午吃香椿拌面，乔说："闻着香心。"何说："吃着爽口。"下午上棋盘山，有一个尼姑庵，多数人还俗，只有一人不走，分得庵外几亩坡地，尚未入社。乔说："玉泉古寺禅意浓。"何说："和尚还俗为社员。"乔说："南坡尼庵归老尼。"何说："自种自养度晚年。"

一天视察一水库，乔羽写诗一首："一带山色明镜里，几叶扁舟彩云间。天惊犹记石如雨，又见鸳鸯自在眠。"三天后，同去另一水库，何耀明回诗一首："朝登仙翁山，夕游羊卧湾。已穷千里目，复察深水寒。"彼此抄在对方的笔记本上。

第二十八章 创办《好社员》

山村有青山绿树、鸟语花香，更有朴素、善良、耿直、憨厚的人们，但是世世代代没有公路，没有电灯，没有电话，没有广播，没有书报……一代接一代过着贫困且孤独的生活，直到出了个省林业劳动模范孙兴贵，这片沉睡的山村才有了一些别样的声音。

街上有一块黑板报，是乔羽体验生活时留下的，上面的字迹，经过风吹日晒已模糊不清了，村里有点重要事只能派人挨家通知，再就是有"屋顶广播"，村长站在村中心一家房顶上，拿一个铁皮卷喇叭筒喊："各位乡亲注意了，我说个事……"顺风还好，逆风就不灵了。

……

尧山壁首先把黑板报恢复了起来，没有资料，就从当地村民知道的事开始，第一期他把了解的葬在花椒沟一对老红军的事迹写成诗登上去。诗名《花椒沟》：

走趟花椒沟，香花沾一身，花香带两袖，说话香两口，问一沟清香，来自何处？

溪水拐弯处，葬一对红军夫妇，北上抗日结伴，一场战争分手，爱在梦乡里，想在立功后。

千里行军得见时，英雄已垂首，掩护小队全撤走，手抓一棵树，树下埋丈夫，泪滴树下土。

花椒花儿重开时，反攻路上她带头，恨用敌人血，仇由枪口诉，胸膛堵住敌枪口，红旗挂上花椒树。

红军夫妇葬一处，坟上又长出花椒树，乡亲引来清泉水，栽下花椒树无数，从此那阵阵清香，弥漫着整个花椒沟。

说的是身边事，用的是学生腔，乡亲们似懂非懂，小学老师品出味道，指着黑板，逐句逐句地讲解，慢慢地小伙子、老头儿、大姑娘、小媳妇也都会背了。接着尧山壁又针对村民们水土保护意识不强，为盗伐树木的现象写了两首诗在黑板报上刊登，用的是诗人田间抗日战争时期的街头诗体，第一首是《住手》：

住手！你刨坡，是挖集体的肉；你砍树，是挖幸福的根。破坏风水，糟蹋山林，难道你还想让 1938 年的大洪水再一次降临？

第二首是《别烧骨头》：

没柴烧，别向树要，树是山的骨头。山坡上的枯杆子、河滩里的弃柳桩都可以烧，你烧山的骨头，难道不害臊？你家的烟筒冒的是黑烟，乡亲们都能看到。

为了让村民理解，故意不顾文采，直接用大白话，但发挥的作用却难于想象，一到做饭的时候，好事的人就总在街上溜达，看谁家烟囱冒黑烟。其实尧山壁诗中的"黑烟"只是一个诗的意象，指的不是自然现象，而是指代社会一种不好的乱砍滥伐行为。没想到歪打正着，之后，村里砍伐树木的不能说杜绝了，但的确减少了。

在石槽体验生活不长时间，不但感受到真实的生活，还积累了写作素材，想到刘馆长在他第一天报到时向他交代的文化馆工作的性质和业务，心中渐渐就有了一个想法：办一张小报，起到对基层群众的宣传、沟通、交流的作用；激发基层群众的智慧，增长他们的见识，不出门就知道天下事。心里有了想法就放不下，甚至连报纸名字都想出来了，叫《好社员》，以基层群众为主体，写社员，给社员看。组稿、编辑、排版、插图、发行等都想到了。

回文化馆，向刘馆长提起，刘馆长激动得眼泪都掉下了："我一上任，就有这个想法，这是我的梦，只是馆内人少事多，只六个人，没人干，也没人会干，再说也没有这方面的预算，钱不知从哪里出。这回好了，你小子文化水平高，又会写作，你干最合适。我马上去向何书记和王县长汇报去。争取给你配几个人，再拨点经费，早点把报办起来。"

那天何耀明和王永淮正在办公室谈事，可能谈的事很棘手，两人都有点低沉，情绪不怎么高。刘金铭馆长来了，当听到尧山壁要办《好社员》报，情绪立即高涨起来，何耀明对王永淮说：

"上次你去看他，回来说他不会吃派饭，我笑得差点岔了气。"问："我记不起来了，我当时说什么来着。"

王永淮说："你笑够了说：'这孩子实诚，心地干净，是棵好苗子。'"

"对对对。我是这么说的。我没说错吧？是干事的料。"

"你那么看好他，夸他，人家几次要见你一面你都不肯。"王永淮说。

"咱俩不是说好了吗，你唱红脸，我唱白脸，好钢要有旺火烧、重锤敲嘛。"

……

之后，何耀明对刘馆长一本正经说："老刘，你们文化馆要办《好社员》很好，但文化馆的编制已满，县里是不会再派人给你的，财政也紧张，困难馆里自己解决。"

刘馆长也曾是抗日干部，和何耀明早就认识，还以为冲战友的面子都是为了工作能照顾一下呢，谁知道门都没有。

刘馆长乘兴而来，败兴而回，心里遗憾：县里不出人也不出钱，叫这孩子怎么办报？巧妇难为无米之炊啊，真是白欢喜了一场。

尧山壁没有让刘馆长白欢喜，积极投入了工作。他五平方米的宿舍成了编辑室，满床、满桌子是报刊、书籍和稿件。一个人干起来，还干得挺欢。

当带着墨香的第一期《好社员》送到刘馆长手里的时候，看着尧山壁熬红的眼睛和沾满油墨的手眼泪又掉下来了，激动地说："我豁上老脸也要出去找到钱，咱一定改油印为铅印。"

《好社员》发到村里，村里沸腾了，近期国家和县里的大事小情，短小精悍，群众语言，诗歌、演唱、小剧本、漫画……看起来顺眼，听起来亲切。

信息反馈上来，刘馆长心里暖洋洋的、美滋滋的。可这时尧山壁却暖不起来、美不起来了，前几期攒的稿子快用完了，再办下去没米下锅，走村串户采稿和组稿，一个人的力量是有限的，再说也不能老就地取材啊，边远山区更需要在报纸上有一席之地。于是他几乎是每天步行 90 里去更远山区，把时间都耽误到路上了，他急需要买一辆代步工具——自行车。

尧山壁生在穷乡僻壤，孤陋寡闻。对于自行车，10 岁前没见过，20 岁前没骑过，大学二年级，班里有位天津同学，推来一辆自行车，来自农村的同学排着队试骑。轮到他推到校门外卫津路上，人高腿长，上去下不来了，更不会转弯儿和捏闸，自行车像脱缰的野马，眼看要撞着人了，急中生智冲向一根电线杆子，两手抱头，"野马"跌进了卫津河里。

当时交通落后，邢台县只有一辆美国吉普，一辆解放牌卡车。开现场会，书记、县长坐吉普，常委坐卡车，县干部一半"骑兵"，一半"步兵"。邢台是个大县，东西 200 里，南北 80 里。干部常年下乡，都是自行车。尧山壁开始坐"二等"车，身高体重，谁带他谁就是一身汗。不落忍，早就想买一辆。

新中国成立初期只有上海、天津、青岛三个自行车厂，上海的"永久""凤凰"，天津的"飞鸽""红旗"，青岛的"金鹿"。那时一辆"永久"或"飞鸽"要 167 元，尧山壁第一年试用期每月工资 46 元，要买一辆新车不吃不喝也得四五个月的薪水。姐夫劝他说："买不起新的，攒一辆吧。自行车的结构不过是四个三角两个圆，主要零件是车架、前叉、车把、前后轴、前后轮、前后闸、中轴、脚蹬、飞轮、链条、车座……这些零件市场都可买到，花 40 元就能组装出一辆 28 的杂牌车。"

尧山壁的姐夫是一位小学教师，对自行车的组装还算懂得。攒好的车吱吱扭扭老出毛病，过了磨合期一切就顺溜了，尧山壁还学会了补胎、换辐条等复杂的修理活儿。

解决了代步工具，采稿和组稿的效率上升不少。加大和加快了与全县基层群众接触，通讯员的队伍也在扩大，报纸的质量在逐步提高，为此，《好社员》也受到邢台地区的嘉奖；尧山壁也被评为"先进文化工作者"。

尧山壁在这三年带出了一大批文学青年，比如甄德圣、梅九寿、杨冬靳、田真、张国江、张春学、杜梨等，后来都走上了不同领导岗位，如中国汽车报总编辑、邢台日报社社长、副县长、县宣传部长、党校校长、中学校长、县文联主席……有的加入省作家协会，出版了书籍……他们当年都是乡村最普通的孩子、学校里的学生，尧山壁给他们首先讲最基础的写作知识，指点他们写家乡的山山水水、父老乡亲，不厌其烦给他们改习作，给他们讲自己的童年经历，最后他们就一个个成为了他自己。

第二十九章　意外发现

生活是创作的源泉，尧山壁到邢台县，如鱼得水，到处有写作的素材，到处是宝，到处让他激发灵感，文学创作进入一个新阶段。第二年便在《河北文学》《诗刊》发表了很多诗，短诗、长诗、组诗，都是直接从生活中捕捉到的素材。

长篇抒情诗《饮水思源——火石岗抒情》第一段：

五月，多么厉害的早春！
空气里都掩藏着火苗，大风又加劲地把火煽。
山谷张着大嘴喘气，多么渴望着一星雨点。
但是，白天找不到一丝云影，夜晚银河都好像已经熬干。
……

叙事诗《好书记》150多行，其中：

你熟悉每一个村庄，你跋涉过每一条河流，你攀登过每一座山峰……

每个村庄都有你不眠之夜，每条河流都有你认真的规划，每座山峰都有你仔细的思考，十年啊，在你身后，有多少故事流传……

山林里追过豹，洪峰上撑过船，生死关头为救一位耄耋老人，毅然跳进深潭。一个社员发明的脱粒机旁，你整整陪了他三天三夜……

这些诗与他学生时期有着质的差别。那时学《诗经》、乐府、唐诗宋词，觉得美就模仿，意境、语言都模仿，无源之水、无根之木，成活率很低，偶尔也能达到化境，写出几句好诗，但总还是轻飘飘的，飘在生活的表层。现在则不然了，感觉有了厚度，有了高度，有了沉重感……

深入基层，编辑《好社员》，文学写作……这一切和文字有关的活动，好像都在说明尧山壁的理想，立志要当个作家！但奇怪的是他从来没有这么想过，只是被莫名其妙的文字以及和文字有关的东西吸引着，产生痴迷。

文字工作一般是没有休息日和上下班的，不过集中工作一段时间，刘馆长也会逼迫他歇歇，他也会自己找寻空闲放松一下自己。放松也只不过是换一种和文字打交道的方式。

在这段紧张而有意义的时间里，除了处理些公私事情或回家看看母亲外，他多是去了西部晋冀交界的深山里了。

他在大学时心里就有一个心结，想借在邢台县工作之便，解开这个结。

大学期间读《元史》，尧山壁对刘秉忠佩服得五体投地，曾经仔细研读《春季集》，背诵"鸣鸠唤住西山雨，桑树如云麦始花"之类的诗句，更注重他是邢台县贾村人，曾在城内天宁寺出家为僧，后来仕元为相，精通《周易》。博览儒、释、道，"凿开三室，混为一家"。辅佐忽必烈，振兴一个朝代还在其次，而创办紫金山书院，振兴一个民族的科学，则前无古人。紫金山书院以研究自然科学为主，培养了张文谦、王恂、张易、郭守敬等一批世界级的数学、天文、水利专家，仅此一点就可和后来讲授经史的江南四大书院媲美。从人类文明的角度衡量，刘秉忠的贡献超过朱熹。只不过后世大汉族主义的狭隘，认定他为"异族"当差，有"汉奸"的嫌疑，便打入另册，至今少为人知，令人愤愤不平。

邢台县志上说，紫金山就在府城西南深山，并无具体的位置。尧山壁在大学就曾利用寒暑假到那里寻觅过，现在就近，又有了自行车更想搞清楚。每逢空闲，他便带上干粮在崇山峻岭苦苦找寻。几次毫无结果，但就在山穷水尽没有一点线索时，却获得了一个意外的发现：在冀晋两省分水岭，大山半掩断崖下，他发现了一个山洞，一个"野人"！

这个"野人"，花白胡子过胸，乱草样的头发里长出了草芽，衣服碎成了布条条，一只脚胶鞋，一只脚布鞋，都露着脚趾头。可是他很富有，周围高高低低的山坡、石窝里凡有土的地方都长着绿油油的玉米，正在吐出红线线，像是刀枪林立。往年的陈玉米棒，在洞口垛起了黄金塔，在洞内码成了黄金墙，足有八九千斤，顶上一个生产队的粮库。这不是做梦吧！尧山壁揉了揉眼睛，又揉了揉，打量着眼前的这座金山。似乎比找到紫金山还激动。

那时民以食为天，看见庄稼、粮食可比什么都金贵。此情此景，尧山壁不由得想起《桃花源记》。可是这位遗民似的老人，并没有世外桃源的怡然自得，有的只是与世隔绝的孤独和苦闷，神情紧张，说话含混不清，好像一些语言都忘记了。

后来老人看尧山壁这后生没有什么恶意，才敢试探着问："公社食堂正在吃什么？"尧山壁告诉他："食堂已经早解散了。"他又重复问了好几遍，看样子似乎还不大相信。

原来老人是山下大队的社员，年轻时上山攀岩掏五灵指（寒号鸟的分泌物，类似燕窝，是一味药材）。几年前因为饿怕了，只身逃往人迹罕至的深山老岭。开始采野果，挖杜仲、何首乌充饥，后来看山上有土有水，虽然巴掌大的地块挂在坡上，加在一起因为有八九亩，便偷偷下山，夜里摸进村子，带来几升玉米种子和一把镐头过起刀耕火种的生活。

一位"野人"，一个山洞，让尧山壁隐隐约约看到穷困农村的一条生路。眼前这个蓬头垢面的老人好像科学家一样伟大！

分别的时候，两个人都泪流满面。按着老人的指点，下山找到一条捷径，是老人那年攀岩采五灵指的小路，几乎是垂直的，需要抓着藤蔓，扒着山岩，人好像一块石头从山上滚下来。站在山下回头看，山顶那处云片一样的开荒地，好像一只风中飘摇的风筝，甩下来的一条细线，断断续续，在有无之中。

回到山下，尧山壁按老人的嘱托找到当地公社书记。

书记把大腿一拍，兴奋地说："这个老家伙，我一直当他去山东当了盲流了，闹了半天就在我眼皮底下捉迷藏呢。"

他悄悄地告诉尧山壁，安徽宿县也有这样一个老头，带着生病的儿子到山区开荒自救，开了16亩荒地，引起了省委书记的注意。受到启发，这位省委书记在部分地区实行了"包工包产责任制"。

尧山壁被他说得有点激动，就势问："你敢不敢试一试？"书记说：

"我是土地革命时期的党员，脑袋掖在腰里干革命，看准了还有什么不敢干的。只要对百姓有好处的事，我都敢干，尤其是老百姓吃饱肚子的事。"

尧山壁立即带着书记上了山，看着他晃着膀子爬山，左边的袖管空空的，原来"响堂铺战役"他丢掉一只胳膊，还开玩笑说："我是形左实右。"

老人被公社书记请下了山，摘了盲流帽子，自愿把积攒的粮食交给公社。书记把一半分给社员当口粮，一半留下当来年的种子，并不声不响在几个大队搞"包产到户"。

一包就灵，改变了"一窝蜂""大呼隆"的风气。农民又摸黑下地了，荒地变熟土，大田和自留地庄稼长得一样好。

这件事在尧山壁的人生经历里深刻，深刻得在当晚就挥笔写了一篇文章，取名《寻觅紫金山》。

第三十章 抗洪中的疑惑

1963年8月2日，尧山壁吃完早饭，推出自行车，在车后座上绑好行李又准备下乡了。虽然工作一年预备期已过，但办《好社员》采稿、组稿也需要经常下乡。

尧山壁愿意下乡，尤其是有了自己的坐骑，一边飞驰，一边欣赏蓝天白云、杨绿柳青、禾浪滚滚……心情愉悦时，让他能感受到唐张仲素"来时欲尽金河道，猎猎轻风在碧蹄"的飞马出征的意境……到了住地，那更像回家了一样，见到了亲人一样，大爷高兴地迎出来，孩子们叽叽喳喳围过来，大娘热情地递上一碗清泉水……

这次，还没走出院子，突然头顶一声炸雷，大雨点子鞭炮一样响起来，雨帘白帐子似的封住了门窗……感觉是天上银河决堤，洪水漫灌，院子里积水瞬间在涨。眼看着雨越下越大，没有停的意思，让人心里发毛。

尧山壁沉住气，穿上雨衣出去看水情，大小街道水流成河，再往前走积水淹了半城，县政府所在的北长街成为孤岛。

第二天，县委召开紧急会议，通报上游水库多处垮坝，洪水闯入市区，城外农村情况不明，组织抗洪抢险队，开赴城东几个公社。尧山壁不识水性，是个旱鸭子，但不顾危险，背着刘馆长报了名，拿了根竹竿就随队伍出发了。

出了邢台市，头上瓢泼大雨，眼前白茫茫的洪水，高粱、玉米的叶子飘在水上，随风跳动。公路上齐腰深的水，人被浪头打得趔趔趄趄，还得两眼紧盯着眼前的两行树，不敢偏离中线，稍不留神，脚下一滑，摔个跟头呛了水吐出来继续走。

两个小时的急行军，到了东汪公社，尧山壁被分派到黄家屯，只见一片片房倒屋塌，只剩下几座卧砖房子孤零零挺立水中。简单了解情况后，急忙组织村干部和民兵，把老弱病残安置到高房上，青壮年在水流上拉起几道绳索，扎着下水捞东西，大到梁檩、箱柜，小到被褥、脸盆，花花绿绿，形形色色，还有不少活的鸡、鸭、猪、羊……登记造册，上缴公社，等人认领。

村南的七里河本来是一条温顺的清水河，两岸河渠成网，岸柳成行，大片的稻田自留灌溉，旱涝保收，号称北国江南、鱼米之乡。三天前，突然浊浪滚滚，清水河变成小黄河漫过河堤，良田面临灭顶之灾。

人们好不容易盼到大雨停了，山洪过了，眼睛却瞪直了，好好的稻田压上了一层厚厚的沙子，北国江南的鱼米之乡，一下子变成了沙漠，起伏的沙丘像一座座坟头。不少沮丧的乡亲们守着"坟头"呜呜地哭起来。

抗洪抢险队头等大事是组织大家从土堆瓦砾下挖粮食、衣物，支锅、烧水、做饭，保证乡亲的生命和健康，和乡亲们一样三天水米没沾牙，可面对空投下来的大饼却没有一点胃口。

尧山壁白天负责黄家屯、武家庄两个大队的救灾工作，发动群众救治伤员，清理废墟，抢挖粮食，生产自救……晚上抽空写街头诗鼓舞群众士气。其中有一首是写抗洪中的武家庄党支部的，诗名《战斗的堡垒》受到群众称赞：

　　洪水漂天没怵一分胆，几天几夜没合一次眼。在暴风雨里，在七里河岸，在特大的洪水面前，这个战斗的堡垒，冲不垮！泡不塌！

　　东头房倒，你们是一排顶梁柱；西头水来，你们是一道防洪埝……大队长一只手扯住六匹惊厥的骡马，支部书记一条肩扛出来十几名老幼病残，队长护着麦种，会计抱着账单，公安员监造木筏，民兵连长指挥"巷战"，残废军人坚守在"阵地最前沿"。

　　饭让给别人吃，衣让给别人穿，房让给别人住，自己紧一紧腰带，提一盏马灯，撑一把雨伞，再挨门挨户去查看。经过这次洪水的考验，这个战斗堡垒，扎根在社员的心间。

　　经过这次同舟共济，这班坚强的领航员，备受人们称赞。难怪一群老年人坚持与你们一起战斗到底，难怪在半个小时内两次抢渡洪峰救人的青年，正望着你们繁忙的身影，思忖自己入党的条件。

　　战退洪水，你们个个血丝满眼、遍体伤痕，保住人畜平安，管它掉几斤肉流多少汗！房屋倒塌，土质变坏，没有谁唉声叹气，怕什么！能战胜洪水，何愁重建家园。看，雨过天晴，第一次支部大会正开得热火朝天。

　　黄家屯、武家庄安定之后，尧山壁又奉命采访南会大队抗洪救灾事迹。南会村在七里河中上游，半山区，四分之三的土地被冲走。剩下满沟大石头。支部书记王志琪在大灾大难中挺立起来，率领群众生产自救。在村南河滩中修坝，村北山坡上取土，在群众中开展"一把土"运动……尧山壁放下行李就投入运土的行列，一边运土，一边在脑子里酝酿一首诗——《抓起南会一把土》：

　　　　抓起南会一把土，细细问、细细瞅，这里面有什么？有干部握锹掌中的汗，有领导挑担肩上的血，有小伙子推车如虎跃，有大姑娘抬筐如凤舞。有奶奶送来亲手缝织的手套，有孩子提来的暖水壶……

　　　　抓起南会一把土，细细问、细细瞅，我看见了那六百双勤劳的手，接过愚公的扁担，紧握南泥湾的镐头，这边拉直一条大河，那边削掉半个山头……

　　　　……

在南会劳动一天下来，筋骨疼痛，肌肉酸软，本该休息睡一会儿，但睡不着觉，一个疑问时不时地闯入脑海：为什么？为什么会这样？会有这样的洪灾？查阅了一些相关资料，对这次洪水有了一些了解后不但没找到答案，而且更迷雾重重了：

20 世纪中国最大的暴雨，8 月 2 日至 7 日，内丘县某水文点测量，降雨量 2050 毫米，2050 毫米是什么概念？当地平均年降雨量是 500 毫米，也就是说 4 年的雨量集中在 5 天一下子倒下来了。河北省保定、石家庄、邢台、邯郸 4 个地区的山区，共落水 570 亿立方米，雨大而急，来不及渗透，产生 302 亿立方米的洪水，整个 800 里的太行连成一个大瀑布。洪水横冲直撞，5 个中型水库、2100 个小型水库同时垮坝。

水库垮坝又是什么概念？尧山壁沿着七里河确切地说是伴着河滩

的石头逆行，找到受灾最严重的黄店村。附近村民说，东川口水库在他们上面二三十里，8月4日上午9点水库垮坝，洪水砸下来就像倒一盆水浇蚂蚁，一个浪头一个涡，黄店村子瞬间就没影儿了。

问题来了，1958年，太行山修建了许多水库，为什么岗南水库、黄壁庄水库安然无恙，而东川口水库就垮了呢？尧山壁决定弄清究竟。他利用假日，经过数日追踪溯源、翻阅大量新闻得来的第一手资料是：

东川口，位于太行山深山区和丘陵地的交界处，七里河由西向东流过，巷口峡口背后有个小盆地，七里河发源于西面的凤凰山，原本林密草盛，羽毛丰满。后来因为乱砍滥伐，植被破坏，水土流失，山成了和尚头，坡成了光屁股，满沟大石头。洪水来时一泻千里，激流滚滚。山洪过后，流水渗漏，暗暗流去。当地人管它叫"泻肚子河"，越泻沙越多，土越瘦，人越穷。

……

1958年，在华的外国专家把"定向爆破堆石坝"的技术介绍给中国。

定向爆破堆石坝，就是用炸药的爆破能量，把山体岩石按预定方向抛掷，在设定的地点筑成水库大坝，以代替人力或机械的挖、运、填、扎实等工序，功效高，速度快，省劳力，投资少，工期短，技术设备简单，且不受地理条件和施工季节限制。国家水利部门和省水利厅经过调查研究，把试点选在东川口。

1959年1月13日，一行38辆大汽车向太行山驶来，卷起一路飞尘。10点钟，到达东川口东边黄店村的观礼台，一排新扎的席棚。他们中有外国专家，有中直37个部委的代表，全国25个省市代表，共400余人。十里以外的山头上站满了人，他们是奉命撤到安全区和闻讯赶来看热闹的人们，几万双眼睛盯着峡口南面一座山峰，紫褐色的山头在那里已经沉默了亿万斯年，没有人注意它甚至连个名字也没有，如今它有幸被专家选中，作为中国第一个定向爆破的试点，下部被开挖了若干个洞，埋进了 204 吨黄色炸药，只要一按电键，随着惊天动地的一声巨响，它便一鸣惊天天下知了。

11 点 50 分，三声信号炮响，所有人都屏住呼吸，瞪大眼睛。12 时整，总指挥按下电键，电流通过电线冲进药洞，触动雷管点燃炸药。说时迟那时快，只觉得脚下松软了一下，山峰从西面骤然断裂，接着像海啸裹挟海水一样，把整个山头高高举起，飞过天空，重重抛下。此时才听见一阵阵雷声，地动山摇，飞沙走石，浓烟滚滚，弥漫山谷。那连环炮声不仅在耳膜经久不息，还钻进人们的胸腔，跳动不止。20 分钟后，烟雾渐渐散去，只见峡谷中平地呈现一座新的山头，堵住了峡口，一座庞然大物眨眼形成了。真神了，幼时读《封神演义》，仙人们移山倒海之法也不过如此。

这大坝如果用人工，至少需要 70 万个工。而定向爆破只用清理坝基、开挖药洞等共需 10 万个工。稍加修整后高峡出平湖，赞歌鹊起。

人们的头脑处于高度亢奋之中，也便没有了深思熟虑，少有人提质疑，即使有也听不得不同意见。大坝建成，但基础不牢，并没有层层夯实，表面库坝巍巍然、煌煌然，其实是一豆腐渣工程。东川口水库成为悬在库下黄店村上的一颗定时炸弹。

四年之前一声炮响，四年之后一场洪灾，这因果关系，令人不敢想。

……

尧山壁在获得这些资料之前，仅去黄店村遗址就不下三次，他想寻找点这个小山村曾经的过往，哪怕是一个老爷爷喝过酒的瓶子，一个老奶奶的旱烟袋，妇女们扎头发的头绳或发卡，孩子们玩的铁环或玻璃球……但一无所获。没有树木，没有动物，没有房屋，没有人，没有遗物，好像黄店村从来没有在这个世界上存在过一样。

但执着没有让尧山壁失望，在他第四次到这里来的时候，他遇到了一个人，正从山上水库遗址向他走来。他怔了一下，说不准是不是何耀明。他刚来文化馆不久远远望见过一次，是在县直单位的干部大会上，他坐在最后排，看得不太清楚，只记得中等个儿、大方脸，面色黝红，头发浓密，精神头十足，讲话铿锵有力，幽默风趣。但现在看，个子有点缩，方脸变圆脸，面色发黄，头发变稀，一套沾满泥浆的衣服穿在身上松松垮垮。他迎上去问：

"您是何书记吗？"

"我是何耀明。你是尧山壁吧？"

"何书记认识我？"

"何止认识，王永淮县长把你的一切都告诉我了，下乡体验生活表现不错；《好社员》办得不错；这次抗洪和写的诗歌也不错……"

尧山壁怔在那。

"王县长说，有人反映，说有个年轻人经常来黄店村转悠，我一猜就是你。说吧，找到答案了吗？心中的疑惑解除了吗？"何耀明问。

尧山壁实话实说，把自己了解掌握的资料和情况一五一十做了汇报。没想到何耀明听完说：

"在观炮台上四百多人的代表中，也有我一个。"

尧山壁又一怔有点不相信。何耀明向他点了点头。"没错，我在现场。"

"你没有不同意见吗?"尧山壁问。

"我不是神,我是人;我不是水利专家,我只是个不想让乡亲们饿肚子的小县官。但这么多人,一个村子说没就没了,我良心过不去,不能不自责,不能不反思。"何耀明自言自语,好像是对尧山壁说,更是对脚下黄店村曾经的这片土地上的生灵们说。

落日了,两个人赶回县城,在一个小饭馆一边吞着面条一边聊天。不到一天的相处唯真唯实让他们成了好朋友,尽管他们年龄相差14岁,职位相差不是一星半点。他们天南海北地聊,聊工作,聊生活,聊诗歌,聊写作……聊着聊着,又聊回到水灾、抗洪和水的治理上,尧山壁说:

"上大学,看书三、六、九在汉语里是多数的意思,'九十九'则极言奇多。例如'天下黄河九十九道湾''漳河水九十九道湾,层层树,层层山''浏阳河,九十九道湾儿,九十里路到湘江'……曲、弯是江河的特色,江河的妙处,风景都集中在河湾里。

"人与自然的关系是微妙的,和谐共处,天人合一,基本相安无事,如果非要破坏环境,就会失去平衡,就会出乱子。我虽然爱好地理但没学过水利,不懂治河的理念和技术以及方法,但我相信'人有人道,水有水道''天下黄河九十九道弯'自有它的道理。这就好像人肚子里的肠子,聚起一捆儿,展开七米长,'九曲回肠'不是累赘,而是必须的消化道路,食物水分的润滑吸收都要在若干弯道里缓缓进行,这样,弯道的肠道才能产生蠕动,从而帮助消化、吸收。如果为了简便统一动手术把所有的肠道弯儿取直,变成一条直肠,人会怎么样可想而知了。"

饭后，两人各回住地。何耀明看见王永淮县长有点激动，大声小气："你作为一县之长，一定要把尧山壁看住。"

王永淮知道他要说什么，问："你终于见他了？"

何耀明点头说，"我有预感，有人会来抢他。"

一个月后，尧山壁和何耀明又见面了，一人写了一篇散文交换着看：

何耀明的是《有暇自哀》。

尧山壁的是《一炮崩出个水库来》，文题幽默，看了让人想笑，但读后又让人想哭。

第三十一章　双喜临门

　　1964 年夏，一直安静的文化馆院子里突然热闹起来，几位姑娘叽叽喳喳，大声小气，笑声不断。

　　尧山壁正在宿舍编辑下一期的《好社员》，听到有人叫他的名字就推门出来了。见几位姑娘大眼小眼盯着他交头接耳，私语："像，太像了"……尧山壁问她们有事吗？她们不回答。

　　嬉笑和说话声，招来文化馆其他同事，也招来馆长刘金铭，几位姑娘不好意思互相招呼着跑走了，弄得大家莫名其妙。有人说这样的事以前也发生过几次。刘馆长认真起来才弄清了子午卯酉。

　　邢台市有个玉光照相馆，老字号，生意很好，为了招揽更多顾客，想了很多招儿，其中之一，设计了个橱窗，展出自家得意之作，给人照的照片，有小孩、美女、老人，其中一张男青年照特别吸引眼球。

　　照片上的这位男青年就是尧山壁！

　　大学毕业来邢台县文化馆报道，办工作证需要个人照片，他就去了这家照相馆。摄影师是一位年轻人，见他身材修长，一头乌发，五官端正，剑眉下一双明亮的大眼睛，笔挺的鼻子刀刻一样，朱唇皓齿露着一丝友善的微笑……浑身散发着气宇轩昂的精气神儿和文质彬彬、平和知性的气质。照完后摄影师说,我能再给你照张艺术照吗?那时所谓的艺术照就是让你穿上他们准备的衣服拿上道具摆出姿势。尧山壁不照,说有工作证照就够了,但看那照相的很失望就多问了一句,你给我照艺术照有什么用吗?那照相的说我师傅总骂我不会照相,我想以你为模特照一张给他瞧瞧。那你照吧,尧山壁说着围上自己的围巾摆了个姿势坐下。照完要付费,照相的说不用你付费,我还想付给你呢,两人互相推诿了半天。

这点小事尧山壁早忘得一干二净了,没想到两年后,照相馆竟把照片放到橱窗里了。这下好了,不管来照相的还是路过的,都要驻足看两眼。当知道这个和赵丹、孙道临长得有点相似的美男、帅哥就在县文化馆上班,还是个大学生,会写文章、会作诗,至今还是单身汉便不淡定了,都想亲眼看看本人,更有情窦初开的姑娘和她们的父母想入非非。

人在家里坐,祸从天上来,闹得尧山壁不好意思,回城来不敢出门,出城绕道走。刘馆长看他垂头丧气的样子憋不住笑,怼他:

"看你这点出息,都二十四五了,还是青瓜蛋吗?有什么不好意思的?谁能吃了你?男大当婚,女大当嫁,你不着急你娘不急吗?"

尧山壁委屈地说:"我就是为了我娘才没找对象。"

"有这事?讲给我听听。"

大学时,同班同学四个三个已经在农村完了婚,落实了人生大事,集中精力学习。看他们很幸福,尤其是韩丙坤同学,家境与他相似,父亲牺牲母亲体弱多病,常常拽他退学回去。后来娶了媳妇,生了孙子,他娘有人照顾病也好了,渐渐地自己也有了想法,想给孤苦的母亲也找个农村儿媳妇。

暑假回家，尧山壁故作天真地坐在门墩儿上说出自己的想法。本以为母亲会高兴，想不到被一口否定，早有准备地说："结婚是你自己找媳妇，不是给娘弄个陪伴的，我一辈子就这样了，不能把你拉回来绑在一起受苦。娶媳妇一头沉，生了孩子两头跑。"一头沉是一种旧时写字台，抽屉落在一边，形容家属在农村的单职工。夫妻都吃商品粮的叫双职工。

母亲的话大出尧山壁所料，完全把他说蒙了。穷乡僻壤的母亲有这等见识，他不理解，也不知道怎么拐弯。临近毕业，开始组织要他留校工作，专程回乡试探母亲去天津过城市生活。母亲说："这个你压根儿就甭想了，不见人家刘月子他爹，七老八十了还一个人在家受苦，天天背着挎篓捡柴拾粪，谁也请不动。"刘月子是河北省长刘子厚的小名，他们村与尧山壁家住的村相隔一里地，两位老人一见面就叨念："庄稼主，庄稼主，不离乡不离土，咱们也有两只手，不去城里吃闲饭。"没想到，两个农村老人的这句话十年后竟还成了《人民日报》头版的大标题。毕业后终于来到离家近的邢台县工作，城乡结合，本以为母亲会同意搬来和他一起住。没想到母亲又一口回绝："我守家在地哪儿也不去。"

刘馆长知道了他的苦衷所在，亲自出马，从农村俱乐部借来一位姑娘，两辆自行车，找到他家门口，用尽多年群众工作经验，谈古论今，拐弯抹角，引他母亲上套。母亲何等聪明，招架不住就绝地反击："别难为俺桃儿了，往后这家就封门了，我搬到他舅舅家住。俺哥是老红军，支部书记，我有三个侄子伺候，受不了罪。"刘馆长回来说："厉害！三娘教子，就要断机杼了。"

从此再不坚持面向农村找媳妇了，有了方向不愁目标。转眼1965年地区文教局的一位领导就给他介绍了一位，要说缘分，和尧山壁的剧本《轰鸡》不无关系。

这年秋天，尧山壁加入中国共产党，被抽调到四清工作团，转战任县、南和、沙河三县，何耀明是团长，把他放在身边使用，先是担任资料员、副队长、办公室主任。经过严格历练，政治思想和工作能力有了更显著提高。

整整一年后，正逢河北省下力气抓中小戏创作，邢台地区要进行汇演，把他从乡下抽回，为邢台县丝弦剧团写剧本。

这几年，尧山壁不断配合中心工作，编演唱、剧本，生活和创作也积累了一些经验。剧本写得很顺利，题材是他在北尚汪下乡时经历的一件真人真事。一户人家，与生产队的牲口棚为邻。中间有一堵墙，墙根有一个通着的小水沟，这家的鸡经常钻过去吃牲口拱撒的饲料。据此，他构思出一个故事：一家老婆婆养了一群鸡，故意通过水道把鸡轰过去，占集体的便宜。老头儿当饲养员，发现自己老婆的秘密，发生针锋相对的冲突和思想斗争。剧情容易结构，人物个性容易设定，情节高潮易掌握，舞台布景只不过是一堵虚拟的墙，矛盾双方占两边，各自表演，又可互相交锋。

剧情有了，关键是戏剧语言和群众语言的运用。尧山壁最不怕的就是这个，出自农村，熟悉生活，群众的语言又熟悉，掌握了一些民歌技巧，唱词写得形象生动，有声有色，比如：

老婆（唱）：

老婆子今年五十一，都说我是个养鸡迷。别看整天去下地，还喂了好多老草鸡。宝贝疙瘩琉璃蛋，咯咯咯，哏哏哏，咯咯哏哏说话呢，叫得我心里甜蜜蜜。说养鸡，道养鸡，三里五乡数第一，一年到头不落窝，鸡蛋大来成色齐。供销社同志来收购，进村先到俺家里。一竹篮，一簸箕，端出瓦缸满满哩。

老头（唱）：

老汉我是个饲养员，喂着队里的牛马驴。火龙牛，金马驹，铁打的骡子宝贝驴，咴咴咴，哞哞哞，咴咴哞哞像唱戏，俺一会儿听不到牲口叫唤，心里就像缺点啥东西。牲口是生产队里半个家业，千斤重担我挑起。把骡马养得肥又壮，为增产粮食改变农业面貌出力气。

邢台地区汇演，《轰鸡》出笼，一炮打响，轰动小城。

省文化局闻讯，由艺术处处长林岩、张特亲率省戏研究室全体同志赶来看戏，正在邢台搞"四清"的总政话剧团团长、著名剧作家付铎一连看了三场，还把北京电影制片厂的领导请来，准备拍电影。剧本被全国27个省市上演。一次尧山壁回家逛庙会，戏台上正上演豫剧《轰鸡》，台下的父老乡亲们笑得前仰后合，他们还不知道剧本是他们身边这个后生写的，因为用的是笔名。

为了迎接河北省举行的中小戏会演，尧山壁把剧本又修改了几遍，地区文教局的那位要给他介绍对象的领导来看他，看着他又修改完的剧本说，我给你找个人抄一遍再送审。来抄稿的姑娘，姓李名静，戏校的音乐教员，会作曲也能独唱，有时还兼报幕、独唱演员。

第一次见面在地区文联，人掀帘进来，高高的，正值冬天，穿棉猴儿戴口罩，不见庐山真面目。交代任务后，尧山壁躲到隔壁，又沉不住气，隔一会儿就过来添炉火，闹得屋里很热，终于看到她脱去外装摘下口罩，一眼看呆了：温润如玉的脸上，一双朦胧的眼睛，两汪清凉的春水，端正的鼻子下玫瑰含雪，美得像冬天里的一株水仙。

相视久久无语，倒是李静先开口了，翻动着稿纸，说："这段唱词下句收在仄声字，不好唱。这不怪你，邢台人四声不准，三声变四声。还有这里、这里，幸字都少了一笔，幸福写成辛福，好像有意写的。"哎呀，一双什么眼睛，一下子就看破了自己多年的秘密，自打出生就只有"辛"没有"幸"，故意写成这样，多少老师、编辑都以为是一般的错别字，真是遇到知音了。

无法拒绝的魅力，不光外表更在气质。一口标准的普通话，一手流利的钢笔字，满腹学问，无限温柔，而且全然不觉，表现淡定，看一眼就有一种说不出的舒服，像读到一首好诗，听到一首好歌，看到一朵好花，不由自主想与之亲近。难道这就是爱？李静的出现，把尧山壁矜持了多年的婚姻观打了个粉碎，斟酌的标准顿时化为乌有，连他身后的母亲一时也忘记了。感谢老天没有让他白等，还调侃地说"好饭不怕晚"。

1966 年初，河北省中小戏汇演正式举行。开幕式上，示范演出的《轰鸡》，受到各方各界热烈好评，被紧急调到北京演出数场。一次周恩来总理看后说，反映的问题深刻，一时被称作北方的《打铜锣》。

而这时尧山壁因和李静一见钟情，相见恨晚，很快跑完一个规范的恋爱过程，最后就等待他母亲的表态了。

第三十二章　抗震见闻

邢台是个好地方，深山、浅山、丘陵、平原、水乡，样样俱全。县委书记何耀明、县长王永淮是好领导，又都爱好文学，他们重用尧山壁，给他压担子到基层锻炼，使他如鱼得水，进入创作高增长期，接连在《诗刊》发表组诗；《河北文学》不惜版面，刊发他的长诗、短诗、叙事诗。为了给爱情诗解禁，趁 1964 年全省文学创作大会之机，让他把在抽屉里压了三四年的稿子都发表了。记得他在大学写的始终没发表的《歇工》和《水火》吗？钟铃写了一篇文章批评《歇工》，田间亲自写一篇赞扬《水火》，田间主题报告会三次提到他的名字，可谓用心良苦。他根据真人真事创作的剧本《轰鸡》演出成功，受到周恩来总理肯定。省文联还专门派人帮助他总结了讲话稿《在生活中学步》到全国青年创作大会上作大会发言，并受到刘少奇、周恩来、朱德等国家领导人的接见。回来后，省文联决定调他做专业作家，但邢台县委不愿意放他走，几经周折，达成协议：编制可以走，人还在下边，长期"育种子"。

1966 年，春节过后，省委组建一支庞大的文艺团队来到临西县东留善崮村，采写全国劳动模范吕玉兰。团长是田间，副团长是李满天，包括河北省和天津文、音、美、戏、曲 100 多位名家，邢台地区也派出一支队伍配合，尧山壁是一"仆"二"主"，上下联络。他和田间、李满天、张扑、李润杰住在第二生产队长贾俊刚家一间小西屋里，同睡一条土炕，眼见前辈们敬业又朴实的老八路作风。李满天在打井队，棉鞋冻成了冰疙瘩。田间天天晚上灯下写诗，天明就有人抄在墙上，肖云翔给谱上曲，全村唱起来。李润杰到公安员倪修礼家，边聊边帮助生火做饭，拉了三天风箱，一篇有滋有味的快板书就写成了。

3月8日凌晨5时，大家睡得正香，突然门窗一阵轰响，田间大声说："有狗。"李满天翻身跳下炕来，说："地震了！"他是临洮人，幼年经历过甘肃大地震，死亡20多万人，所以比较敏感。

下午传来消息，果然发生了地震，震区在隆尧，距此地100多里。领导知道尧山壁是隆尧籍，家里只有母亲，催促他赶紧回家看看。

尧山壁到邢台时已是深夜两点，地委大院灯火通明，一片忙乱。办公室转告，他的母亲托人打来长途电话，说震中在县东北，他家在县西南，平安无事，让他安心工作别回家。母亲事事想在前面，让他很感动，由自己的母亲想到灾区更多的母亲，没等天亮，就跟救灾工作队，爬上救灾的卡车。

进入隆尧地界，眼前出现了许多纵向地裂，一两尺宽，喷水冒沙，井水外溢，一片泥泞。爬上滏阳河堤，河道没了，两边的大堤压在一起，合成一道土梁，土梁又被一条条地裂切断，上下错位一两尺，咬牙切齿的样子。河上的几座桥还在，但已面目皆非，桥墩倾斜，桥面移位，岌岌可危。

计算行路时间，目的地应该到了，可是眼前没有了村子，马栏、白家寨、任村、枣驼四村变成一片逶迤的丘陵。走近看尽是土堆瓦砾，梁柱门窗横躺竖卧，箱柜桌椅东倒西歪。马栏村只剩下半截土墙，好像坟场上的一块残碑，上千人的村庄，震亡数百人，白家寨村灾情类似，全公社死亡 4000 多人，活着的个个灰头土脸，面无表情，急着挖人挖粮，十指滴血。

废墟死一般寂静，听不到哭声，连鸡犬也都喑哑了。然而不到 24 小时，突然鸡叫了，狗吠了，似乎在告诉人们救星来了，工作队、解放军、医疗队都来了。人流中，尧山壁见到县委书记张彪，就忙着和他一起组织人员分发空投的馒头、大饼。天快黑了，张书记听到他肚子咕咕叫说，你跟我一道回县城吧。城里房屋也倒了七八成。张书记把他安排在一个地震棚里又急匆匆走了。半夜，张书记回来把他叫醒，显得格外兴奋，大声说，你猜谁来了？我们的周总理！

看到总理如同看到亲人，群众干涸了一天多的眼里又涌出了泪水，大家都争先恐后和总理握手。总理善解人意，绕场一周，频频招手，当即说开个群众会。事先准备不足，只能找来两个盛救灾物资的木箱拼成一个讲台。群众立刻静下来，尧山壁个儿高，自觉站到后面。要讲话了，总理发现方向不对——安排他面朝南讲话，一个人背风，群众都是迎风，立刻绕到会场后边，让大家向后转。这一变化倒让尧山壁沾了光，后排变前排，看得更清楚。比起三个月前在北京召开青年作家会接见他们时，总理显得苍老了不少。

十几天后，一首叫《天大地大不如党的恩情大》的歌曲，在邢台地震灾区诞生，并迅速传遍全国。歌词不完全是创作，是从群众大会发言和工作简报上摘录、串联起来的，代表了地震灾区人民的心声，体现了人民领袖和广大人民的关系。

一方有难，八方支援。地震发生，各级政府闻风而动，河北立即成立了联合抗震救灾指挥部。解放军一马当先，出动 2 万名指战员日夜兼程，火速奔赴灾区，挖出废墟下的粮食，搭建防震棚；1 万多医疗队员和工作队员分赴各村救护伤员，组织生活，大批药品和生活用品从全国各地运来，还有粮食、熟食、苇席、铁锅、粮票、布票……西藏同胞怀着对灾区人民的深情厚谊，不远万里，翻山越岭送来 240 匹骏马，一时成为佳话。灾区人民因衣食无忧，情绪稳定，积极恢复生产，重建家园。

　　这次地震，单位和组织没有给尧山壁安排具体工作，只有母亲一人的家就在咫尺，但他前几天一直在抗震救灾现场，没日没夜，风餐露宿，帮助发放救灾物资，护送重伤病人，守护孤寡老人……

　　十几天后，尧山壁才抽空回了趟家，看到母亲的同时竟看到了李静。他愣住了！又惊奇，又惊喜。在地震刚刚发生，他还在邢台东留善崮村时，李静就先于电台、报社给他发了一封问候的电报，没想到她又先于自己来到他的家里。

　　母亲看到儿子，不像以前嘘寒问暖，而是一个劲儿地夸李静："地震棚是她帮助搭建的，连搭地震棚的绳子、钉子都是她自己带来的。屋里家三伙四的东西也是她帮着搬出来的，整整齐齐摆在那……这个工作队员真是实诚、能干，好得不得了。人聪明，还漂亮……"

　　尧山壁一边听母亲夸一边甜蜜地看着李静，没等母亲夸完就说："娘，你觉得她好就留下吧。"这时他娘才明白，握住李静的手久久不放。含在眼里 20 多年的泪珠终于扑簌簌滚下来，落在多皱的脸上，亮晶晶的如枯树开花。

　　这时，看到母亲哭尧山壁也哭了，他感动于李静的漂亮、聪明，更感动于她的贤惠、善良。

（1966—1976 年）

第三十三章　结婚、生子悲喜剧

自从见了李静，尧山壁就不淡定了，不矜持了，朝思暮想，尤其是地震后，感受到她对母亲的孝心、温柔和善良就更想早日抱得美人归。但苦于家境的困难，作为堂堂的七尺男儿对于亲爱的人一生的头等大事，他不想马虎、寒酸、简单，他想等个一年半载，多一点经济实力再说。他有时是个新旧的融合体，现代、浪漫，但也循规、蹈矩。

李静的爷爷土改时被划为富农，就因为这个原因，曾经是高中校花、地区 1964 年高考探花（第三名）的李静没有被任何大学录取。甭说升学，找工作也难，找对象就更难了，谁家都怕影响子孙后代，那时做什么事是讲家庭社会关系的，动不动就要查八辈祖宗。

李静爱尧山壁，爱得很深。正因为爱处处为他着想，怕耽误他的事业，怕影响他的前程，于是一片求近之心变成了疏远之意。尧山壁聪明、敏锐，很快就感觉到了，他急了、火了：

"新房咱不指望了，家具咱不准备了，婚礼咱也不办了，仪式全免了，走，你跟我领结婚证去。"

证领了，就算结婚了。

婚礼的事，到家就说在外边办了，到机关就说在家办了。还是老作家李满天眼尖心细，被他看出了端倪，在唐家胡同饭店摆了一桌，请来朋友热闹了一番。非常时期的另类明媒正娶，略补了他对李静的亏欠，也平静了自己些许不安的心情。为此，他由衷感谢李满天。

新房是文联宿舍，与文艺理论研究室的冯健男合住一套房子，没有客厅，各占一间，十来平米，过道挂一个布帘子。

尧山壁青少年时期也爱读文学评论，喜欢看有艺术分析的文章。

冯健男的文艺批判属于另类，敢说艺术，专评大家。好处说好，坏处说坏。

1959 年评马蜂、沙汀的短篇小说；

1960 年评康濯、峻青的小说；

1961 年评周立波的短篇和吴强的长篇小说；

……

积累经验以后，开始研究孙犁和梁斌。《孙犁的风格》，1962 年在《河北文学》连载三期；不久，评论集《论红旗谱》和《作家的艺术》问世，文学界奔走相告、好评如潮，连被评论的作家也心服口服。

孙犁说冯健男的文章"时见醇正""时见精彩"，行文有时"见笔削之功""得剪裁之当"。一个评论家成为文坛风云人物，那时在中国少见。

……

住一个单元，做了邻居，互相来往多了，尧山壁对冯健男的了解也更详细了。原来他的叔叔是 20 世纪 30 年代大作家冯文炳，笔名废名。冯健男 23 岁被北京大学西语系录取，来北京上学路过南京时，他的叔叔冯文炳要带他去看望周作人，他立即拒绝，说："他是汉奸，我不去看他。"

1949 年，解放军进城，前门阅兵，院校张贴《人民日报》，广场演《白毛女》，学生争看《新儿女英雄传》。四野政治部主任陶铸在北大挑选 10 名学生入伍，组成南下工作团。此时冯健男离毕业仅剩三个月，他宁愿不要北大毕业文凭也要南下当一名解放军战士。在广州、广西做宣传干事和《战士报》编辑，勤勤恳恳，任劳任怨。后来到河北，曾做《长城文艺》编辑，再后来供职于省文联文艺理论研究室，随遇而安，静下心来搞学问。

做了邻居，他们常常在一起讨论文学创作，探讨文学评论和文学批评等学术问题。

1966 年，注定是个多事之年！

1966 年春天，河北省会搬出天津，省直机关沿京广线布局，以保定为中心，北至涿州，南到定县，离铁路线百里之遥的博野也分到了省卫生厅，省文联留在保定，保定日报社腾出的一座小楼，离火车站很近，不时能听到广播报站的声音。

1966 年 3 月 8 日，大地震降临，河北邢台损失严重。

1966 年 5 月 6 日，一场突如其来的政治运动拉开序幕。对于只有 26 岁、涉世不深的尧山壁来说，简直就是一个复杂的、神秘的、难于理解的"斯芬克斯之谜"，被眼前的一切弄得晕头转向，捋不出头绪。

……

1968 年阴历二月，尧山壁的儿子出生了。

那时，妇产科不讲什么预产期，肚子疼了才肯收。尧山壁准备了排子车，扶李静上车躺下，盖上两床被子，踏着黎明的星光，摸黑走出河北日报社大门。妇幼保健医院在东南角，要走完整个裕华路，穿过多半个保定城。他哈腰弯背像骆驼祥子一样大步流星……

56 天产假休完，刚调到保定新单位的李静接到通知去拉练。她刚调去的单位带有部队属性，为了加强战备，进行野营训练，提高野外生存能力。

军令如山，正在哺乳期的李静，背上行李，带上干粮，一身绿军装，真有点"飒爽英姿五尺枪"的样儿。她们出城向东，晓行夜宿，经过清苑、高阳，绕白洋淀一圈。所到之处，放下行李，拿起扫帚，访贫问苦，下地劳动，宣传毛泽东思想，修理农具，排练文艺节目，接受贫下中农再教育……

全程四个单元，政治教育 10 天，军事训练 4 天，劳动 7 天，行军 7 天，共 28 天，行程 800 里。其间，李静在行军路上，乳汁白白溢出，洇湿了衣服，而他们儿子在家嗷嗷待哺，饿得哭个不停。这小子太聪明了，知道母亲的味道，拒绝奶粉，还拒绝他人抱，动不动就哭，哭起来没完没了，尤其是晚上更是哭声震天，扰动四邻。

夜深人静，满街都知道附近有个哭夜郎，同住一个小单元的冯健男一家更是遭殃，难以入眠，即使睡了也会被吵醒。面对孩子的埋怨声，冯健男悄声细语：

"小弟弟又想妈妈了，他还小，咱们要原谅他。"

白天，尧山壁的儿子哭累了也会睡一会儿，冯健男看见他的一双儿女在开心玩耍，蹦蹦跳跳，大声小叫，又悄声细语：

"小声点，不要惊动小弟弟，小弟弟在做梦，他见到妈妈了。"

同住一套房子，房子又不隔音，两家没有秘密可谈，尧山壁每当听到冯健男和他孩子悄声细语，眼泪就哗哗往下流。冯健男长于写作，也不善言辞。但他的心是透明干净的，善良得让人忘记世间还有丑恶。

忙乱、无奈、尴尬……噩梦般的 28 天终于过去，李静回到家抱起瘦了的儿子泣不成声，晚上哄儿子睡觉，多少摇篮曲不起作用，最后哼起《老房东查铺》，拉练中最流行的一首歌，儿子小手抓住妈妈的衣襟不放，生怕她再走，不哭了，睡着了。

谢天谢地！尧山壁和冯健男一家也终于能睡个囫囵觉了。

第三十四章 愤怒出诗作

突然有一天，一张漫画出现在河北礼堂。第二天又传抄至省文联门口，题目是《刘子厚看"轰鸡"》，显然是冲尧山壁来的，要把他挂在"黑线"上。

刘子厚，原是河北省党政一把手。"运动"来了，成为省最大的"运动"对象。冠以他的不实罪名波及很广，牵连了众多在职干部，也包括早年追随他干革命的在世的或已不在世的人，这里也包括牺牲多年的尧山壁父亲秦占元。

......

尧山壁变了！以前一直是个谦谦君子，说话不紧不慢，声音不高不低，对人和气，做事低调，妥妥的一位文质彬彬的书生……但当他看到这张漫画禁不住暴跳如雷了，年轻人火气大，甚至还粗野地骂了人。他急忙请假回了趟老家，之所以发火、骂人，是为母亲担心，她两个最亲的人被牵连，遭诬陷，怕她受不了、扛不住。虽然母亲和刘子厚的父亲熟络，但从来没见过他儿子，刘子厚也不认识尧山壁，《轰鸡》获了大奖，到北京展演时受到周总理的称赞后，刘子厚也专门看了一场演出，看时还被逗得哈哈直笑。演出结束，问文化局的人"这个编剧是哪里人？对咱河北的方言运用得不赖。"

尧山壁回到家，吓了一跳，心脏都要跳出来了，家里铁将军把门，母亲不在。高中同学张保生，是邻村尧家庄人，赶来告诉他，已经把他母亲送到魏家庄舅舅家了，老人家乐呵呵的暂时什么也不知道。

那天，送走了张保生，尧山壁在家住了一晚上。夜里独自爬上了自家房顶。天上一轮冷月，夜风徐徐，他凝望远处的山庄，密密麻麻、或大或小或明或暗的点点亮光，一时分不清是星光是灯光还是荧光。孤独的时候最想母亲，他想象着母亲这个时候在做什么？是否像儿子一样正在想她。实际，他也想爹。二十多年的人生经历，爹在他心目中，再也不是自己从小在镜子里看到自己的那个模样了。

……

回到保定，有人写大字报，又污蔑狼牙山五壮士的英雄事迹是假的。这有点火上浇油，尧山壁听了，刚刚平复的愤怒情绪又被刺痛起来。

尧山壁喜欢看《狼牙山五壮士》电影，五壮士舍身跳崖的画面一直挂在他的眼帘。他有崇拜英雄的情结，这情结毋庸置疑与他父亲有关。

为了排除心中的愤怒，排除自"运动"以来自己心中的种种不解，尧山壁利用假日竟去了一趟北京。他这是第四次来北京。

第一次是 1955 年，初中刚毕业，北京他父亲的一位战友，想起打游击时高荒山野地里深厚的友谊，把他这烈士遗孤接来见见世面，住在西单灵境胡同。第二天他家小哥领他看巍峨壮观的天安门，小哥说，毛主席就是在这里宣布中国人民从此站起来了！他爸爸上过观礼台，他自己年年参加庆祝十一游行队伍，一路摇花束，放气球，放鸽子，还参加过旗林队，说得尧山壁睁大眼睛，好不羡慕。小哥有些不好意思了，说他爸爸说的，你爸爸活着也会上观礼台。第二次是1959年，十年大庆之后，正在天津读大二的他随学校组织来这里参观北京十大建筑。第三次是参加全国青年文代会。

这一次，直奔人民英雄纪念碑。

天安门广场人民英雄纪念碑巍然屹立！

尧山壁驻足、立正、双手合十、闭着眼睛、小声念叨：

"在天安门南约463米，正阳门北约440米的南北中轴线上，是中华人民共和国政府为纪念中国近现代史上的革命烈士而修建的纪念碑。1949年9月30日奠基，1952年8月1日开工，1958年4月22日建成，1958年5月1日揭幕，人民英雄纪念碑通高37.94米，正面碑心是一整块花岗岩，长14.7米、宽2.9米、厚1米、重60.23吨，镌刻着毛泽东同志1955年6月9日所题写的'人民英雄永垂不朽'八个金箔大字。背面碑心由7块石材构成，内容为毛泽东起草、周恩来书写150字小楷字体碑文……"

第二次来北京，人民英雄纪念碑刚刚建成揭幕不久，尧山壁对此地情有独钟，一边听讲解员讲解一边记忆。他的记忆力真的好！都过去多年了还没忘记。

之后他来到碑身的西面，目光从第一幅"八一南昌起义"的浮雕开始移动，最后停留在一幅"抗日敌后游击战"的浮雕上，浮雕显现的是抗日战争时期太行山区敌后游击战的场面。他知道，那里也有他的父亲，也有"狼牙山五壮士"。从第一次见到人民英雄纪念碑，他就有这种感觉：这是自己离父亲最近的地方！如同小时候，屹立在尼洋河边的那棵大柳树，是他心之所念、情之可依的地方。

那天晚上，尧山壁就睡在纪念碑的汉白玉护栏里，睡得很实、很香，如同睡在父亲的臂腕里，很温暖、很幸福。第二天醒来，太阳已经冒红，面对天边红彤彤的朝霞，他有些冲动，有些亢奋，一首诗从脑子里溢出：

　　李白唱绝的庐山，世人叹服的黄果树，哪里能比得上啊，狼牙山高悬着，我心中最壮观的瀑布！

　　前临深涧，后有围堵，正义被邪恶逼上了绝路，五壮士没有踌躇，信念的洪流冲破一切拦阻，用生命在绝壁铺出坦途。

　　民族响当当拍着胸脯，棋盘坨像一个拇指高竖，惊天地啊泣鬼神，那呼喊如惊雷回响在山谷。啊，这才是真正的人字瀑！

　　你有多么巨大的能量，冲击着亿万心灵的机组，产生着强大的电流，除非他心房已经锈住，变成革命精神的绝缘物。

　　你有多大的落差，令亿万双眼睛仰慕，标志着人生的刻度，除非他患了白内障，眼前是一片看不透的迷雾。

　　啊，狼牙山的瀑布，五壮士留下的一份遗书，谁要认识它无形的字母，谁就获得无穷的精神财富。

这就是后来流传不衰的《狼牙山，我心中的瀑布》。

没想到，出自古罗马诗人尤维纳利斯的一首讽刺诗中，"愤怒出诗作"的诗句，竟被 20 世纪 60 年代东方大国的一位 28 岁年轻诗人重新证实、演绎。

第三十五章　四进东留善固

1969 年，大批知识分子的出路，是插队落户，带着户口本去当农民，已是河北省委书记、临西县委书记的吕玉兰点名要尧山壁到东留善固大队。

尧山壁和东留善固有缘！

第一次去，是 1965 年春夏之交，尧山壁从沙河县"四清"前线被临时召回，与省文联侯敏泽先生一起去临西，为农民作家赵景江写典型材料，准备出席全国第二届青年作家代表会议。临西县在抗日战争和解放战争时期归冀南行署，新中国成立后划入山东。1963 年特大洪水后，由于河道管理原因，调整冀鲁边界，又划回河北。临西县那时刚划归河北邢台行署，不通公路，需要绕道邯郸。临西县城在河西镇，跨过一座先锋桥就是山东临清县城。

完成任务，送走侯敏泽，尧山壁专程去拜访吕玉兰。吕玉兰在家。因为是第一次接受河北作家采访，吕玉兰十分热情和认真，把尧山壁请到家里，整整谈了一天。论年龄，她比尧山壁小半岁，但阅历和谈吐成熟多了。

吕玉兰 1940 年 3 月 31 日出生，正是水深火热时，襁褓里在日本鬼子扫荡中东躲西藏，受尽苦难。五六岁父亲就拉巴她下地干活，给她讲花木兰、穆桂英的故事。父亲是家中唯一的男子汉，上数 12 代都是老实巴交的农民，指望她念好书，没想到她高小毕业就要回乡"学习徐建春，建设新农村"。徐建春 1951 年小学毕业回家当农民，1953 年成为山东省劳动模范。

1955 年，正是农业合作化高潮时期，15 岁的吕玉兰就成为全国最年轻的农业合作社社长，她带领 24 个农民生产劳动，教他们识字看书。几个月后又当选高级农业合作社副社长兼副乡长。她的家乡是出了名的穷沙窝，几千亩沙荒地，种一葫芦打俩瓢。吕玉兰调查研究，认定只有植树造林，才能从根本上改变家乡的穷困面貌，组织几十名大闺女小媳妇爬树上墙撸榆钱儿，一春攒了一大囤榆树种子，种了六亩苗圃。冬天背上树苗，带上窝窝，顶风披沙植树造林，四年种活了 11 万棵树，形成了一道八华里的林带。同时，组织打井抗旱，打破"女人不下井"的风俗，第一个跳下井口。她当干部从不搞特殊，一次正在压绿肥，县里来人通知她参加人民委员会，她没回家就上路了，半道鞋底掉了，索性光着脚走到县城。1958 年，她被评为县、地、省级劳动模范，1959 年荣获全国"三八红旗手"称号。

整个上午，尧山壁的采访处于兴奋状态，吕玉兰朴实无华，有什么说什么，午饭窝窝头萝卜汤，还招待他三个咸鸭蛋，当时就算是最高待遇了。

……

第二次去临西县东留善固也和吕玉兰有关。

1966 年初，隆尧地震前夕，《河北日报》头版头条发表了吕玉兰的讲话稿《不管风吹浪打》，她的名字列在河北省学习毛主席著作模范光荣榜 28 人之首，不久又当选省农协协会副主席，全河北省掀起了一个声势浩大的宣传和学习吕玉兰的活动，省委除了派出众多新闻媒体，还组织了庞大的文艺创作队伍，作家田间、李满天、张扑、尧山壁也在其中。还有快板书大王李润杰、作曲家肖云翔领队的天津歌舞团，河北省和天津市的著名画家，邢台地区的作家和临西文工团……他们与农民同吃同住同劳动，深入实际座谈，不久就创作、出版了理论文章《十个为什么》，报告文学《只争朝夕》以及诗歌、曲艺、剧本、宣传画、连环画等几十部作品，《人民日报》《青年日报》等各大报刊分别予以转载。吕玉兰，一个新时代的农村姑娘很快成为全国家喻户晓的模范人物。

在这次大规模的深入座谈采访中，尧山壁为文工团写了一台节目几首诗，其中短诗《十年树木》和长诗500行《渡江进行曲》至今还在当地流传。如《十年树木》：

到临西，哪是东留善固？不须问，只要你认识树。引路的白杨，迎客的绿柳，指点你，就在那密林的深处。

远看，一脉青山，一汪碧湖，一片云雾，遮断前行的路。一切建筑，都在林海中淹没，一切色彩，都被绿色一笔抹。

树墙一堵堵，直往身上扑，走大街如走绿山谷，进家门如临碧画楼，行行小树编篱笆，拦不住满院苗圃，一时不见，钻进门头、窗户。

防风林，像操练的队伍，挺着胸脯，迈开大步枝丫如枪，林涛似鼓，一道长城断风口，喝退风沙三百步。

用材林，型憨厚，身高腰圆五大三粗，有的要当梁，有的愿做柱，桑权柳权伸出手，迎接大丰收。

……

　　第三次去临西县东留善固还是与吕玉兰有关。

　　1969 年 7 月，以省革委名义成立一个剧本创作组，尧山壁和几位文艺院团的青年演员，由组长田亚夫带队，没有具体任务，首先让年轻人参加劳动，深入体验生活。

　　第三次来临西东留善固，对于尧山壁来说已比较熟悉了，人们经常看到他三天两头赶着毛驴车出去买菜。

　　插队落户，这是尧山壁第四次来到此地。当时社会上喊出的一句口号是"插队落户一辈子，要和农民画等号"。

　　尧山壁做农活不打怵，从小在家都干过，练得一身黝黑、两手老茧，被评为五好社员。但还有一种农活不曾干过，拉排子车，出远门拉煤。

　　排子车，是 20 世纪 50 年代农村的主要交通工具，就是车轴上带有轴承的那种，马拉的叫胶轮车，人拉的叫排子车。排子车常常用来往地里拉粪拉土，往村里拉麦拉秋。

　　当时农村做饭烧炕全用柴草，没有烧煤的。县城里也没有煤店，谁要买煤就长途贩运，投机倒把，煤被视为奢侈品。东留善固当时是先进典型，破天荒为五保户生煤火，时间仅限于腊月和春节一段时间，生活的煤由生产队派排子车，远到京广铁路以西章村煤矿直接采购。车程 230 里，往返三四天。这个光荣任务，经尧山壁再三申请，终于申请下来。

　　出发那天，正是农历小雪季节，天在下雾。六个生产队六辆车，人带干粮驴带草，结伴而行。去时空载，人还可以坐在车上，说说笑笑。雾散了，红日当头，舍不得耽搁时间，中午啃了几口凉窝头，找了个浇冬水的垄沟，饮几口撅尾巴茶，继续扬鞭上路。日落前赶到南和北关，找了个起火小店。先把驴卸了套，让它们在地上尽情地打滚消除疲劳，饮了水，又拌好料，安顿好它们再解决人的饥渴。拿出窝窝头让店家给烩烩，每人五分钱。尧山壁摸了摸兜里的钱，想一块儿付了，又怕说搞特殊，腐蚀贫下中农。要了一壶好茶，略表心意。

晚上睡通铺，一层干草，两张破席片。每人一角钱住宿费，可能不常纳客，人还没躺下，跳蚤就兴奋起来，席子上乱蹦，可能是闻到了人肉味。

第二天中午到了章村才知道什么叫煤矿，煤堆比东留善固清凉江古道的沙丘还高。那时讲阶级感情，工人阶级为领导，工农联盟为基础，卖煤工人听说是东留善固的，格外开恩，交 10 元钱就开装，好像白送的一样。来时每辆车上都带着柳条笆，可劲儿装，然后用大铁锹拍了又拍足有一千七八百斤。只图便宜了，忘了老人们的话"饭多能撑坏胃，水多了尿泡累"。多收了几百斤煤，受了一路罪。

当晚又在南和北关喂了一夜跳蚤，天明上路，车上载人不可能了，跟着驴跑，中午赶到河古庙。人走累了，毛驴身上有汗，尧山壁又搞了一次特殊，一块五毛钱买了三只烧鸡，一人扯一条腿啃起来。吃着吃着有情况了，西北天上雨云上来，赶快开拔。开始是小雨，雨丝像筛子筛的一样均匀，渐渐雨丝转为雪粒，黄豆似的地上跳。雪粒遇煤化了，增加了载重，毛驴吃力地走走停停，伙计们早有准备，拴上绳子拉帮套，解下裤带拴在车把上，与毛驴并肩使劲。

车过威县，马路结冰，驴蹄人脚都打滑，像踏上平衡木。驴身上湿漉漉的，雨水加上汗水。人的衣服与皮肤有间隔，就结了一层冰，白花花像一身盔甲，嘎巴嘎巴地响。人困驴乏走不动了，又不能停下，停下来怕车轱辘和蹄脚冻在地上，只能一寸一寸往前磨蹭。有人说卸下煤走人吧，省得人与牲口都冻死。大家不同意，天这么冷，五保户还眼巴巴等着呢。

天黑了，离家还有 20 多里，那时没有电话没有手机，伙计们有点失望，身上的热量早被冰甲吸尽，不停地发抖。不知谁打了个喷嚏，立刻传染开来，连起一阵悲壮，还好，被村里派来的人马听到了。

他们得救了。

第三十六章　一直在路上（之一）

　　1972年4月，李静又给尧山壁生了一个女儿，那时的河北省省会已由保定搬到石家庄，他请假回城伺候月子。

　　不久，阮章竞找他来了，要他到省革委文艺组。

　　文艺组主要是原省文联的班底，掺进文化厅和省电台几名业务干部。组长是阮章竞，原华北局宣传部干部，名诗《漳河水》的作者。后来换成田间，副组长梁斌、李满天、李盘文，主持工作的党组副书记还是田亚夫，商定筹办一个文艺刊物，张庆田又当上了编辑部主任。

　　新刊物用了一个旧名字《河北文艺》。刊物是文联的主体，新中国成立之初就是《河北文艺》，以发表剧本曲艺为主；1956年改名《蜜蜂》，小说诗歌并重；1959年改名《文艺哨兵》，文学部分并入《新港》；1961年改名《河北文艺》，以小说为主；20多年又转回来了。废除专业作家制度，尧山壁当了一名诗歌编辑，兼管剧本、曲艺。

　　文艺组办公的地方，原来和省革委会在一起，后来被请出去，搬到北马路另立门户。这里原来是农业机械化工学校，被一些文教部门分割，给文艺组盖了四排平房，北西两面是一眼望不到边的菜地，南面有一棵大柳树。

大柳树高 10 米，好大一片绿荫，粗壮的腰身，纷披的枝条和茂密的叶片像一团团绿茵茵的云朵，尧山壁的感觉如同看到家乡尼洋河边那棵对他来说有着特殊记忆的垂柳。学习班、干校、插队落户，离开办公室、离开办公桌六年了，离开文学也六年了，作家被弃用，文学刊物停刊……如今旧人重聚，刊物复刊，他的感受是——"回家了！真的回家了！"如苏轼的"此心安处是吾乡"……

编辑部的工作是编稿，更主要的是组稿。一本刊物二百多页，几十万字，没有稿子等于做无米之炊。尧山壁和另一位同志轮流值班，一期一期下基层组稿，培养创作队伍，他等于把在邢台文化馆办《好社员》的套路又重新实践了一遍。不过，一个邢台县的地域和一个省的地域是不可同日而语的。

组稿、培养基层作者，去过渤海海边渔村黄骅，到处是盐碱地，"春天白茫茫，夏天水汪汪。旱了收蚂蚱，涝了收蛤蟆"。苦海沿边，洼大村稀，吃不惯那里的虾酱，闻着没了食欲，吃了总想吐。回来体重减了十几斤。

去过白洋淀，采访部队在那里的放鸭班。正好赶上发大水，一片汪洋，在船上生活了八个日日夜夜，一天三顿吃鸭蛋，最后满嘴鸭屎味。回到编辑部，身上还是潮乎乎、湿漉漉的，一片片湿疹。

尚义县，位处河北省北端、内蒙古高原南缘，"天苍苍，野茫茫，风吹草低见牛羊"，在那个内心被无比压抑的年代，真渴望追着马群肆意地奔跑，放开嗓子吼几声，但一场莫名其妙的春雪，把一切生物捂在寂静里。被雪封住七八天的蒙古包里，唯一能听到的是他自己的讲话声，他在给一个基层作者讲生活的真实和创作的真实，讲古体诗和现代诗的区别。

夏天，在尚义县蒙古营，又赶上一次连阴雨，草原一片泥泞，断了公交，困在蒙古包里。蒙古兄弟好客，逼着喝酒，喝了吐，吐了喝，不醉不罢休。饿了，喝粥，草原黄比"草原白"更难咽。胃喝坏了，回去又喝了半个月中药。

……

在那一段时间里，他的心和《河北文艺》在一起，他的灵魂和诗在一起，他的那双穿 48 号鞋的大脚一直在路上。

一天尧山壁接到青龙县三拨子公社一个叫沈贺的基层业余作者的来信，邀请他去他的家乡看看，言语诚恳，他决定去一趟。那时，青龙县还属于承德地区，交通不便，从石家庄到三拨子公社整整用了四天时间。第一天坐六小时火车到北京，再坐八小时夜车，天明到承德。第三天坐长途汽车，天黑到青龙县。第四天坐拖拉机，多半天才到三拨子公社。县里给公社打了电话，沈贺同志在门口迎接，原来他是公社秘书。从拖拉机上下来，身子骨像散了架一样。吃完晚饭才知道，公社还不是此行终点，目的地是西庄，距公社还有 30 多里，连拖拉机也不通，需要步行。

离村十里，就有村干部迎接，因为他是开天辟地以来，第一名来自省城里的干部，沈贺开玩笑指着路边的石崖说，以后就叫接官崖。尽管他反复解释自己不是领导，不过是一名普通的专业干部，与公社的沈贺秘书一样的级别，他们还是不听，欢迎仪式照样进行，社员们个个换了新衣服，夹道欢迎，举着小旗，呼着口号，热烈程度不亚于迎接一位外国总统。这般隆重的礼仪弄得他忐忑不安，慌了方寸，乱了脚步，感到自己像戏台上的假婿乘龙的小丑，狼狈不堪，无地自容。

来到村小学，被按在屋门对面方桌后面的太师椅上坐下，桌上摆满了当地水果和自制点心。然后按当地风俗，村里长者趋步行拱手礼，递上烟袋杆子后又献上七寸高白瓷壶倒满黑瓷碗的茶水。

接着一通锣响，文艺演出开始，演员是全村的男女老少，观众只有他一个。节目有唱皮影、滑旱船、耍猴棒、对歌、数快板……文字功夫很深，语言精练，词汇讲究，对仗、押韵一点也不含糊。

天高皇帝远，"十二级台风"都不曾刮进这遥远的山窝窝。他们不知道外面的世界，甚至还在演唱旧民歌"天上下雪地上白，小小姑娘出门来，手提篮篮走的快，院子地里撒白菜"。

尧山壁大为感动，不由得想起齐啸云曾经和他说的话："越边远山区，越热爱艺术，越需要艺术。"当场作了一首打油诗。时过多年，内容早忘得差不多了，只记得几句："不远千里到三拨，听到大山深处歌。声声在我心弦拨，拨，拨，拨，拨起心头三把火……"后来才知道"三拨子"村的"拨"正是用于演奏乐器的"拨片"的"拨"。歪打正着，不过那是另一个遥远的故事。

第三十七章　一直在路上（之二）

尧山壁多年间一直在路上，跑遍全省 110 个县，连不少村镇都去过，这样便有了一种本事，碰见生人，只要开口说话，他就能听出是哪个县的。另外，深入生活，也大大积累丰富了自己的写作素材，积淀激发了写作灵感。写得最多的是河北省几个全国劳动模范和他们所在的大队。

尧山壁写过张贵顺。

河北沙石峪是燕山深处一个穷山沟，"土如珍珠水如油，漫山遍野大石头"。支部书记张贵顺，带领乡亲们石头缝里取土，青石板上造地，苦战 10 年，把两万多块巴掌地改造成高标准良田，由年年吃救济变成一个余粮队，成为全国农业战线一面旗帜。

尧山壁在邢台文化馆工作时就知道沙石峪的张贵顺。一天，县委书记何耀明摸进他的《好社员》编辑部，带来《人民日报》，上面有一篇文章《看愚公怎么移山》，三分之二被何耀明红笔圈点，映红了尧山壁不足五平方米的斗室，几千字的文章让他兴奋了几天。恨不得插翅飞往燕山，一睹当代愚公的风采。他这个愿望一拖就是十几年，直到做了《河北文艺》编辑下去组稿才有幸成行。出发时带了三色土，一包取自临西东留善固，一包取自邢台县南会大队，另一包来自文艺组院内大柳树下。乘火车到唐山，再坐长途汽车到遵化，最后坐拖拉机到县城东南 40 里新庄子公社沙石峪大队。落地第一件事就是把千里迢迢背来的土撒到九岭山上。他对张贵顺说，其中有吕玉兰、王志琪的心意，他们三人都是全国劳动模范，在一起开过会。

尧山壁在沙石峪待了 10 天，和社员同吃同住同劳动，手上起了泡，肩上磨破了皮。张贵顺让大队会计写了一封感谢信，尧山壁没有交给单位，他认为值得感谢的应该是张贵顺他们，受惠最大的是他自己。他写了一部 260 行的长诗《移山记》，刊登在《解放军文艺》的重要位置上。当时全国绝大部分刊物停办。该刊是少数还在发行的文艺期刊之一。发表后，影响不小，河北电台配乐广播了半年之久。

在那时，文艺为政治服务，标语口号满天飞，但尧山壁的诗，诗味很浓，形象生动，如《移山记》的开头：

> 沙石峪，深山沟，在家山靠背，出门山碰头。看山一条线，看地一道沟，四面高山无处走，堵得气难透。沙石峪，穷山沟，坡是光屁股，山是和尚头，金木水土都没有，只有一团火，憋在穷人心里头。
> ……

尧山壁写过王志琪。

王志琪，河北邢台县西黄村乡东川口村党支部书记，1942 年当民兵队长，阻击战中伤了一条腿，新中国成立后拖着一条残腿带领乡亲搞合作化，粮食生产比新中国成立前增加了三倍。

尧山壁并没有领略到王志琪以往过关斩将的英雄气概，第一次见面他正在"走麦城"，因 1963 年的洪灾受到毁灭性打击，耕地 880 亩冲走 606 亩，果树连根拔掉 600 多棵，房屋冲坏 1500 间，牛羊也冲走 500 多头。尧山壁见到他的时候他正拖着一条残腿，奔走在起石垫地工地上，有时一路小跑，连尧山壁那双穿 48 号鞋的大脚都跟不上。他肩上总是搭着一条毛巾不时地擦着汗，有人说，他那不是因热因累出汗，是因为腿疼得出汗。他说的一句话是："跟石头打交道，得比石头还硬。"烂石滩上两年造地 350 亩，挖鱼鳞坑 7500 个，建房 670间，植树 26 万棵，使当地人们的生产和生活水平都超过灾前。

尧山壁写他时，题目就是《王志琪》，文中有好多诗一样的语言，最令人感动的句子是：

　　　王志琪的汗，都把石头泡软了。

尧山壁写过王俊生。

邢台县水门村，位于太行山深处峡谷之中，情况和燕山深处的沙石峪差不多，本来土地就少得可怜，连年的暴雨洪灾，更是把缺边少堰的山岗地也冲得所剩无几。村民人均土地只合一分七厘。没有地，种不了庄稼；没有粮食，吃不饱饭，很多乡亲有了远走他乡的想法。

村党支部书记王俊生，抗战时期曾荣获"晋冀鲁豫边区劳动英雄"称号，在严峻考验面前，挺身而出，经过和大家商量，决定先修复河滩地，四周筑上坚固的护堤大坝，然后，走遍了水门的荒山，要在山坡上建梯田。

在建设梯田中，王俊生带领全家走在前头。全家四口人，每人打了两把七八斤重的镐，每天早早就上了山。一次，一夜风雪后，一尺厚的积雪埋没了道路。清晨，雪还在下，人们都以为不修地了，没想到王俊生一大早就拿着铁锨、扫帚，沿着崎岖的山路，边铲、边扫、边上了山。老支书深深感动了大伙，社员们纷纷赶上山，热火朝天地干了起来。经过几个春秋修成了 202 亩高标准水平梯田，后来又扩大到 600 多亩，人均土地由一分七厘增至七分地，马牛羊猪等家畜发展到 1000 多头，粮食产量逐年上升，把一个乱石荒滩变成林茂粮丰、六畜兴旺的新山村。

在邢台县水门大队，尧山壁看到从山下到山顶，用石头砌成的梯田一层又一层，最高达 60 多层，惊叹不已，写了一首诗，名字就叫《梯田》：

从下往上看，是梯田垒成的山，谷穗的花纹，石堰的花边，编一座丰收的大围边。

从上往下看，是大山铺开的田，谷子黄一层，高粱红一圈。描一幅好壮丽的画卷。

整整齐齐像架大字盘，那行行禾苗，点点热汗，排出了多少篇重要文章，发在报刊头条头版。

层层石堰，道道螺旋，一把螺号吹响如浪的群山，一曲曲胜利的凯歌，把千沟万壑都填埋。

看这块块砌堰的石，就想起山里人手上的老茧，大手粗纹像把锉，锉平了多少山尖尖。

看这条条石砌的堰，就想起山里人的双肩，膀宽腰直一道坝，扛过多少雹打水淹。

一道石堰，一层梯，引我们向前登攀。这最好的农业展览馆呀，每块石头都是讲解员。

新中国成立初那 10 年，河北是农业大省，也是缺粮大省，平均每年调进 10 亿斤。实际上扭转南粮北调用了 16 年。1975 年河北粮食才自给有余，在这个历史性的改变中，不能不提成安县何横城大队党支部书记李合贵和他的儿子李明山。

1952 年，李合贵响应"要发家，种棉花"的号召组织农业合作社，丰产丰收，粮食亩产提高到 300 斤，棉花四五十斤。何横城是国家规划的产棉区，2000 亩农田四六开，800 亩种棉，1200 亩种粮，毛主席成安讲话鼓舞了李合贵，奋战七年，动土 70 万方，平掉 80 个沙丘，填平 200 个洼地，造地 400 亩。粮食亩产千斤，棉花超百斤，惊动了中央多位领导，周总理曾两次亲临成安……1973 年 1 月在全国棉花会议上何横城受到表扬："何横城是河北大寨"，"要像推广大寨经验那样推广何横城经验"。

1973 年 6 月，尧山壁迫不及待地奔向邯郸，这里早已人满为患，全国 20 多个省市参观人流潮水般涌来，灌满了古城大街小巷，全市标志性建筑展览馆变成"何横城接待站"，有关方面调来整个地区的汽车、拖拉机全力以赴，却仍然难以招架。尧山壁从邯郸报社熟人那里借了一辆自行车，在车队人流中钻来钻去，好在何横城距邯郸不过五六十里，两个小时就到了。

芒种在即，麦熟一晌，看农忙需要人，尧山壁便借了一把镰刀扑身麦海。何横城的麦垄厚，一镰割不透，攥在手里沉甸甸的。说也奇怪，等他割到垄头直起腰来，好像变戏法一样，金黄的麦海退去，眼前一片翠绿，刚才还萎缩在麦垄里的棉苗，经风一吹，亭亭玉立，顷刻振作起来了。

割麦、打坯是最累的活，晚上一觉睡到大天亮。睁眼一看，院子里的人全没了，大家都起五更下地，在麦茬垄里点玉米种子。原来，何横城的经验就是"间作套种"，这是李合贵儿子李明山带头搞的科学种田，一地多种，一年多收。

从此，尧山壁成为何横城的常客，一有时间就不辞辛苦往那里跑，他亲眼看到地里的棉花苗儿是怎么变成一片白雪的。刚刚冒出的玉米芽儿是怎么变成打谷场上垒起的黄金塔的。1973 年，何横城粮棉双丰收，粮食亩产 1611 斤，棉花亩产 168 斤。1966 年至 1973 年，累计向国家贡献粮食 1739000 斤，棉花 1367000 斤，油料 463000 斤。尧山壁写了一首长诗发表在《河北文艺》上，关键词是：

把天种长了！把地种宽了！把地球种大了！

1963 年那年，特大洪水惊动了中央，11 月 17 日，毛主席指示："一定要根治海河。"河北省制定了方案，"以根治为核心，以排洪为主体，以天津市的安全为出发点"，一场惊天动地的人民战争打响。尧山壁曾随宣传部门来到千军万马战海河的工地。他跑遍了根治海河的工地，南自邯郸馆陶的漳卫新河，北到沧州地区的子牙新河，白天工地挖土，晚上睡席棚，诗绪和汗水一起涌出。当了解到深受洪涝灾害的一位老社员宁晋泊，刨下自家心爱的槐树，造土车上工地的故事，写了一首诗《这棵槐》：

大伯院中一棵槐，周周正正长成材，姑娘指望做衣柜，儿子打算把房盖。大伯谁也没理睬，时机不到莫瞎猜……

为治洪灾这魔鬼，为造海河特号车，刨下心头这棵槐，比着咱农民的志气量，照着咱农民的心愿裁……

工地上到处红旗飘扬，热火朝天，涌现出许多"豹子队""老虎班""铁姑娘排"等先进个人和集体。黄骅县民工由公安局长带队，他们来自苦海沿儿，有挖泥筑坝的经验，又特别能吃苦，工程又快又好，尧山壁在工地一边看着他们施工，一边即兴写出一首诗《大车王》，表达那时的气氛：

　　　　特别的辕，特别的笆，更有特殊的材料——共产党员的骨架，不怕压！

　　　　你看我，气攻骨节嘎巴响，劲头憋成肉疙瘩。伙计们，放手装吧！轻载怎配烈性马？箱上接箱，笆上接笆，车不吱声，人不咬牙，你装上一座山，我倒下来一条坝。

　　　　小小土车，装得下，沧州狮子景州塔；装得下三十六泊七十二洼。毛主席一声令下，千年灾害，万年贫困，都得归咱押送——搬家。

　　　　……

　　一直以来，在河北这块广袤的大地上，哪里有典型人物、典型事迹哪里就会冒出尧山壁的影子，有的是工作需要，有的竟是一种殷殷血亲的情怀，一种拳拳爱乡的行动，他用通讯、报告文学、散文等更多是诗歌的形式记录那里的穷与富、悲与喜，他是在这块土地上出生和成长起来的孩子，他把对故乡的"鼓"与"呼"视为自己的责任和义务，他的牵挂、他的凝视、他的展望……都融在文字的倾诉中。

第三十八章　灵魂所依

尧山壁一直在路上！

在组稿的路上，在采访的路上，在文学的路上……非常时期，人人都茫茫然不可终日，文学却成了他情感释放、调解、宣泄、振作的载体，诗歌成了他精神寄托、灵魂所依。

在许多的场合，有人介绍他："诗人尧山壁。"他总是诚惶诚恐摆手说："不是，不是，一名文学工作者而已。"他解释："工人做工，农民种地，我的工作是写作。就是写作也只能算一个学徒工，一个半拉农民。"

他的谦虚是真挚的，他的谦和是与生俱来的。是的，在他心目中，臧克家、艾青、田间、郭小川、贺敬之、乔羽等才称得上诗人。在这个时候，他特别特别想念、思念、挂念与他的文学有关的师长，有的曾有交集，有的见过面，有的只是读过他们的作品，如郭小川、臧克家。

尧山壁少年学诗，没有书刊，摸着啥看啥。大学阶段盛行新民歌，曾追随张志民，信奉朴素。毕业后到生活中，又迷上郭小川。郭小川的报告文学《旱天不旱地》《小将们在挑战》出手不凡，尤其组诗《厦门风姿》《甘蔗林——青纱帐》《林区三唱》不光文采飞扬，阶梯式，长短句，新赋体随心应手，章法、韵律，一唱三叹，证明了他是"新诗要在民歌和大典相结合基础上发展"路上的先行者，是新诗形式革新能手。尧山壁自嘲"不懂得郭小川是天才，文学修养、胸怀和悟性是学不来的，难以深得其堂奥，只能徘徊在外，跟着他亦步亦趋"。

郭小川的诗集尧山壁多方收集，除了第一本《平原老人》找不到外，《投入火热的斗争》《致青年公民》《雪与山谷》《鹏程万里》《月下集》《两都颂》《昆仑行》《将军三部曲》……一本也不少，连散发于报刊的《深深的山谷》《白雪的赞歌》《望星空》都千方百计弄到手。大学毕业，到邢台文化馆工作，甚至参加抗洪、抗旱、抗震都把它们带在身边。

突如其来的政治运动，焚琴煮鹤，郭小川和许多大家的名字一夜之间消失。再看到郭小川的作品已是 1972 年，他回到省文艺组任《河北文艺》编辑，偶然在《北京新文艺》创刊号上见到一首诗《秋收歌》，文字风格分明是郭小川，却署名袖春。不久又在《体育报》上看到长诗《万里长江横渡》，郭体无疑，那胸怀和文采无人能及。

就在那段时间里，原《文艺报》编辑吴泰昌调到《河北文艺》，知道尧山壁崇拜郭小川，经常透露一些诗人的行踪，尧山壁好似迷雾中看到一点灯光，产生了接近和求教的欲望。他从自己发表和没发表的诗作中挑选了几十首油印成册，壮着胆子请吴泰昌转给郭小川，万万没想到的是郭小川很快回信了，足足五千多字的长信，对每首诗都做了点评，针对问题，提出"诗是音乐性最强的语言艺术"，"要追求美和华丽。要把美和华丽与言而有物等同起来"。

那是一个无眠之夜，尧山壁抱着那封长信，逐字逐句地品味，仿佛大诗人就在眼前，面对面地讲，手把手地教，一会儿正言厉色，批评得他脸红耳热，一会儿又谈笑风生，说得他晕晕乎乎。五千多字的长信，郭小川显然认真看了作品，深思熟虑，十几张信纸字迹工整，连标点符号都很准确，少说也要花费几天工夫，让尧山壁泪水湿透了半边枕头。

郭小川信尾还写了家庭地址，想见他一面，他迫不及待赶到北京找到虎坊桥永安里，"文革"初期，郭小川一家从黄图岗6号院被撵到这里，房子只有一间，师母杜蕙接待了他，说郭小川有急事又离开家了。后来才知道，他又被从湖北咸宁干校转移到河北静海文化干校了。

静海团泊洼，尧山壁在1963年抗洪根治海河时去过，洼大村稀，凄风衰草，与林冲曾经发配的沧州仅一河之隔，干活经常是掘地挖泥。尧山壁担心他带病的身体能否受得了。后来看到他写的《团泊洼的秋天》和《秋歌》，佩服得五体投地，诗的思想境界，看问题的角度又有了一个飞跃。

郭小川后来又被派到河南林县，写了《辉县好地方》和《拍石头》发表在《人民日报》上，还准备写红旗渠时，想起看过尧山壁写的《太行山》的诗，想邀他去见一面。尧山壁还没成行，周总理逝世，收到郭小川寄来悼念周总理的诗，打印的，但没几天又来信叮嘱"烧毁"……风云变幻，世事无常。作为一个个体的人在风雨中漂泊沉浮。

1976年10月6日，一举粉碎"四人帮"，天安门广场举行庆祝大会，尧山壁有幸参加了，站在《人民文学》编辑队伍里，看到群情激奋的场面，心想郭小川该会有一首好诗问世了，还听到北京同人传郭小川是新文化部部长人选的小道消息。万万没想到的是，10天后噩耗传来，郭小川在返京途中，借住安阳地委招待所，因兴奋吃了安眠药，手中的烟头引发火灾窒息身亡。

尧山壁在纪念郭小川老师的一篇文章中写道："战争年代，他大智大勇，几次深陷重围而率部脱险，几次深入虎穴孤单锄奸。在战火中诗情和勇气燃烧得同样灿烂，战士本色是诗人。他的诗歌在20世纪中国大地响彻几十年：40年代，是黄河的浪花；50年代，是进军的战鼓；60年代，是豪情似火；70年代，长歌当哭，越是恶魔的黑手紧扣喉咙，越吟出人间最悲壮的诗。《秋歌》和《团泊洼的秋天》，是民族灵魂的啸吼，是伟大诗人人格的升华。"

没有一面之缘，郭小川却成了尧山壁受益终身的恩师。不久，他专程去了郭小川的故乡——河北省丰宁县凤山镇，对诗人的身世采访，在故居徘徊良久，写出一首诗《他走了，在这乡村大道上》：

他走了，连连回首，告别这塞北小镇，把一方穷山恶水和乡亲们铁青的脸色打进他灰布背包，使这乡村大道上，离别的脚印这样深！

他走了，去为那位盲老人，寻一条平坦的大路，那根竹棍还在他心头不停地探问。

这乡村大道啊，曾是他启蒙的课本，在上面匍匐学步，在石头和荒草中认识了乡村的贫困；从土产和山珍认识了农村的早晨，尽管有风波和坎坷，尽管有曲折和险峻，自从结识了红旗和草鞋，他便懂得了一名战士的责任——向困难进军。

尧山壁接触臧克家的诗也是在他的少年时代，《烙印》《罪恶的黑手》，写苦难深重的农村生活就像写自己和可怜的母亲。自从知道父亲是抗日英雄，有关抗战的诗他都找来读，《兵车向前开》等七部诗集和《他们打仗去》等八首长诗，"臧克家"三个字如雷贯耳，早早就成了他的偶像，尤其是中学语文课本上读了《有的人》后，做梦都想见到他。

《有的人》，诗人以高度浓缩概括的诗句，总结了两种人、两种人生选择和两种人生归宿，其艺术性和思想性少有人能及。尧山壁把这首诗作为自己人生的座右铭，把其作者臧老视为心中的神。

1973 年，吴泰昌告诉他臧老已从咸宁干校回到北京，简直欣喜若狂，在给郭小川老师稿子的同时，也寄给臧老一份。其实就是一时的冲动，并没有抱什么希望，因为一位普通诗歌作者与一位文学泰斗之间的距离实在太过遥远了。

万万没有想到，有人传来口信，说臧老在病床上用一个星期的时间专门反复看他的诗。不久接到臧老的信："给我印象颇好……几时来京，望来我处玩玩。"

更让他喜出望外的是臧老的夫人郑曼正好出差到石家庄，还特意来到他家，转达了老人家对他的钟爱之意。受宠若惊，他迫不及待地来了。

初冬的一天，按着郑曼画的路线，尧山壁出北京站北行，小街南头，找到了赵堂子胡同 15 号，激动地推开路北的小门，一座四合院，砖墙木窗，像家乡的农家小院。原来独门独院，后来西南两屋挤进了两家工人，因为臧老为人谦和，邻里关系处得很好，那个工人还和颜悦色地喊："来客了。"

从北房出来一位精瘦、矍铄的老人，因身体怕冷，裹在大衣里，无疑是臧老了，尧山壁自报家门后被攥紧双手让进屋里。一明两暗，面积不大，地上摆了许多过冬的花盆，显得空间愈加狭窄。可是墙上挂着不少名人字画，包括闻一多、郭沫若、沈雁冰、徐悲鸿的，这窄小的房间在尧山壁眼里立即高雅、豪华起来。

臧老像接待亲戚一样，深情地看着尧山壁，看出来是真的喜欢他，大高个，天庭饱满，地阁方圆，忠厚，老实，稳重，谦和，一套家织布棉衣，一口地道的冀南话，臧老从他身上寻找到了久违的乡土气息。

受《河北文艺》编辑部的委托，尧山壁请老人家为刊物题词，他被领到里间，书房兼卧室。空间本来就小，因为几架书柜占据，几乎转不过身来。书桌小得与房间很相衬，放不下对开的宣纸，可是就是在这张小书桌上，臧老写了著名的《有的人》《海滨杂诗》和《李大钊》《春风集》《欢呼集》《凯旋》几本诗集。

臧老天性率直，谈起来滔滔不绝。怕累着老人家，尧山壁知趣地起身告辞。臧老坚持把他送到门外，频频挥手，直到尧山壁在小街拐了弯才回去。

那些年，臧老对尧山壁每信必复，加起来有70多封。其中一封写道："地震中，以腿当桌，枕枕。"他在报刊上发现尧山壁的诗，好的就鼓励："读到《诗刊》发的诗，十分高兴，望你树立信心，笔不停挥。"读到尧山壁的好诗，在题目上画上圈，有的还画两个，其中的好句子画上浪线，像老师给小学生批书法作业，用红圈和红浪线鼓励。对不满意的就指出："意思颇多重复，一泄无余，手法变化少，还不够精练。"……

"不够精练"，一针见血，说到病根上了。尧山壁说他写诗最早学张志民。追求"朴实"，后来郭小川教他要敢于"华丽"，似乎学偏了，有些铺排。臧老反复指出："必须短小、精练、含蓄、有味、生动、活泼、令人喜爱。上手爱看，上口爱读，读后印象深刻，永远不忘。"

在臧老的具体指导下，尧山壁的诗有了长足进步。他深深感受到：与智者同行，必得智慧。

在非常时期，能得到郭小川老师和臧老这样的呵护、慰藉、指导、提携，可谓灵魂可依。

第三十九章　人称"大山壁"

1976年7月28日凌晨3时42分，睡梦中被一阵剧烈的摇晃惊醒，灯泡也像受惊的鸟儿在屋顶扑棱。经历过地震的尧山壁意识到又地震了，震级还不小，急忙与妻子抱起一双儿女跑下四楼，来到大柳树下，传达室正有人大声询问地震局，回答是一无所知。直到上午10时接到通知："里氏7.8级，震中唐山。"

第二天，尧山壁第一个报名和文艺组另两位同志加入省直第一批救援队，乘三叉戟飞往唐山。这是他第一次坐飞机，没有新奇感，只是觉得紧张，只嫌飞机飞得还不够快，一个多小时，在唐山机场降落，分配了一顶帐篷落脚。相隔不远处就是省委书记刘子厚的指挥部，他是第一天闻讯就赶到的，至此一天多了，听说还没有顾得上喝一口水。

机场一片狼藉，指挥塔倾倒，电线杆子折断，唯一的水源是游泳池的水，水面都发绿起沫了。大家吃喝不下，只想着救人。

机场边上，陆续搭起帐篷，红十字标牌上写着：辽宁省医疗队。解放军总医院、空军医院、上海六院……帐篷外是血肉模糊的伤员，帐篷里的灯泡下正在进行的是开颅、剖腹、截肢手术，外面大坑里血染的药棉纱布中堆积着锯下的胳膊、大腿、手掌……血淋淋，白森森，惨不忍睹。

停机坪上伤员横躺竖卧等着上飞机，转移外地医院，唐山机场成了全世界最繁忙的机场，马达不停地轰鸣，飞机呼啸着穿梭，平均两分钟起降一次，密度最大时间隔仅为 26 秒。

……

晚上，帐篷里难以入睡，尧山壁当天的日记里简单写着："不间断的余震时时引起恐慌心悸，擦不干的泪水和着外面的大雨横流。"

次日，尧山壁步行到市区，七华里的路边全是新坟，有的木牌上写着姓名。接近市区，更是一怔，昔日美丽的唐山，已经破碎为一片瓦砾。哪里去找豪华的凤凰山宾馆？哪里去找高大的开滦医院？哪里去找繁华的小山闹市？ 47 平方公里的极震区（烈度八级以上）内，再也没有一座挺立的建筑，一座座高楼竖立颓落，只剩下水泥阳台叠加，几层阳台就是几层楼，像堆杂乱无章的积木。钢筋水泥的梁柱撕裂、扭断，像一堆枯树枝。一条宽 30 米长 16 公里的地裂，如同地狱的裂口，把农科所、十中、党校、二十九中一下子吞掉……

路上，看到几个军的部队兵临城下，车辆和机械受阻，战士们赤手空拳跑过来，各自为战。瓦砾中埋葬着无数尸体，有的头颅被挤扁，压成一块平板；有的腿被楼板压住，滴净血的上身在余震中晃动。一位女兵胸部血肉模糊，露出穿透的钢筋；一位年轻的母亲从三楼窗口探出半截身子，定格在呼唤孩子的瞬间姿态……

时值盛夏，天气炎热，尸体迅速腐烂，瓦砾间渗出黑红的血水散发恶臭，绿头苍蝇嗡嗡乱飞。战士们没有调度铲车，全凭一双手挖碎石、掀楼板、拽钢筋，许多人指甲剥落，鲜血淋漓。一会儿递出一条胳膊，一会儿递出一条腿。他们不仅忍着筋疲力尽，还受着巨大的精神刺激。二五五医院的一位女护士，下半身被钳在楼板下，眼看着一分一秒地走向死亡，战士们轮流陪伴着她，有人递来半个西瓜，用勺子一口一口地送到她嘴里。这个女战士在死神面前没有恐惧，最后的要求是让战友给自己梳好头发……

时间迈着无情的脚步，第一天扒出来的人，救活率80%，第二天30%—40%，几天后就是零了。有一天尧山壁去丰南县，郊区公路上运尸车一辆接一辆，车车装满了尸体。尸体中有老有少，分不清男女，更分不清是百姓还是官员。唐山地震罹难场面之惨烈，为历史所罕见。这个拥有百万人口的工业重镇，一道蓝光之后，顷刻化为乌有，共有20多万人死亡，其中包括北京派来的20多位地震工作者，33名日本人，1名法国人，如果尸体一个接一个排起来，超过800华里。全市幸存者中，每5位就有1位是重伤，共计16万多人，其中骨折占20%，截瘫占9%……直接经济损失200亿元。

那些日子，只觉得时间呆滞了，空气凝结了，一片死寂。一两声老人的呻吟，婴儿的啼哭，好像从遥远的地心传来。废墟中的幸存者，失魂落魄，脸上没有表情，眼里没有光芒。不少人光着身子在瓦砾中爬来爬去，摸着什么穿什么，老人围着花被单，小孩子穿着大人的衣服。只有见到救援人员，才撕心裂肺地张着嘴嚎啕大哭。三三两两，互相扶携。一瘸一拐盲目地涌向机场——他们认为那是他们唯一的逃生之门。

一位中年妇女，怀抱中的孩子早已断气，还依然抱着不放，并不断地呼唤着孩子的名字。肢体健全者，在废墟上插起竹竿，搭上塑料布，就算新家了，自己编上门牌号码。一个棚子里往往住几个残缺家庭。救援人员支起大锅，熬粥分干粮。然而，灾难并没有完全过去，大地震之后28小时内，3级以上余震900多次，5级以上余震16次，也还有不少人惊慌失措，乱跑乱撞，二次受伤致残。

整日整夜工作，也惦记着在这里的熟人，尤其是早已建立起关系的作者。出来匆忙，没带通讯录，只能从记忆里搜索他们的地址、门牌号码，省文联在这里深入生活的老作家田涛，地区创作组的叶涛、田歌，市创作组的长正、晓斌，京剧团的余英，唐剧团的韩希，唐钢的赵新华，开滦矿的蔡华，马家沟矿的董浩善，二十二中的刘欣民，碑子院村的董桂苓……一个一个过电影，至少五六十位，音容笑貌就在眼前。可眼前竟没有了街道，没有了房屋，只有一望不到头的废墟，哭都没地方哭。一天天逢人就问，一天天没有结果。直到十天半月后，才陆续得知，叶涛、刘欣民遇难了；田涛伤了，老伴儿去了；董浩善在瓦砾上，七天七夜没合眼，眼珠子都不会转了……尧山壁安慰他半天，临走给他放下一支钢笔；蔡华是个乐天派，小两口儿正在搭防震棚，尧山壁上去，帮了半天忙。

……

那些日子，尧山壁的大脑也变成震区一角，经常处于高度紧张之中，心脏和手脚不自主地颤抖着。白天鼻孔塞着酒精棉球，戴着双层口罩，提兜里带一瓶二锅头，拼命地工作。他的主要工作任务是把所见所闻，快速地写成各种体裁的文章传送出去。白天在现场写的文章随写随发，根本没有休息时间，晚上回到帐篷里更是睡不着，强烈地想写诗，写生死体验，那些天成为他此生写作最勤奋的日子。7 月 29 日，刚下飞机不久就写出《震中纪实》（三首）。第一首是《繁忙的机场》题记：7 月 29 日，唐山机场平均 26 秒钟降落一架飞机。诗句：

导航台，目光灼灼；滑行道，伸出胳膊。欢迎兄弟省市的使者，在这儿把手紧紧相握。

航线，湍急的河；飞机，银色的浪波；源源而来的"龙江水"，在这儿汇成深情的湖泊。

东北来的飞机啊，卸下一座长白山，广西来的银燕啊，衔来一条红水河。

轰隆隆的机声，撞击多少人的心窝，灾区人民斗志昂扬，因为身边站着整个祖国。

后来又写出很多短诗如《一碗水》，长诗如《难忘的时辰》等几十首。这些文章和诗几乎与各地来的记者、作家所写的文章和作品同时发表在全国各大新闻报纸和文学刊物上，如《河北日报》《河北文艺》《诗刊》《人民文学》……

一个多月后，尧山壁告别唐山抗震前线回到石家庄，瘦了十多斤，老了十几岁，一身不见底色了的衣服穿在身上松松垮垮，一脸黑胡子，头发很长很乱……他回到家推开院门，两个孩子正在大柳树下玩耍，他叫了一声"宝贝"，两宝贝愣住了，儿子问："你是谁?"女儿看了一眼，吓得转身往家跑，一边跑一边大叫："妈妈——有坏人——"

进了家，看到妻子，他叫了一声，李静怔了一下扑过来，眼泪哗哗流。躲在妈妈身后的一双儿女也扑上去，叫着"爸爸，爸爸……"
……

回来第二天，尧山壁就到单位上班了，快马加鞭与申伸合编了一本书《战震曲》，由花山出版社很快出版。

尧山壁说："诗，是一种情怀，是一种强烈感情的自然流露。"

艾青说："诗，是人类向未来寄发的信息，给人类以思想和勇气。"

党中央、国务院十分关心唐山地震灾情，很快决定实施国家级救援，成立各级指挥部，各省各部门对口支援。投资 43.57 亿元，历时七年，在地震废墟上建成一个功能分明、布局合理、配套齐全、生活方便、环境优美的新唐山，建筑物全能达到 8 级防震，成为世界上最安全的城市之一。

后来，尧山壁每次到唐山，都要走到抗震纪念碑前，闭上眼睛回忆那些永远不会忘记的日子，那地球母亲一道永久的伤痕，已深深镂刻在他的心上。

自尧山壁从唐山抗震灾区回来后，大家就不约而同叫他"大山壁"，什么意思？可能并没有什么意思，就是感觉他"大"——大手、大脚、大脑袋。还有什么吗？也许还有大情怀、大胆识、大格局、大智慧……

（1976—1983 年）

第四十章　参加全国诗歌盛会
（归来者之一）

　　1976 年，"文革"结束，中国社会转型。文学和其他领域一样重现生机，迎来春天！作品数量大增，题材由单一渐到广泛；小说、戏剧、诗歌、电影等争奇斗艳，呈现出一派繁荣前景。

　　三年后的 1979 年 1 月中旬，全国诗歌座谈会在北京西苑旅社召开。这是 13 年来第一次诗坛盛会。张光年主持，周扬、胡乔木坐镇，时任中宣部部长胡耀邦同志到会讲话，总结经验，解放思想。到会诗人达百人之多。臧克家称"这是全国诗歌界空前的盛会，六代同堂共论诗。按辈分，一代冰心等；二代艾青、田间等；三代贺敬之、李季等；四代公刘、李瑛等；五代刘章、尧山壁等；六代李松涛等"。

　　头一次见这阵势！满天星斗在眼前，个个大名鼎鼎，如雷贯耳。大会发言群情激奋，分组讨论争先恐后。尧山壁自觉自己的资历浅，会上只带个耳朵认真听，会下认识、拜见"归来者"，包括公木、艾青、公刘、邵燕祥、白桦、雁冀、胡昭、周良沛、孙敬轩、晓雪……尤其艾青、雁冀和公木记忆最深。他们很看好这个"后起之秀"，聪慧稳重、寡言少语，很愿意跟他交流诗歌创作，探讨人生经历。

艾青，是江南才子，喝过洋墨水，在法国学过象征派，20世纪50年代访问拉丁美洲，与智利诗人聂鲁达唱和，世界级大师人物，是中国新诗发展史上产生过重要影响的诗人，尧山壁读过他感情诚挚、诗风清新的长诗《大堰河——我的母亲》，尤其喜欢他的"人没有永恒的夜晚，世界没有永恒的冬天"的诗句。

艾青平易近人，喜好幽默，一两句笑话距离全无。额上生来有个鼓包，尧山壁戏说是"诗囊"，他自己说是头上长角，到处碰壁。提起平反，他笑着说："用三十年时间等来三个字：搞错了。"不是苦笑，而是放声大笑，不见一丝怨气。

……

雁冀是河北穷孩子，只上过13个月小学，最初的文化乳汁，只有奶奶的故事、瞎子说书和土台上的秧歌，和尧山壁的童年有些相似。后来连队说快板，文工团跑龙套，长处是生活丰富，悟性高，经过血与火的锻炼，善于用朴素的语言揭示人生哲理。

在诗歌座谈会上，雁冀与众多"归来者"亲密无间，因尧山壁和他是老乡，在这次会议上又住隔壁，一连三个晚上都在听他讲自己的传奇经历。

当年小八路、铁道兵，一首《在云彩上面》风靡全国。反右开始，因是八路，又是残疾军人，曾屡立战功侥幸过关。但撞上"文革"就没那么幸运了……

大家听了他的经历泪流满面，但他自己却没了表情，好像都在讲别人的事。尧山壁说：

"痛哭在心里磨砺成珍珠，吐出来的就是文学，诗人叶楠的电影

《巴山夜雨》的主人公就是以雁翼为原型的。"

诗会期间，雁翼发起诗人访问团，团长艾青，副团长雁翼，成员包括老诗人邹荻凡、蔡其娇、吕剑、吴越及中青年诗人胡昭、周良沛、孙敬轩、唐大同、傅仇等，年龄最小的是傅天琳，估计30人，尧山壁也在其中。从广州出发，及湛江、海口、上海，为期一个月，在青岛画上了句号。所到之处，高接远送，盛情款待，内地和香港媒体跟踪报道……不但说明各地人民对诗人的喜爱和对"归来者"的欢迎，也说明雁翼真是个社会活动家，到处有战友，朋友满天下。要知道此次的访问团，团长艾青自称是甩手掌柜，只负责场面应酬，雁翼是大秘，事事操心。尧山壁感慨："他虽然时运不济，命途多舛，但'归来'仍然守住初心，不忘来路，年龄已高，身有残疾，但还像个小伙子，风风火火充满着朝气。"

……

虽然和公木第一次见面，但知道他却始于1955年初，尧山壁在《中华人民共和国颂歌》一书中，读到其中一首诗《烈士赞》："孩子睁大眼睛，指头向天上找寻，悠地伸出兴奋的手，扳起母亲的头。妈妈你看呀，你往这里看看，爸爸在天上照耀，爸爸对着我们笑……"

看完，还是高中生的尧山壁哭了，哭得稀里哗啦。他觉得诗人的这首诗就是专为他写的，说出了一个烈士遗孤的心里话，给他的父亲和他自己指明了人生的定位。从此，他牢牢记住了这首诗，也记住了这位诗人的名字——"公木"。

在这样一个特殊时间邂逅，通过他人介绍和直接交谈渐渐知道了：公木了不得！不得了！

公木原名张松如，1910年生于河北鹿城北孟家庄一户农家，尧山壁没想到还是自己河北老乡。"向前向前向前，我们的队伍向太阳"，

《中国人民解放军进行曲》（后定为中国人民解放军军歌）的歌词是公木所写，人人会唱的《东方红》也是他改写的词。

新中国成立初期那几年，是公木在诗歌创作上的黄金时期，翻阅报刊，几乎天天有他的作品，抒情诗、叙事诗、讽刺诗，历史题材、现实生活、工业、农业、国际……全面开花。先后出版了几部诗集，仅1957年就发表了九组诗、十篇论文、三部新书，可以说创作如日中天，踌躇满志。

1954年，公木从东北大学调任中国作协文学讲习所任副所长，兼作协青年工作委员会副主任，雄心勃勃："不办成高尔基式文学院死不瞑目。"把主要精力用于培养文学新人上，他是流沙河的辅导老师；亲自为邵燕翔、张永枚、张天民等的诗写评论文章。1956年，在全国青年文学创作者会议上做青年诗歌创作问题发言，涉及20多位青年诗人作品。置身桃李之中，辅佐桃李芬芳……

但没想到风云突变，横祸飞来，雄鹰折戟，跌落谷底。1958年5月，公木先生奉命率中国作家代表团访问匈牙利、罗马尼亚，使命未完接到大使馆电话，火速回国，迎接他的是一顶右派帽子。1961年11月，因表现突出，被第一批"摘帽"，分配到吉林大学中文系教书。

就是在这次诗歌座谈会上，尧山壁才知道他创作《英雄儿女》歌词的过程。

1963年秋冬之际的一个周末，时任长春电影制片厂导演、电影《英雄儿女》编导的武兆堤与主演田方、作曲家刘炽一起来家中造访，他们都是延安时期结识的老战友。落座后，武兆堤先生直截了当说，他们正在拍摄电影《英雄儿女》，想请他给电影写主题歌词。一开始，他推辞了，顾虑"不合适"。但三位老战友一起劝，甚至还说"非你莫属"，他最后答应了。他一点头，三位老战友风风火火直接把他拉到长春电影制片厂，给他讲剧情，让他看了尚未剪辑的部分电影"毛片"。

其实，类似电影《英雄儿女》中亲人失散的事情，他不仅"遇到或听到"过，也有自己的一份切身感受。当年为了能够参加抗战，他也曾将未满两周岁的女儿白桦寄养在西安回族老乡家中，直到新中国成立后才重新找回。另外，他自己在抗战初期曾跟随程子华前辈指挥的部队在前线打游击，经历过血与火的洗礼，所以这部电影的曲折剧情，他看了非常激动。他说："故事情节虽然是听来的，却早已经心灵化了。"讲到这儿，他提起曾经写过的《烈士赞》，其中的最后两节："当你抱起爆炸筒，和敌人一同粉碎——敌人永远化作脚下的污泥，你就变为一颗灿烂的金星。你在天的高空里照耀，你在战士的头顶上照耀，你在荫庇我们的国旗上照耀，你在人民的心坎里照耀。"这样《英雄赞歌》的初稿就在他的心底酝酿成熟了……仅用了一晚上，他就把四段歌词初稿写好了……

尧山壁听了，一夜无眠。不断地咀嚼着一句话：

"历史给人的生命烙下伤痕，没有沉吟，没有哀叹，只有释放出无穷光辉才能愈合历史。"

在这次全国诗歌座谈会上，关于"归来者"的话题不断，流沙河的缺席自然成了大家议论的中心。四川来的同志说他的情况特殊，省委还没最后拍板，这自然引起大家的关心、担心。

流沙河，17 岁开始写作，大学毕业开始发表作品。因才华横溢，1957 年参加创办诗刊《星星》，在该刊发表的散文诗《草木篇》为诗界、文学界瞩目。反右开始，被打成右派。时年仅 25 岁。

投入"专政室"，怕他寻死，四壁光光，没有书读的日子，饥渴难忍。终于在墙角落处发现一张糊在墙上的旧报纸，趴下去看，日期是十几年前的。开始如饥似渴，一口气从头读到尾。后来想来日方长，细水长流，分块分段细嚼慢咽，一段段一行行，连标点符号都琢磨一番。正面两版花了一个星期才啃光舔净，重新陷入饥饿状态，没着没落。忽然心血来潮，来了灵感，猜它背面的内容。用口水一点点洇湿，小心翼翼地揭下来，一看居然是文艺副刊，还有一首诗，作者竟然是自己。写的是歌颂党和社会主义的诗。

扣上帽子遭送回家，当了"解匠"就是锯木板，幸好有妻子患难与共，勉强活了下来。

……

听到"归来者"们关于流沙河的遭遇，尧山壁的心里总有一种液体往外涌，和曾经有人污蔑自己父亲，他站在老家房顶上孤独无助地遥望远方的感觉一模一样：想哭，没有泪；想吼，没有声。

第四十一章　主持北戴河诗歌会（归来者之二）

　　1979 年初的全国诗歌座谈会，群贤毕至，唯独缺了四川的流沙河，十分遗憾。这件事一直挂在尧山壁的心上。第二年暑期他操办河北北戴河诗会，河北老中青诗人多位参加，参会的河北作家，大多是他在《河北文艺》当编辑，负责诗歌版面培养起来的诗人，外省的只贸然邀请了流沙河一人。那时《星星》刚复刊，流沙河刚复出，这两"复"足以震动中国诗坛，《星星》的命运乃至中国诗人的命运似乎都是与流沙河在一起的。

　　说也凑巧，到北戴河，尧山壁第一个遇到的就是流沙河，真是缘分！

　　一个清癯白净的文弱书生，手提一个旧皮箱向他问路，绝对没有想到是他。在尧山壁的想象中，那个敢写《草木篇》的人，一定是个头上长角、身上长刺的怒目金刚，那条河应该是七月的大渡河、八月的钱塘江，怎么会是这样一条潺潺的小溪呢？

　　会议地点在北戴河区政府招待所，位于东西两山之间黄金海岸中心。出门二三十米就是大海，尧山壁把会议安排得既轻松又紧张，每天下午下海游泳，上午在小杨树林座谈、讨论。

那时关于朦胧诗的论战才见端倪,河北诗人尽管比较迟钝,两种观点也是有的,坐在一起唇枪舌剑,相持不断。流沙河开始总是默默地听,反复动员才肯发言。开口非同凡响,一口四川话抑扬顿挫,精辟的见解和深厚的学问令人心服口服。回想起来,那是包容派的先声,不偏不倚,古今中外,广征博引。总是着眼于新诗的发展。有人私下议论,以夫子的老成持重,当年何以招惹大祸。或许二十多年的磨难把他的棱角磨平了。

流沙河自然成了会议的中心,身边常常围拢着很多人,听他隔海说诗,评论台湾诗人十二家,听他绘声绘色地讲 UFO(不明飞行物)。那时多数人还是第一次听到飞碟这个名字。

众星捧月,诗会因为流沙河这个特殊人物增加了吸引力:天津诗人来了;吉林的诗人来了;辽宁来了一个代表团,包括方冰、阿红、晓凡都来了;《诗刊》主编邹狄凡、邵燕翔把参加第一届青春诗会的青年诗人都带过来了,包括舒婷、北岛、杨炼、顾城、杨牧、张学梦等。河北诗会不知不觉地扩大为全国诗会,之后他们把河北诗人和流沙河的形象及风采也带到全国各地。

流沙河文静、内向的性格,在粗犷的河北大汉、无拘无束的年轻人中发生了变化,谈笑、嬉闹,用他的四川话讲,和大家"耍"到一起了。穷诗人们高兴起来不算经济账,最喜欢会下逗流沙河喝酒,流沙河一兴奋起来就当场赠诗,每人一首,写给尧山壁的诗是:

你是山,我是河,相逢幽燕地。山壁立,河流去,相看无限意。一个高,一个远,两个都有趣。山沉默,河喧闹,幸好有差异。

……

会议一直是尧山壁主持的，从 7 月底开到 8 月中旬。尧山壁总想让流沙河多待几天，但会议结束了，海水也凉了，与会者陆续离开，招待所只剩下他们二人等候去参加东北三省诗会。两人相伴出关，沈阳、丹东、大连……两人相约，找时间到对方的家乡看看。

二人的相约还都没兑现，却让雁翼捷足先登。

1982 年初，雁翼来到石家庄，见到尧山壁滔滔不绝地讲回家乡的见闻：农民分田分地真忙。比起二十年前那次还乡，变化之大出乎想象，那时生产队食堂刚刚散伙，社员依旧饿肚子，山药蔓、玉米轴充饥。哥哥摘了队里两个北瓜，埋在柴火垛里被翻出来，吊打个半死。现在都吃饱了，盖新房了，换新衣了，娶媳妇了。卫运河欢快地流着，河东黄河故道林场，临清鲁棉一号，河西官陶恢复了黑陶，大名香油出了大名……他一路看一路写，拿出一本子诗稿给尧山壁看，这就是后来的《故乡三行诗》。跳跃的节奏，鲜活的语言，正如诗人此时此刻的心情。

雁翼在石家庄一住就是三个月，动不动就找尧山壁聊天，乐不思蜀。

之后公木借开会之机也来到石家庄。

回到故乡，公木一直很兴奋，会前会后总要门前看看，街头转转，提出最想看的是华北烈士陵园，并指名要尧山壁作陪。

陵园在中山路 343 号，与省府宿舍只隔两条小街，尧山壁天天来这里晨练，习以为常，但公木却异常激动，远远地就低头垂手，双脚沉重，一脸凝重。

陵园坐北朝南，花岗岩大门，高高的纪念碑像一把光灿灿的银剑朝天。底座浮雕是地雷战、地道战、白求恩大夫、狼牙山五壮士和解放石门。台基四角各一石门，满盆串红如燃烧的火焰。两廊的松柏，像两队整齐的士兵接受检阅。再往后是八行梧桐，组成四条林荫大道，无数枝干唰唰向上伸展，如同无数手臂支撑着蓝天。园方好像知道公木先生要来，低音喇叭正播着他写的军歌。

广场后面是雕塑群，其后是铭碑室，再往后松柏和花丛中排列着316座烈士墓，每座墓前都有花岗岩石棺。汉白玉石碑，刻着烈士的姓名、简历。尧山壁突然生出一种感觉，像看到了从没见过的父亲，想起公木先生讲《英雄儿女》歌词创作和30年前创作《烈士赞》的故事，不由自主地背起《烈士赞》。当公木先生知道，他是一名烈士遗孤，当知道他父亲的一些情况后说：

"生命都是平等的。当初参加革命，为国捐躯是最高人生境界。凡牺牲的同志都是好样的。现在再让我写烈士赞，还会写陵园里烈士的队列，大地之子又回归大地，这是现实主义。"

……

尧山壁崇拜、欣赏、喜欢公木，他崇拜他的学问，欣赏他的诗作，喜欢他的为人。他在一篇《公木先生》的文章中写道：

此时，公木先生已是吉林大学副校长，著名学者，洞明文史哲，兼通儒释道，在文字学、文学史、先秦文学、老庄哲学、毛主席诗词研究及诗歌理论方面多有建树。近期的《老子校注》，以马王堆出土帛书为权衡，成为异于先前诸书的新本。《商颂研究》推翻了古今学者"商颂不是商诗而是宋诗的新本"的成见，有理有据地论证了商颂就是商诗。先生穷毕生治理，建构自己的诗学世界，晚年提出"第三自然界"论，把人类思想分成三个基本层次，科学理论思维、伦理理论思维、文学艺术思维，讲明了文艺创作中真善美的辩证关系，是对中国诗论美学的一大贡献。

先生一生致力于扶持文学青年，顺利时如此，厄运当头时也如此。在图书馆劳动改造时，小屋里常常挤满人，谈诗说文，成为当时一条罪状：拉拢腐蚀青年。复出后热情不减，活动有加，先生北京师范大学毕业，一生教书育人，最看重的职务是教员，最中意的称呼是老师，一茬一茬地培养作者，吉林从胡昭、张天民，到黄淮、曲有源、徐敬亚、王小妮、宗仁发，无不受过他的恩惠，讲课、作序、写评论，手把手地修改作品。对外省作者也是如此，河北张学梦发表了《现代化和我们自己》处女作，公木先生第一个站出来喝彩，在《诗刊》写了《发人深思的诗》，推出了一颗新星。"非常时期"后，第一次全国新诗评奖，先生是评委，会上对舒婷的《双桅船》看法不一，先生慷慨陈词，认为内容是健康的，艺术有独到之处。最后评为二等奖，先生仍不甘心，写了一篇《评舒婷的双桅船》，北京发不出去，又寄到上海《书林》刊出，充分表现了一位老诗人的伯乐情怀。

"在人的生命中，会有众多的遇见，能遇到一个你崇拜、欣赏、喜欢的人，简直就是一场修行的结果！和阳光的人在一起，心里就不会黑暗；和快乐的人在一起，嘴角就会常带着微笑；和大方的人在一起，处事就不会小气；和睿智的人在一起，遇事必定淡然稳重……借人之智，做最好的自己。"不知在什么地方看到这段话，尧山壁把它抄在一本书的扉页上。时间似乎很久远，纸张已经发黄、变脆。

那天，尧山壁陪着公木先生来到316座烈士墓，两人一一停下，注目，献上由衷的敬意。最后公木先生终于找到一个"高克谦"的名字。三鞠躬，默哀很久，泪水盈眶。

　　高克谦烈士是他正定中学的同学，高一年级，积极参加学生运动，下乡办平民学校，宣传革命道理，五卅运动时，组织"正定各界沪案后援队"任总务主任，召集两千多人声援上海。会后到滹沱桥焚烧日货，步行 40 里到石家庄游行示威。又在彭真的领导下恢复正太铁路工会，学运、工运均赢得驻军的同情。警察厅惊慌失措，接受法国正太铁路总管 7000 元贿赂将高克谦和爱国将领吴禄秘密杀害，少年公木积极奔走呼号，正定中学师生隆重召开追悼会，会场上高悬一副挽联："吴将军遭暗杀，高烈士又惨死，一地永埋双侠骨；太行山头明月，滹沱河上凄风，千秋凭吊两英魂。"就是在这次游行示威、奔走呼号中，一股急促的节奏在少年公木的血管里冲撞，一种雄壮的韵律在他脑海里萌生，那就是他后来的歌词：向前向前向前……

　　黑夜再怎么长，天也会亮。只要不忘初心，不忘来路。

第四十二章　迎来创作黄金期

　　1978 年，万象更新，时代给当代文学带来了巨大的发展空间。整个文坛重现生机，激活了作家们前所未有的创作灵感和写作激情。自少年就与文学相遇的尧山壁也迎来了创作的黄金时期，人生的经历，生活的体验，知识的积累，情感的储存……亟待变成文字，就像洪水决堤、火山爆发。

　　编辑部也忙碌起来，作者增加一倍，稿件增加几倍，以前是刊物、编辑找作者，找稿子，现在是作者找刊物，找编辑。白天接待作者，阅稿、选稿、编稿没时间，那只能灯前月下了。好在家和单位在一个大院，吃完晚饭，溜到编辑部，提笔就能诗出，好不痛快。如果太晚了，怕影响妻子儿女休息，就将几把椅子一拼，或几本书，或一捆报纸当枕头和衣而卧，醒了再写。

　　习惯成自然，每天早晨四点准醒，灵感也不期而至，似乎不是他在找灵感而是灵感在找他，曾创下一个早晨创作 7 首诗的纪录，还留下了李静早晨 7 点半准在院子里喊"老尧，该回家吃饭了"的佳话。

　　由花山文艺出版社出版的《我的北方》，就是他在那个时间段创作的作品，《心中的瀑布》《山忆》《生活的舢板》《远去的骆驼》《绿色的旋律》等五辑，共 80 首。尧山壁在这本诗集"后记"中曾说：

　　他生长在北方，是北方荒野上的一棵苦苦菜。感谢北方这片土地上的乡亲，在异常艰苦的年代，收养了他这位濒临绝境的烈士遗孤，使他长大成人。所以，大学毕业，他三次申请回到基层，在乡亲们身边工作、劳动、写作整整十多个年头。最初的几本诗集大部分是写北方农村的。改革开放后，他有机会远足三北，不到西北不知道中国之大，不到东北不知中国之富，不游遍华北不知道中国之古。这才真正认识北方，认识了北方民风的淳厚、豪爽，认识到北方诗风之粗犷、雄浑。当今文学需要高大的北方男子汉的形象，当今诗坛需要豪放的北方大嗓门的声音。

　　他羡慕南方的山清水秀，他羡慕南方人的聪明伶俐，他羡慕南方诗的婉约俊逸……他希望自己能充分发挥北方诗的特点，同时也吸收南方诗的精华，在诗歌创作中能体现出风格不同流派的百花齐放。

　　在这之前，河北花山文艺出版社和天津百花出版社已出版了尧山壁五本诗集《山水新歌》《渡"江"曲》《金翅歌》《峰烟·青山》《春的雕像》等，《我的北方》较之这些诗集，出版社的"内容提要"中说："作者近几年来发表了不少诗作，在题材上不断有所开拓，在艺术上不断有所探索，这里有祖国的恋歌、历史的深情、人生的赞美和青春的旋律，尤其家庭和爱情生活的佳作，曾经引起广大读者浓厚兴趣。这里艺术和生活同样丰富多彩，新颖而深刻，豪放而细腻，冷峻而隽永，较好地解决了继承和借鉴的关系，达到了雅俗共赏的效果。作者写诗有着美学的追求，这是一本力和美的浑然和谐。"

　　《诗刊》主编、诗人张志民在病床上，一边输液一边读着尧山壁《我的北方》这本诗集，之后给他写了封长信，评论他的诗：

　　　　在诗歌创作的道路上，你已走过了20几个年头，是已经出版过好几本集子的诗人，你过去的东西，有不少我都读过，知道你勤于耕耘，而又勇于探索，你的诗，生活气息很浓，也注意语言的锤炼，既给人以生活的触感，又给人以明丽的诗情，有些诗至今还留有很深的印象。这些年，你更是连年丰产，40 几岁的人，该算个正经的好劳力，是文学创作的鼎盛时期，从作品看，你的创作与你的年龄，是恰成正比的！

由此，我不禁想到前些时候，有位同志曾向我谈过的一些情况。有些在五六十年代中写过不少东西的作家作者，近些年感到很苦闷，东西写了，发不出去，即便发了，也无大反响，自己感到越写越没劲，常是声声感叹"写不出来了！"

我说："不是写不出来，而是写不上去了。"据我所知，这样的同志，多数都在写，而且依然很勤奋，写东西的劲头儿不减当年，定稿、未定稿、一摞摞摆在案头上，"存货"是相当可观的，其苦闷，在于这些年作品的"档次"，许多还停留在已去的"当年"，他们少登了几步台阶，难以汇入我们生活的激流！

你是没有落下距离的，你在继续写，继续前进，继续提高，继续获取新的收获。这里，我说的收获，不是指作品的数量，也不是指你在诗歌形式上一些外在的变化，而是指作品内在的质地，是说你的精神境界提高了，它既表现于作品的艺术技巧，也表现于作品的思想深度。

收入这本集子的作品，是比较整齐的，从作品的题材看，基本上属于两大类，一是伴随你这些年的行踪、见闻所写的一些诗，二是继续写你所熟悉的农村生活，这两类作品中，都可以看到你创作的长进，跨出可喜的步子。

《狼牙山，我心中的瀑布》《鸟巢》《品酒》《听鼾》等，都是我所喜欢的。

《狼牙山，我心中的瀑布》这首诗，一发表，我即读了，不知是因为我对狼牙山很熟悉，还是因为你这位出生14天父亲便牺牲了的烈士子弟，对这首诗注入了格外的感情，它给我以强烈的感染力量。诗的意境、语言、结构都很好，悲烈、壮美融为一体，十分和谐。最后一段，使全诗攀上又一个高度，意味深长的结尾，振奋心翼！总之，写狼牙山的短诗，写得这样完美还是不多见的！集内不乏此类佳篇！

表现农村风土，人物，你本来就很拿手，今天看来写得更加纯熟，更加隽永！

《插篱笆》《鸡年》《风落枣》《大伯镶了一口牙》，都是这类诗的代表。这类小诗，极富生活情趣，诗中有画，画中有诗，它绝不止描写一个生活的镜头，而是时代的一串串带色彩的音符，这类声色具美的小诗，常是雅俗共赏的！

你的路，比以前更宽了，更可贵的是，你没有"见异思迁"，丢掉自己的基调，而是在自己的土壤中，不断吸收更多的养分，这样的树木，是不愁根深叶茂的！

……

英国剑桥国际传记中心董事长、台湾诗人和小说家、东吴大学中文系教授墨人来到大陆旅游，尽管古稀之年，却急行军似的考察了20多个省市，接触了众多文艺界和文学界的著名艺术家和作家……40天后，写成了新作《大陆文化之旅》，评论大陆作家的作品就有几十名，冰心、臧克家、艾青、雁冀、邓友梅、徐迟、汪静之、柯岩、贺敬之等。其中有一章《诗坛中坚尧山壁》，书中写道：

　　尧山壁诗集《我的北方》，是他近年的一本选集。

　　他的诗很重视节奏、韵律，文字的组合也很恰当，所以每一首诗都很协调和谐……绝不让人猜谜。而且每一首诗都言之有物，绝非梦话、呓语。他写的都是现实的人生，不是天国神话，也不是地狱鬼话。

　　《我的北方》这本集子里的《鸟巢》《炊烟》《老槐树下》《七月草原》《蝴蝶》、《百灵鸟》《小滦河怀古》《对山松》《山旺化石》组诗五首，都是好诗。

　　《鸟巢》是写清朝西陵陵寝殿宇上住的鸟群。这首诗不但节奏、韵律和谐，还表现了一些人生哲理：

　　"欢天喜地的鸟儿们，不理会一个封建王朝。金碧辉煌的陵寝，却做了鸟的巢。"

　　这是这首十六行诗的起头第一段。起头好，因此结尾一段四行的呼应尤妙：

　　"我赞美陵寝上的小鸟，千万个自由的符号。活跃了，渺小的伟大；死去了，伟大的渺小。"

　　从这首诗里我们可以发现他驾驭文字的能力很高，运用诗的语言技巧十分纯熟。他不受西方影响，没有不中不西的语言，纯用中国文字、语言，走出中国新诗的道路，自己的道路，这是一个非常可喜的现象。

　　《炊烟》也写出了《山村特殊的语言》和《十年浩劫》《家家烟筒都吐着愤懑》以及近年的《炊烟》，不像《新婚的新郎》《喝醉酒的身段》），这是一首反映社会现象的写实诗，但他用的是诗的语言，《喝醉酒的身段……》绝不是散文语言，散文语言不能产生诗的美感。

《老槐树下》开头两段就勾勒出了农业社会古意盎然的形象：

"几把蒲扇，一壶香茶，老槐树撑开了大伞，庄户人家的凉亭，大厦。月光如水，从枝叶间泻下，泼一幅写意的水墨画。"

这首诗很能使生活在工商业社会的台湾诗人发思古之幽情，尤其是我们这种年龄从大陆渡海来台的人，都很熟悉那个广大的农业社会。不管是《老槐树下》也好，老杨树下也好，都是中国人的生活，绝不是今天的电影、电视剧里面晚上朋友们在豪华的客厅聊天、举高脚杯喝洋酒的场面。其实台湾社会还没有普遍到这种地步，那种装模作样，领导洋化，看了有些令人恶心。

《七月草原》是写塞外锡林郭勒七月间草长马腾的景象，这和草长莺飞的江南春天风光是不同的：

"七月雨，点点滴滴，液化着积蓄一冬的力，草儿发疯的生长，要涨满短的无霜期。风儿欢快地追赶马蹄，把世上一切色彩收集……"

这种景象不是莺飞草长的江南所有，更不是台湾所有，七月的江南已入盛夏，台湾更开始进入飓风季了，祖宗遗留我们后人这一片广大土地，足够诗人作家的彩笔驰骋，何必要小器到局限于什么盐分地带呢？去大陆看看走走吧，塞外也好，西北也好，东北也好，文学资源都很丰富，取之不尽，用之不竭。睁大眼睛，敞开胸襟，再创造一个中国的文学盛唐世纪，不要再捧着金饭碗讨饭了！

台湾养鸟的风气很盛，但无论画眉、百灵、云雀，江南很多，但百灵鸟却以生长草原者驰名，尧山壁的《百灵鸟》也是写实之作。

"地上唱歌，地上做窝，连身上的羽毛也都是大地的颜色。不学云雀向往蓝天，不像燕子追逐暖和，你执着地追求像牧民一样忠实的生活。……"

百灵鸟的生态习性，这首诗里都交代很清楚。

而《小滦河怀古》，虽然只有短短的四段，十六行，却是一首气魄很大的怀古之作，几可直追南宋词人王元量的《莺啼序(重过金陵)》。

"木兰围场一望无际，还响着二百多年前的马蹄，小滦河弯成一张弓，在夸耀康熙大帝的臂力。

"把横断山搂在怀里，把兴安岭搂在怀里，把天山搂在怀里，把冈底斯山搂在怀里。

"然后，他隆起筋腱，与北方的大熊较力，把野心推后了三千里。把寒流推后了三千里。

"比李广还长的手臂，不光有射虎的力气，他还比成吉思汗，多拿起了一支毛笔。"

这首诗的文字语言十分简练，却表现了中国诗人和中华民族的无限魄力，我们需要的是尧山壁这样拥抱整个中华民族、中华文化的诗人。

《对山松》有词的句法、词的优美。这是台湾新诗人所不取、所要斩断的传统诗词尾巴。但那些反对的人实在不了解传统诗词中国文学的精华。尧山壁是中国大学中文学系出身的，他了解，而且他运用上了，盲目崇拜西洋有害无益。新诗不能自绝于中国传统诗词，应该多向传统诗词吸收营养。如何运用？如何创新？

那就纯乎一心了。新诗的根本问题不在形式，而在语言的创造、意象的更新、音节的和谐。

《三旺化石》组诗五首，首首都好。它赋予化石以新的生命，新的意象，如《山东化石》：

"飞跃一千五百万年长空，扇动你有力的翅膀，今天款款降落，带来了什么吉祥？欢迎你来做窝吧，在新中国繁茂的枝叶上，听到一种古老的歌唱。"

又如《蝌蚪化石》：

"一千五百万年，仿佛也是一刹那，顽皮的小蝌蚪，还没有甩掉尾巴。断言它的一生，再也变不成蛙，离开了水和游泳，也就不再进化。"

……

尧山壁不是一位飞扬跋扈、目中无人的狂人。他是一位十分笃实，才华内敛，沉静谦虚，富有中国伦理观念的诗人。他不但孝顺，对前辈诗人田间、张志民，尊之为师，对于才气纵横的郭小川，他不但毫不嫉妒，字里行间更是由衷的尊敬。这和此地的一些急于出头的诗人是大不相同的。不但尧山壁如此，我发现很多大陆诗人、作家大都重视"文学伦理"，敬老尊贤，没有抢着"接棒"的心理，他们多具有中国传统诗人作家温柔敦厚的气质。不但作品很少西化，作者亦复如此，他们都很有"中国味"，也许有些泥土气，可是绝无"羊"癫疯。

尧山壁不单是一位成熟稳健笃实的诗人，以他的年龄和诗来说，可以称为大陆诗坛的中坚。他的文学观是：

文学是人学。诗、力与美的和谐。中国文学并不比西方逊色。文学传统是奔流的江河。

有这样的文学理念，所以才能创作出他那样的文学作品。一点也不偶然。他只要能坚持这样的文学理念，以后一定会写出更多更成功的作品。

（1983—1986 年）

第四十三章　新官上任

处于诗歌创作黄金时期，出版社编辑说尧山壁的诗新颖深刻、豪放细腻、平实幽默；张志民说尧山壁是诗界一棵不愁根深叶茂的大树；墨人评论尧山壁是诗坛中坚……尧山壁自知自谦，把各界人的评价只当作鼓励，下定了决心，铆足了劲：以后一定要写出更多更成功的诗来。

为了写出更多更成功的诗，他想找领导谈谈，他1965年26岁就是专业作家了，探讨一下能不能恢复，那样就会有更多时间搞创作了。但没想到的是1982年末，河北作协代表大会即将召开，作协主席李满天突然告诉他，文联打算让他主持作协工作，要他有个思想准备。

尧山壁一听急了："那不更没有写作时间了吗？"李满天是他多年的老领导，又是一直关心他的老大哥和无话不说的知心朋友，他直来直去：

"当年梁斌辞掉天津市副市长之位，你辞去新华社湖北分社总编辑和湖北省文化厅副厅长之职，抢着来咱河北做专业作家，你是早就知道的，这作协的活儿并不是什么美差，没人愿意干。你们这个'打算'纯粹是捉我'大头'。"

李满天听了哈哈大笑，还火上浇油："非也，'是抓你壮丁'。"接着又严肃地说："如今，我们都老了，你还年轻，又赶上讲文凭的年代，唯有你大学中文系毕业，你不干谁干？你要搞专业创作，成就的是你一个作家，你如用你的学养、热忱、胆识和能力把河北年轻作家的队伍带出来，那可是成就咱河北文学一大家子了。"

1983 年元旦过后，尧山壁受命主持河北省作协工作。

他无比感叹："穷小子有今天，全凭前辈热心地帮助，无私地提携，工作需要，群众选举，组织任命。没上套，往后稍；上了套，必须不用扬鞭自奋蹄。"

上任伊始，他没有进办公室，而是沉下去两个多月做调查、研究、论证。

他认识到：20 世纪 80 年代初，是当代文学的复苏时段，呈现出前所未有的蓬勃发展的崭新气象，充满了生机勃勃、百花齐放的过渡时期的特点。80 年代初的文学主题、作家的基本构成、文学的接受和流通方式等等，虽然在主要的方面仍在延续，但新的变化不断涌现。创作脱离了单一模式，艺术方法的探索和革新以及作家成长的路径变得越来越快、越来越宽、越来越长，就其河北作协这块文学的"根据地"也不例外。

他发现：今日的河北文学已非五六十年代的河北文学。"文革"前，河北是文学的高原，长篇小说居全国之冠，短篇、诗歌、剧本名列前茅，但在"文革"中遭遇灭顶之灾，作品被批，作家被整，作协被解散……"高原"坍塌成"低洼"。"文革"后，尽管作协恢复，德高望重的老一辈作家仍然奋力耕耘，历尽坎坷壮志满怀的中年作家勤奋创作，还有一批才思敏捷、勇于探索、出手不凡的新人涌现，但要创作出具有一定时代气息和思想力度的作品，有美学特征和寓意深远的哲理观照以及在艺术形式和技巧方面有重大突破和创新都略显不足，和兄弟省市尤其是和邻省陕西相比还有一定差距。

……

于是，一份《振兴河北文学事业的考察报告》出炉。

报告写得很细很实，针对现状有继承、有加强、有改进、有发展，重点是对写作队伍的壮大和对作品质量的提高这两方面。队伍是第一位的，没有写作的人一切都归零。其次作品是关键，不但是作品数量上的增加更重要的是质量上的提升。为达到目的，他用了报告四分之三的篇幅写了实施的方法和措施。

无懈可击，作协主席李满天和其他领导一致赞同他的继承和发展、改革和创新，请示省有关领导，省领导早已从他负责《河北文艺》诗歌、戏剧的工作中知道他的文学组织才能和无私奉献精神。

不久，他以省作协副主席、主持作协工作的身份出现在任丘文学会议上，正式吹响了振兴河北文学的号角。

关于组织工作和队伍建设。

调动老中青作家的写作积极性，为他们的生活和写作以及体验生活创造条件。面对新人辈出的大好形势，本着积极、慎重的原则开展吸收新会员工作。会员由上次代表大会时的 314 名，三年后已发展到679 名；全国会员由上届的 34 名，发展到 73 名。两会新会员增加了一倍多。对于年轻作家、作者采取分批次、分类别地提供正轨就学和函授等机会，提高他们的文化水平和文学修养，促进尽快成才。

……

人多了，为了适应和推动创作活动以及作品讨论和文学理论研究，本着拾遗补阙的原则分别陆续成立了小说、诗歌、散文、报告文学、儿童文学等创作委员会，在作协统一领导下，按层领导、分类管理。在已拥有了文学刊物《河北文学》和《长城》的基础上，又创办了《诗神》和《散文百家》；在已拥有了文学理论研究室的情况下，又创办了《文论报》。

……

关于组织作家深入生活、开阔眼界。

党的十一届三中全会以后，党和国家重点工作转移到"四化"建设上来，人民的经济生活、文化生活、精神生活随着改革的大潮发生了重大变化，在新形势下，如何按照现实需要的艺术规律，科学地组织作家深入生活，开阔眼界，激发写作热情，成为一项重要工作。在这方面，除坚持为有写作目标的作家请创作假的制度外，也做了些有益的尝试。

首先安排 8 名作家到基层兼职，后又组织 30 名作家下基层体验生活，都明确了这种深入生活，是从文学创作本身的特殊要求出发，并以促进、发展文学创作为归宿。因目的明确，安排细致，作家的责任感增强，创作了一批作品，收到较好效果。

另外，帮助作家深入生活的另一个途径是组织专题写作，如1983 年 5 月，组织一批作家到林业、水利、石油战线采访写作。不久又组织 15 名作家到农村访问，专题写的大都是报告文学并编辑出版。再后来又两次协助衡水地区文联组织作家到农村和乡镇企业采访，又出版了《百户农民列传》《当代企业家》两本报告文学集。

1985 年 7 月，为增进作家与企业的互相了解和合作，作协又与省厂长工作研究会协商成立了河北省作家企业家联谊会，多次召开座谈会，一部分作家与企业家交上了朋友，对改革和改革家有了深入了解和认识。

为了帮助作家认识生活，开阔眼界，作协不断地组织作家到省内外参观访问：如到本省石家庄、衡水五个县六个村走访，讨论如何认识社会主义新人；到内蒙古锡林郭勒草原，参观那达慕大会；组织作家分别到山东和深圳参观访问；还与林业、地质部门协商，组织少数作家到三北防护林、野外地质队体验生活。这些访问活动，对作家增长知识、感受时代脉搏、宏观地把握生活、提高写作水平都起到一定的作用。

……

关于文艺批评、理论研究和文学编辑工作。

文学理论是指导文学本质、特征及文学发展的规律和社会作用的；文学批评和文学欣赏一样，根据一定的批评和欣赏标准，以作品为中心进行分析和评价。1984年，作协所属的文艺理论研究室召开了全省评论工作会议，对新形势下文艺评论的思想做了讨论研究。1985年又召开了文艺理论读书班，有20多名中青年文艺工作者参加，联系十一届三中全会以来的文艺实际，着重研究和探讨了"一要坚持，二要发展"的马克思主义理论和毛泽东文艺观点。解放了思想，对一些有争议的文学和文艺现象展开争鸣和自由讨论。如对"朦胧诗"的讨论，对工业和农业题材的讨论。《文论报》对文学主体性的学术讨论，文艺理论研究室对鲁迅作品的学术讨论……无论是学术讨论还是文艺批评，执行的都是"双百"方针，因此得以健康发展。

除此，文艺理论研究室、《文论报》，包括省作协和各地市文联一直把介绍、推荐优秀文学作品、扶植文学新人当作最重要的工作来抓，为此每年都多次召开作品讨论会，一种是对较有成就的作家进行综合性研究、讨论，如对贾大山、张学梦、铁凝、姚振函、徐泉的作品讨论；一种是对较有成就的作家新作即时评价，如和花山出版社联合对《天涯孤旅》《风景路上》《黑洞》《失踪者》就进行过专题评论；再一种是专门讨论文学新秀，如对沧州八青年作者以及梅洁、增山等作品的讨论；四刊一报以及文艺理论研究室，对作品的评论和推荐，均起到了提高作家和作者作品质量的作用，对振兴河北文学功不可没。

第四十四章　补短板

尧山壁任河北省作协副主席、主持作协工作期间，还重点抓了补短板的工作。

短板源于短板理论，指盛水的木桶是由许多块木板箍成的，盛水量也是由这些木板共同决定的。若其中一块木板很短，则此木桶的盛水量就被短板所限制。这块短板就成了这个木桶盛水量的"限制因素"，若要使此木桶盛水量增加，只有换掉短板或将短板加长才成。

尧山壁选择的是将短板加长。

首先还是个写作队伍的建设问题，尤其是青年作者，文化水平普遍低，缺乏文学理论修养和文学功底。他采取的措施是：

全省数百个文学社团和一大批初学写作者，分散在各地，人多面广，不易集中，且水平不一，针对这种情况，首先成立了函授部，招收了1800人，出版面向他们的专门刊物《处女地》，定期发放教材，修改、点评稿件，优先发表。截至1985年发表学员的作品达400多篇，发现和培养了一支庞大的后备军。

对于几百名重点青年作者，针对时代变迁，他们已意识到了学历尤其是文化的重要性，纷纷转向社会夜大、函授的状况，尧山壁提出了合二而一的办法：办个正规的高校作家班，让他们一边系统学习文化，一边坚持创作，既出作品又拿文凭，一箭双雕……

可是让这些青年作者参加高考，注定考不过应届高中毕业生，只能列入成人高考，但成人高考毕业分配名额又受编制严格控制。省教委有关负责人当知道他需要 40 多个指标时，惊讶得大叫：

"你做梦吧？你知道弄一个指标，难度有多大吗？"

"多大？"他还傻傻地问。

"一个指标比 10 个城市户口还难办。"

他沉默了。

沉默是瞬间的，接着他就锲而不舍地找省领导支持，他知道要后来者居上，必须使点"弯道超车"的招数。领导终于点头了，又请省教委相关人员帮助想办法，接着就是给计划、财政、人事、教育等一个一个相关部门送申请、写报告、面谈讲理由……有的是公事公办，有的是需要软磨硬泡的……这毕竟是一件在文学领域和教育领域从来没有的事。当把 17 个盖有红红大公章的文书一一拿到手的时候，刚刚 47 岁的他突然发现自己的发际线后移，开始掉头发了。

最后就是一段"等待"的日子，有时间就到教委等消息，总是乘兴而去，扫兴而归。说不上痛苦，但心里总像有一块大石头压着，吃不好睡不实。妻子李静看他满嘴的火泡没法吃饭，心痛地劝：

"不是自己的事，不是家里的事，至于这么认真吗？"

他说："正因为是公家的事、作协的事，我才急。成人高考在即，高考前指标拿不到手，一耽误就是一年啊……"

谢天谢地！指标终于在一个多月后拿到了。

接着就是迅速发动招生，择期考试，教委和作协联手共同出题，按分数录取，400 多人报名，录取 47 人，重点青年作者几乎全都囊括其中。

1984 年 9 月正式开学。作家汤吉夫当时是廊坊师专校长，乐于承担这个任务。和有关人员按照高等教育大纲参考文学创作需要，确定了教学计划，开设课程有文学概论、古典文学、现代文学、外国文学、古代汉语、现代汉语、哲学、美学、逻辑学、中国通史等十几门课程，学习过程中还把专题讲座列入重要内容，先后邀请秦兆阳、刘绍棠、浩然、刘心武、韩少华、毛志成、腾云等京津冀著名作家、评论家讲授创作经验、文学观点和创作态势，每讲一课都为学员带来一次冲击波，掀起一次学习的热潮。

值得回味的是，这个作家班赶上了好时候。新时期文学伊始，思想活跃，创作繁荣，国内文艺思潮此起彼伏，外国各种流派轮流上演，争鸣争议作品层出不穷……学员们大开眼界，眼花缭乱，禁不住跃跃欲试。从观潮到下水，风浪里学游泳，天天新空气，时时新营养，知识迅速增长，当然也会有一些负面影响，但感染发烧一次提高一次免疫力。

47 名学员，均来自基层，大都是工农兵子弟，大者三十五六岁，小的不足二十岁，多数发表过作品，小有名气。进了校门就是学生，扑下身子，如饥似渴地学知识，图书馆被他们占去一角，他们的床铺被书刊占去一半，读书、争论、做作业，一直到熄灯。每人都有自己的座右铭，"学无止境""创造自我""重铸灵魂"等。老师给每个人开了书目，每个人都画了自己的路线图，长计划，短安排。谁写出初稿，拿出来当靶子，七嘴八舌，一改再改。

学习期间张立勤写出了散文名篇《痛苦的飘落》；孙志杰、闫明国、闻章的作品上了《小说选刊》《小说月报》《青年文学》；刘晓滨出了诗集……

学员们两年毕业，因为有了文凭，被行政和事业单位一抢而光，农转非，工转干，改变了一生命运。这些文学苗子，追了肥浇了水除了草，很快进入高生长时期，大面积丰收。刘玉林获全国报告文学奖；张立勤获庄重文文学奖；何玉茹多篇作品进入中国小说排行榜；雪静出版《旗袍》等 14 部长篇小说，获中国女性文学奖；闻章出版 20 多部作品，被称为学者型作家；刘千生出版 4 部畅销书；许久东等 16 人获省级文学奖；谢玉久两次获全军一等奖，成为将军诗人……

河北省作协首创廊坊师院作家班和取得成效的消息不胫而走，报刊有名，电台有声，各省作协络绎不绝前来取经。当时中国作协的书记处常务书记唐达成、鲍昌在作家班开班几个月后就约尧山壁专程赴京，从创意设想、申报编制、经费来源，到高校选择、招生、录取；从办学方针、教学大纲、培养目标到师资配备、课程设置、生活安排……他们问得异常详细，听得分外仔细。

继廊坊师院作家班后，尧山壁在河北大学和河北师大趁热打铁又办了三期作家班，其中有一期师大作家班只给编制没批相关经费，开学在即，几万元的资金亏空，学院地址、教师宿舍……甚至学生睡觉的床板和教室的桌椅板凳还没有着落。尧山壁一急，嗓子哑得说不出话，但还是到处打电话，到处跑找人帮忙。他人缘好，朋友多，有人说他那时像个到处化缘的苦行僧，自己掏腰包买了一些文学书籍和着第一期学员们的文学作品到处送人，苦口婆心讲文学和培养文学人才的重要性……朋友看着心痛，可怜他，纷纷解囊，最后所有的问题都得到解决，其中学生宿舍的床板、教室的桌椅就是他在木工厂的一位朋友无偿捐献的。

……

寒门出学子，之后的作家班又涌现了刘向东、贾兴安、王聚敏、阿宁、李春雷、刘福君等一大批后起之秀。四期作家班 170 人，成为河北文学的生力军，几年过去，3 人任省作协副主席，11 个市作协主席作家班学员占了 6 个，还有高昌、胡杨等 16 人任国家、省、市级报刊主编……

为了抓尖子人才、拳头作品，尧山壁还举办了三期文学院，组织深入生活，系统教学，集中写作，在廊坊空军大院、山海关桥梁场地都留下过他们的足迹，后来在省会石家庄租用了一座楼层为固定住址，韩东、薛勇、邢卓、李景田、王立新、董天柚、宫克一、尹玉茹、何香久、李泗、严国瑞等人的许多获奖作品都是在文学院完成的。

……

经过几年的努力，这块青年作家文化和文学理论的"短板"终于补上。中国作家协会首届鲁迅文学奖评奖，河北获奖人数占第一。在获奖众多作家中，参加过作家班和文学院的作家占了一半多。

尧山壁上任伊始，经过对全省文学状况的调查、研究、论证，如按短板理论界定，就文学作品类别从数量和质量来说，诗歌较好，小说可以，散文、报告文学说得过去……短板是儿童文学。读大学时尧山壁就知道儿童文学在文学这个大家族里的突出地位，对儿童少年所拥有的功能，如扩大视野，增长知识；促进想象，增强创造能力；培养美感，提高审美能力；陶冶情操，健全人格……但由于种种原因，尤其被人视为"小儿科"的世俗观念而被轻视和忽略。

为了补这个短板，尧山壁在师大办作家班时，专门办了一届我国第一个儿童文学大专班，招收了学员 37 人，进修生 7 人。像重点抓成人作品创作一样抓儿童文学创作。

对于更大范围的儿童文学青年作者，也采取讲座、讲习班，请进来、走出去的办法，加强思想艺术交流，促进知识和观念的更新。如1984年，举办了儿童文学讲习所，为期20天，时有全国文化部少儿司司长罗瑛和陈伯吹、叶君健、樊发家等十几名全国著名儿童作家、评论家、翻译家、教育家、出版家，还有全国儿童文学报刊的编辑莅临和讲课……

让人没想到的是，为了补上这块短板，他甚至亲自出马，亲自下基层担任文联主席培养作者。

一天，尧山壁听汤吉夫校长说河北省廊坊市香河县有两位业余作者，儿童文学写得不错，很有发展潜力。做足了功课，急着来见朋友、县委张书记，开门见山说：

"你这块地盘历史久远，文化积淀深厚。早在六千年前就有人在此居住，迄今已有一千多年的历史。香河自古钟灵毓秀，人文荟萃，曾诞生了京剧名家郝寿臣、武术大师张策、学界泰斗张中行等誉满华夏的名师大家。解放战争时期轰动中外的安平事件即发生在香河，长篇小说《青春之歌》的创作原型即源自这里……"

张书记还没等他说完接过话："我知道你要说什么。"

尧山壁直说："尹玉茹、赵金山儿童文学写得不错，把他调到文联专门写作吧。"

"不是不可以，但你必须在我这坐镇当文联主席帮帮我。我要搞出点文化特色来，否则我愧对这块地方。"

尧山壁爱才心切，稀里糊涂答应了，省作协那一大摊的事哪有时间往香河跑？但君子一言，驷马难追，只能牺牲节假日了，来帮助作者看稿子、改稿子，帮助张书记策划安排该地一些文化和文学活动。尹玉茹、赵金山调到县文联后，刻苦创作，还到省作协办的一期文学院学习一段时间，进步很快，几年后被评上二级作家职称。

后来，香河县涌现出好多后起之秀，如张玉清，著有中学生校园文学长篇小说《青春风景》《少年行》《危险的夏天》《我要做一匹斑马》《长不大的男孩和长大的女孩》《红泳衣》《少年成吉思汗》《跑，拼命跑》《画眉》等，作品多次获奖。还有李树松，作品《冬鱼》曾被《小说选刊》选用刊出产生一定的影响；《二子》获第十七届陈伯吹儿童文学奖；《白色花》获《儿童文学》优秀作品奖；《开满花儿的海子》获冰心儿童文学新作奖。

青年作家张玉清、李树松创作的儿童文学在当代文坛引起强烈反响。时任全国文联主席高运甲亲笔题词"南有江阴，北有香河"。

为此全国文学刊物《儿童文学》，将香河县定为"全国儿童文学基地"。

……

尧山壁自己兼县文联主席似乎感觉还不够，又把目光投向本省和本省以外的作家，当听说北京市作协主席浩然在三河县任挂甲岭镇副镇长体验生活时，立即来了精神，香河与三河是邻县，抬腿就到。

这里说的浩然就是 20 世纪 60 年代出版《艳阳天》的大作家，当时邓力群要调他到《红旗》杂志工作他都没去，却到北京作协当专业作家，兼作协主席，多躲在西山八大处写作。

尧山壁和他是在 1956 年读高中时认识的，他就读的邢台一中，和浩然体验生活的蚕种场相邻，后来又在 1965 年参加全国青年文学创作大会上邂逅……浩然大红大紫过，也遭受过打击和非议。还好，到 20 世纪 80 年代一切都成了过去。

老朋友相见有说不完的话，中午吃饭，廊坊地区文联主席看尧山壁把香河文联搞得红红火火，很是眼热，提出请尧山壁也兼任三河文联主席，说"两县相邻，你一起抓算了"。

尧山壁说："你饶了我吧，我就抓这一个县，已经黔驴技穷了。"

廊坊地区文联主席又说："你帮三河县出点主意、想点办法总可以吧？你是河北省作协主席，不是香河县作协主席，可不能看人下菜碟，仨厚俩薄。"

尧山壁一听，时机成熟了，指指身边的浩然："这不现成有一个吗？"

廊坊地区文联主席恍然大悟："那你一定帮我们促成这件事。"

老朋友相见，浩然一高兴爽快地答应了。

不过，两天后浩然又似乎反悔了，对尧山壁抱怨："我上你当了，两县基础不同，一个是全国儿童文学创作之乡，一个是不毛之地，如何抓？"

尧山壁鼓励："你的办法比我多。"

浩然一时无语，想了一会儿才说，"君子一言，驷马难追，我还是尽力去做吧。"

不愧是朋友，面对一件事，说的话都一样。

……

浩然为了不给自己留后路，三河成立文联大会很隆重，贺敬之、高占祥都来了。只见他刮了胡子，换了衣服，比当北京市作协主席还来劲。

明知三河不是沃土，看不见几位文学苗子，但他相信有耕耘就会有收获。首先办了一本文学季刊，亲自当主编，从发现作品、修改作品、发表作品，一条龙服务，然后向《廊坊文学》《长城》《河北文艺》推荐，不遗余力。

有个叫陈绍谦的农村青年，患先天性心脏病，向他写信述说苦闷和绝望。浩然亲自家访，鼓励他拿起笔来。这个青年发奋写作，在《苍生文学》一连发了8篇小小说，在《北京文学》发了25篇，一向不求人的浩然拉下脸为他拉赞助，出版了《陈绍谦小说集》。可惜这个青年，没有等到自己著作的出版，微笑着去世了。浩然筹资出版了《苍生文学》丛书，带出一支写作队伍，其中刘玉林获全国报告文学奖……

当地领导感谢浩然的同时也非常感谢尧山壁。

第四十五章　文者仁心

　　本来就很忙，就任省作协副主席、主持作协工作就更忙了，大事小情，事无巨细，尽管如此，尧山壁还经常往正定跑，因为那里有个贾大山。

　　尧山壁和贾大山相识始于 1972 年在《河北文艺》当编辑时，发现作者来稿中，正定县文化馆贾玖峰的两篇散文《金色种子》《在窑上》不是一般作者能写出的，他善于捕捉情节细节，运用群众语言娴熟，就分两期给发表了。不久，贾玖峰找他来了，说在刊物上看到了尧山壁写吕玉兰故事的叙事诗《渡"江"曲》，他正在写中国北方第一个过"江"县正定，想讨教……这时才说出自己真实姓名：贾大山，31 岁，以工代干，一头沉。

　　这年冬天，省里搞戏剧会演，"文革"后的首次露面，各地都铆足劲儿，天津地区的《迎风飞雁》、承德的《烈马河畔》、张家口的《董存瑞》等，石家庄的《向阳花开》贾大山执笔，在讨论《向阳花开》时，针对一些人习惯用样板戏的豪言壮语，说他生活的语言不够突出政治，尧山壁提出了不同意见，因为是《河北文艺》编辑，同时七年前写《轰鸡》的余热还在，得到一致认同，最终《向阳花开》拿了创作和演出大奖。

后来尧山壁的忘年交、亦师亦友的李满天正在正定兼职体验生活，他经常去看他，到了贾大山的一亩三分地上，交往多了，三人竟成了朋友。尧山壁喜欢这个比自己小四岁的兄弟，小平头，敦实个儿，身板挺直，说话慢条斯理，十分稳重。更惊喜的是贾大山也喜欢唱戏，其道行比他和李满天都深，一唱起戏来，摘去少年老成的面具，露出嘎小子一面。三个人到一起动不动就唱两段，《打渔杀家》，贾大山唱肖恩，尧山壁唱穆桂英，李满天唱丁郎；唱《沙家浜》时，贾大山唱刁德一，尧山壁唱阿庆嫂，李满天唱胡传魁，为此贾大山和尧山壁常和李满天开玩笑："别看你官大，还得演小人物。"……

写剧本红火了几年，贾大山有些发蔫儿了，在尧山壁和李满天面前诉苦，说："写剧本不是人干的活儿，'三结合''三突出'末了还得'三堂会审'，好好的一个剧本，改得面目皆非，气得想跳河。"李满天嘿嘿一笑说：

"跳什么河？滹沱河，河水淹不了脚面，只能洗手，洗手不干，写小说吧，文责自负，没有婆婆小姑子。"

其实贾大山早就写过小说，初中有一篇发在《河北日报》上，插队时有一篇发在《建设日报》上，李满天拿来看，说不如剧本写得好，鼓励说："你有写剧本的功夫，结构、冲突、对话，小说的路已走了大半。"

因写《白毛女》出名的李满天给贾大山讲赵树理，从《小二黑结婚》到《买烟叶》，掰开揉碎条分缕析，贾大山聪明，一点就透，一通百通，陆续写出《取经》《花市》《小果》《村戏》，摘得全国短篇小说奖。成为一颗冉冉升起的明星。

顺风顺水，如日中天，但前面却遇到一个十字路口。

20世纪80年代初，正定党政领导班子换届，新领导班子成员年轻，决心大、干劲足，其中就有在中直工作偏要下基层的习近平和全国劳动模范、已是省委常委的吕玉兰等。为让历史悠久、文化底蕴丰厚的正定旧貌换新颜，跟上时代的发展步伐，经过反复研究，聘请著名数学家华罗庚、经济学家于光远等省内外 53 名专家、教授、学者组成顾问团。顾问团成立之后大家表现出很高的热情，拟定了正定县建设发展的详细计划……省美协主席田辛甫、刚就任省作协副主席的尧山壁等也在顾问团之列，对如何发展文化事业提出很多很好的建议……

县委要改变正定文化工作面貌，认为贾大山有担当、有智慧，是文化局长的不二人选，请李满天做做工作，李满天又拉上尧山壁一起说服他。想不到的是贾大山听了，吃惊之后，沉思片刻爽快地答应了。究其原因，两位大哥做说客不能不给面子，更重要的是，这一届县领导知道抓文化建设的重要性，高山流水遇知音了。

正定有 2400 年的历史，天垣如矗，九朝胜迹，浮屠林立，寺宇星布，"国宝""省宝"不计其数。1933 年古建筑学者梁思成，不顾兵荒马乱，自措行旅，两来正定，历时半月，究诸营造，嘉评精粹 18 处，拍了照片，写了考察报告。可惜年久失修，满眼破败，令他这个正定人汗颜，从这个意义上说，贾大山也是临危受命。

步行上阵，一切低调，殚精竭虑，只争朝夕。桌上堆起三座书山，历史、佛学、古建，晚上看书查资料，白天马不停蹄跑现场。吹响古建修缮战役的号角，一年一个工程。古建是最吃钱的事情，省吃俭用，不够填一个砖缝。计划、申报、疏通、争取，月月跑部，日日化缘。紧急关口，有病发烧也要上阵，披一件军大衣，旧吉普车就是病床，四面透风，顶篷上挂着吊瓶。司机是老实人，没他的命令，一不得对家属传话，二不得向领导汇报，憋不住就朝野外喊两嗓子：

"一马离了西凉界，不由人一阵阵泪洒胸……"每到这时，常常会看
到尧山壁默默陪在他们身边。

　　有县领导的重视和两位老大哥的帮衬以及团队的努力拼搏，修建
和申报正定中国历史文化名城成功。正定声名远播，四面八方游客蜂
拥而至，文艺界人士看了隆兴寺、临济寺、西游记宫、荣国府，还要
见识贾大山。以往有过交情的他都要出面，说不然失礼。作家们来了
尧山壁都陪同，来人多了，害怕打搅，就自己买票进去。门卫认识尧
山壁，电话打过去，贾大山就急忙赶来，亲自解说。

　　贾大山饱学多识，业务精通，加上作家的语言表达能力，堪称一
绝。对不同的对象有不同的套路，文物古迹，佛学经典，地方名人，
逸闻趣事，如数家珍。喜欢历史的加上南越王赵佗、常山赵子龙；喜
欢文学的加上白朴、元好问、蕉林书屋；喜欢医学的加上金元四大名
医刘守真、李东垣；喜欢近代史的加上王士珍、正太铁路……贾大山
的一根手指就像音乐家的指挥棒，掌声笑声此起彼伏。台湾诗人文晓
村说，走遍世界，是他见到的最好的讲解员。学者史树青说，他是讲
解"国宝"的"国宝"。作家汪曾祺说他，"神似东方朔，家傍西柏坡"。
正定县无山，贾大山成了一个著名的人文景观。

　　贾大山业余写了几十篇小说，得了全国优秀短篇小说奖，上海一
家出版社想给他出一本书，他不答应，他说他是河北人让外省出版省
里没有面子。河北一家出版社要给他出，因为刚刚改制，要他出一部
分经费，他也没答应，说我自己拿钱出书，我的作品还谈什么价值。
尧山壁找上门要筹一部分钱帮他出，他也不答应，还发火了。尧山壁
深知他的脾气，不敢再往下进行了。这么优秀的一位作家没有自己一
本书，尧山壁始终感到遗憾，在他去世后，筹资帮助出版了《贾大山
小说集》，收入他全部短篇小说82篇，在他的墓地前摆上书时，还不

忘道歉："未经允许，请老弟原谅。"同时摆上自己为他写的散文《大山不假——贾大山》。

那时作家们都讲文学伦理，浩然、李满天等大作家如此，尧山壁也是如此，他把文学当成信仰膜拜，当成事业来做，当发现有人写出好的作品，比写好作品的本人还高兴。

1984 年 9 月的一天，尧山壁去作协《长城》编辑部，编辑王泽震神秘兮兮给他拿出一本《长城》，指着上面一篇小说，"你给我盯紧这个作者"。

一个刊物普通编辑，让主持工作的领导帮助她盯紧一位作家，可见这位领导的平易近人。他真的盯得很紧。

小说是《一片大海滩》，作者叫杨显惠。尧山壁又按名索骥，找来作者在上海《萌芽》发表的《爷爷、孩子、海》《爷爷，我自己下海》《海上远方有雷声》等，夜以继日地看，反复研究分析艺术的感染力和语言特色，最后结论是"中国的《老人与海》"！很激动，认定看见了一颗希望之星，高兴得立马出发到作者所在的乐亭县大清河盐场。

一个红脸汉子，有点木讷，内心坚强，外表敦厚。甘肃东乡人，师大毕业，做过兵团战士、中学教师，因为爱人是天津知青，落实政策来到这里。一个饱经风沙磨炼的西北汉子，又经海水洗礼，已经有几分像他作品中渔民的形象了。

了解了具体情况后，尧山壁想方设法首先给杨显惠请了三年创作假，又与《长城》编辑部商量在石家庄举办了《这一片大海滩》的作品座谈会，并亲自从北京请来《小说选刊》主编肖德生和知名评论家雷达参加，不久获得第六届全国优秀短篇小说奖。

接着王泽震编辑又催尧山壁把杨显惠调到省里当专业作家，实际尧山壁在王泽震编辑建议之前就着手尽力办这件事了，好不容易说通了人事部门，只是没有说通家属，原因是家属要落叶归根回天津老家。但也没白费劲，后来尧山壁又极力促成天津市作协调他去当了专业作家。

当时河北作家协会老作家很多，都是新中国成立前晋察冀革命根据地出来的，像梁斌、田间、张庆田、李满天……人人是宝，个个不凡，拉出哪一位都能报出一连串作品大名。

李涌 12 岁就当了小八路，从战士、班长升到指导员，一场战役，他带着 120 人阻击敌人身先士卒，腿中数弹，倒在血泊中，住在医院医腿无聊，拿起笔写自己经历，写出第一篇小说发在《平原》月刊上并获了奖。因故事生动，人物鲜活，引起轰动，这年他只 23 岁。新中国成立初期，他被选送到中央文学研究所学习，所长丁玲是他的辅导老师，对他的帮助很大。当丁玲被批判时，他挺身而出为丁玲辩护，为此沦为右派。那时他的长篇儿童小说《小金马》即将出版，因受牵连小说不但没出版反而被烧掉了。"文革"后，得到平反，凭着记忆和饱经苦难后的精神升华，《小金马》的二稿比一稿更出色，出版时我国儿童文学泰斗叶圣陶之子叶至善做的责编。《小金马》成为我国儿童文学的红色经典，获全国第二届儿童文学奖，印刷 12 次，印数 60 多万册。1983 年，尧山壁主持作协工作伊始，就请出李涌担任儿童文学创作委员会主任，花甲之年的李涌保持旺盛的精力，热心群众创作工作，参与创办河北师大儿童文学作家班，组织参与乐亭、香河多次采风和学术研究活动……发挥余热，为河北儿童文学事业又立新功。

田涛是 20 世纪 30 年代重要作家、京派小说的重要一员，曾入选沈从文编选的《二十人短篇佳作集》，他曾把自己十几篇短篇小说结集寄给素不相识的巴金先生。巴金爱不释手，甚至在战乱之时也带在身边。1931 年，九一八事变，他参加了北平学生爱国运动，是一位活跃的青年积极分子。在解放战争中曾是战地记者和副刊主编。难以想象在枪林弹雨中还写了百篇长、中、短篇小说……

1984 年，尧山壁在廊坊师院办起作家班，田涛找他来了，想让他女儿继承文学事业、上学深造。这实在是个难题，要有高考指标、计划经费、成人高考成绩单，而这一切早就做完了，几乎不可能了。但面对这样一位老前辈他无法拒绝，只能硬着头皮答应下来，千方百计去重办，办一个人比办那一班人还难，最后想了个折中的办法，安排旁听。

20 世纪 80 年代河北作家中有个作家叫汪润，大家都说他怪。

汪润 1914 年出生，不光与郭沫若同乡，还住一条街，八九岁就读诗人作品《女神》。七七事变后急于抗日救国，先到苏北参加新四军，后奔赴延安进了鲁艺文学二班，与李满天、葛洛同期。受郭沫若影响，酷爱文学，从延安鲁艺、华北联大、中央文学研究所到河北文联，一路苦苦追求，出版了《水上节日》《在村带上》两部小说……

汪润虽然具备了一个作家应有的修养与才华，但在性格上还是有些怪，比如 1947 年在平山县给县委书记冯文彬当秘书，话不投机扭头就走，但冯文彬欣赏他，进京任团中央书记，抢先把他调到中国青年报社。1983 年，汪润办了离休，时年工资 168 元，以后他就只认这个数，不管工资怎么涨也一分不要。他的生活很简朴，在保定的一间小屋里，一张桌子，一个板凳，一个书架，一张木板床，一个老掉牙的半导体收音机，冰箱、洗衣机等一概没有……有朋友送他一个煤气罐，他转手送给一个上班的年轻人。他吃饭很简单，一个烧饼，一碗玉米粥，一碟小葱拌豆腐，成为他一生的美食。日常消费不过肥皂牙膏、信纸信封，最大的一笔开支是每年年末订报纸。他没有报销一次药费、差旅费，但是张北地震时，一次捐款就是 5000 元……

　　尧山壁家在保定时就认识他，到了石家庄后也专门来看过他几次，当了作协领导，去看他更勤了。汪润老了，腰弓着，腿微颤，耳聋、无语，但一看着尧山壁就异常兴奋，特意把腰直起来，语无伦次连说带比划，意思是他想重新拿起笔写作。尧山壁知道他的"怪"，更知道他曾经的悲惨经历，眼窝子浅，不由得流下眼泪，汪润倒开口说话安慰他："忘，忘，忘，忘——掉——"

　　尧山壁愿意用自己纯朴、忠厚、善良、谦和的胸怀去帮助和温暖每一个需要帮助和温暖的人。

第四十六章 《理发的悲喜剧》 《母亲的河》问世

由于工作忙，尧山壁很长时间没有回老家南汪店村了，非常想母亲！

大学毕业，参加工作时，母亲曾说："如今你是公家的人啦，不能总想着咱小家的事，大家的事比小家的事重要。"尧山壁听了说："娘，儿子知道。"他就任作协副主席后，母亲又说："你如今当官了，虽然不是什么重要的官。当官就要为百姓办事。不为百姓办事的官不是好官。"尧山壁点头。尽管应声，尽管点头，但还是想家，想母亲。他知道连家连母亲都不知道想的公家人、官儿成不了好公家人、好官儿。

1984 年 9 月，尧山壁等廊坊作家班第三学期开学后，顺便回了一趟南汪店村看母亲。

自结婚有了孩子后，尧山壁就希望母亲来省城和他们一起生活，母亲不同意，说离不开老家。尧山壁孝心，怕母亲孤独，无奈只有把儿子送回去陪她。但儿子很快到了上学的年龄，虽怕奶奶伤心不忍心领回来，但村里的教育实在糟糕，经过反复考虑，决定用三岁的女儿把哥哥换回来上学。妻子李静是个明白人，掉了两次眼泪还是答应了。可转眼三年，女儿上学的年龄又到了，就在再无计可施了的情况下，李静亲自跑回去左说右劝，把母亲接到了省城。还是女人懂女人，她把公公的烈士证书挂在墙上，让婆婆天天能看到。

似乎一切完美！母亲儿孙满堂，享受着天伦之乐，甚至胖了，爱笑了，脸上的皱纹都舒展了，还时不时地哼几句叫作秧歌的曲儿，什么《秦雪梅吊孝》《三娘教子》《卷席筒》……虽常常走调儿但感情真挚，那都是尧山壁从小在织布机旁听过的。

谁也没想到，住了一个多月，母亲的情绪又发生了变化，常常一个人望着窗外的树木愣神儿，发呆，饭量小了，瘦了，也不唱秧歌曲儿了……一家人慌了，都在找原因，是生活不习惯？是饭菜不可口？是白天上班的上班，上学的上学没人陪？……

一天，尧山壁下班回来，见母亲一个人坐在马路边上，不管车水马龙、人群熙攘，自己在那打盹儿，他的心慌了，终于同意母亲回老家去。

母亲回去后，他的心放不下，之后如不下基层、出差、开会他坚持每周回去一次，自从当了作协领导事儿多也基本保证一月一次，最多两个月一次，这次真的有点长了，都快半年了。

还没见到母亲，尧山壁眼睛开始发热，血往上涌，好像分别了多年，还没等进家门在院子里就大声喊"娘——"母亲没有像往常那样急忙跑出来，接过背包嘘寒问暖，忙吃忙喝。她正戴着老花镜给一个婴儿扎针，只是停下来深情地看了他一眼，又看了一眼，笑笑，又扎起针来。被扎的孩子哇哇大哭，吸引了大人们的注意力。

母亲给乡亲们医病的事儿一直没有间断，除接生，靠一根妇女做活儿的针捻转提插，再辅以自制的中药粉来治婴儿的"四六疯"，还有头疼脑热、胃痛腹泻……尧山壁一直担心卫生的保证，凑上去察看，母亲理会，指着中医专用的银针和一瓶酒精棉球给他看，不等母亲开口，一旁候诊的大人们不管认识不认识的朝他说开了。

这个说："你娘的手艺可神了，看小孩子病有经验，大病小灾都能看好。不收钱不收礼，行好纳福积德哩。"

那个说："可不能让你娘再走了，咱这一方人离不开她，上次走了一个多月，村里好像塌了天，天天有人敲你们家门。你是公家的人，可不能只顾自己呀。二婶子不光是你们家孩子的奶奶，也是咱村孩子们的奶奶哩。"

……

这时尧山壁说出了自己的担心，大家更七嘴八舌地又说开了：

"人心都是肉长的，有乡亲们你不用惦记，有一次你娘感冒，跑来一大堆人照顾，全村家家都派人来看望，供销社的罐头点心都脱销了，可你母亲又舍不得吃，全分给村里孩子们了。"

……

饭后，母亲的义务诊所还是门庭若市，顾不得跟儿子说话。尧山壁一个人溜出门，钻进尼洋河岸边的一条林带，晚霞照在浓浓的绿荫里，色彩斑斓，晚归的鸟儿已栖息在树上，叽叽喳喳说着话。

自从政府找到父亲秦占元的遗骨，为他修了专门的烈士墓地，这条河就渐渐的彻底干涸了，然后慢慢长出一条白杨树林带，村里人都知道，那是他娘用年年的抚恤金买了树苗一棵棵亲手栽种的，如今已长成材，郁郁葱葱地防风防沙护着村子。

尧山壁顺着林带走到永远扎根在心里那棵大柳树的地方，那棵大柳树在自然界已不复存在了，它和尼洋河一起消失在光阴里。

尽管光阴无影，但岁月留痕，无论走到哪里，尼洋河如一条带子结结实实、真真切切系在尧山壁的身上——父亲的壮烈，母亲的艰辛，自己的童年……

等心情平复回来的时候，来人已散了，母亲正在烧水。走进屋里，地中间一个凳子，凳子上一个脸盆，盆旁放着毛巾、肥皂，还有一个用白色家织布裹着的包，他打开来看，是一把剪子和一把剃刀，剪子和剃刀似曾相识，那是多年的过去，娘给他理发的工具。他问：

"娘，你把这些东西翻出来干嘛。"

母亲端一瓢热水过来，一边往盆里倒一边说："你说干嘛？"然后数落开来："你看你的头发鸡窝似的，长长了也不知道剪。近 50 岁的人了，大小是个官儿，怎么就不能把自己弄得利索精神些？"

尧山壁说，我都离家出差几个月了。

母亲嗔怪："就你毛病多，离了娘，头发非得媳妇理吗？就不能在出差的地方找个理发的？"母亲又往盆里倒了些凉水，用手试着温度，拉儿子到盆边来。

尧山壁往后退，一边退一边说："你累一天了，赶快坐下歇歇吧，天也不早了。我向你保证，明天回到家就叫李静理。"

母亲不听，把毛巾围在他的脖子上搂到凳子前按下他的头就洗，洗完了擦擦就剪，一边剪还一边和儿子聊起有关他过去理发的事儿。

"你从小，娘不会剃头，只能叫村里走村串户的剃头匠给你剃，家穷，没有钱给人家，只能用两三升高粱抵，把娘心痛得，那可是要从口里省的啊。可你剃个头还像杀猪似的嗷嗷叫。"

"我能不叫么，那剃头就像一块块往下拉肉。"

"也不怪你嚎，一把刀，剃半村子人头，早钝了。后来我不是就用剪子给你铰了嘛？"

"结果，深一块，浅一块，青一块，白一块，小伙伴们都叫我是花狐狸。"

"后来，你不让我铰了，但怕你头发太长上火。狠了狠心卖了半匹土布买了一把剃头刀，学着给你剃头。"

"剃我这个头可不容易，额头留着刘海儿，头顶留着'茶壶盖儿''朝天辫儿'，脖子后面留着'九十毛儿'，想把多余的头发剃光简直比绣花还难。但你做到了。"

"你不喜欢我给你留的头型，说寒碜，竟要拿剪子剪掉。"

"这还了得！我的头发是你的命根子，根根牵着你的心啊。"

"你都上中学了，还留着这些玩意，我怕人笑话，给你做了顶帽子白天晚上戴着。"

"别提那帽子了，我刚上中学，有的同学怀疑我是秃头，还有的更可笑，说我是女生，女扮男装。"

"多亏了那个'不扯犊子'总务主任，要是没有他，还不知道能闹出什么笑话来呢。"

"娘第一次给我理的那个小平头，同学都说好看，我高兴得好几天没睡着觉。"

……

夜深人静，夏风习习，娘儿俩你一句我一句沉浸在岁月的记忆里。

对着镜子尧山壁看到容光焕发、好像年轻了10岁的自己，一股暖流涌上心头，感慨：母亲，是人间第一亲；母爱，是人间第一爱。不由得心里吟起："殚竭心力终为子，可怜天下父母心……"

第二天，尧山壁回到石家庄，也许是这次出差的时间真的有点长，当走进自己的办公室，当看到办公桌上堆山似的信件，愣住了，惊呆了，足足几十封，全国各地的刊物、报纸，出版的文学样书；全国各地作家、作者寄来发表的未发表的作品，都是讨教指正的；更多的是全国各地各大文学刊物和报纸副刊的约稿……不认识的很客气："你是全国知名诗人，敬请赐稿，不胜感谢！"认识的尤其是已成为朋友的就一点不讲情面了："你都欠我几期稿了？再不寄来，我可要属着你的名字开天窗了！"……弄得尧山壁哭笑不得。

尧山壁不得不承认好长时间没写诗了，主要原因是上任伊始，管理事务确实繁忙，抽不出一点时间静心伏案，看到这些约稿信，不由得心生愧疚，觉得无论如何也要给人家写几首，他很自信，想起一个早晨曾写过七首诗的纪录，决定今天不上班了，想着即把门内锁上，坐到桌前……

让人万万没想到的，就是尧山壁自己也是没想到，他用一天一夜，又一天一夜，写出来的竟不是诗，而是散文。都是写自己和母亲的经历和情感的，题目一篇是《理发的悲喜剧》，一篇是《母亲的河》。《母亲的河》实际在廊坊师范学院出差时，就忙里偷闲想写写，但几次铺开稿纸，泪水就止不住流下来，泪水一次次把稿纸都洇湿了。没想到这次终于含泪写成了。

这有点天方夜谭！

尽管"在文学、艺术、科学、技术等活动中，由于丰富的知识和长期的积累会突然产生富有创造性的思路"，这是灵感的定义；尽管"稍纵即逝的灵感似乎大多出现在人无意识的时候"，这是灵感的特质……

但还是让人匪夷所思！

有人说"尧山壁拥有诗人的灵魂"，那么这两篇散文就是他诗灵魂的灵感了！也许从来没这么长时间不见母亲了，思念亦深亦切，就是一种浓浓情感的激越、迸发，如春来花开，水到渠成这么简单。

两篇散文很快被文学界顶级刊物《人民文学》和《中国作家》分别发表，引起文坛不小的震动，好评如潮。

臧克家看到立即来信："久不见，真是极想念，你的'剃头'散文给我印象很深。"后来和尧山壁见面问："这样的题材和体裁怎么不早拿出来？"尧山壁说："过去也几次试着写，但是一拿起笔来，触及太过沉重的苦难，就如同撕开旧伤疤，疼痛难思，泣不成声。"臧老说："我也有过这样的经历，只有最感动自己的，才能感动别人，才能成为好作品。"不久，他们又见过一次面，臧老仍没忘这篇散文，说："读你的'剃头'甚为佩服。"

当时的省委书记高占祥，后来历任文化部常务副部长、中国文联党组书记、中国文联常务副主席，他重视文化事业的发展，始终以弘扬民族文化为己任，是一位深受群众爱戴的文化界领导人，对尧山壁《母亲的河》一直大加赞赏，他说："散文的灵魂是情感自然真挚的抒发，尧山壁《母亲的河》是多年不可多得的至真至纯之作。"

更有诸多文学刊物转载、评论。

有些偏僻的地方，因这两篇散文刊物脱销，一时洛阳纸贵。

……

专家高评，读者喜欢，一时获奖无数，入选各种散文精选集，成为一个时代散文的代表作之一。之后又作为范文入选初高中语文教科书和大专教材直至今日。为此，以诗歌著名的诗人尧山壁又以散文著名。

（1986—2000 年）

第四十七章　母在，不远游

尧山壁就任省作协副主席、主持作协工作三年中，由于党的文艺政策的正确和稳定，由于省委的重视和支持，以及经济改革、对外开放带来的整个社会的变化和文明进步，全省广大文学工作者的积极性、创作性得以发挥，不仅使文学工作有了起色，在文学创作上呈现初获丰收、日趋繁荣的势头。有耕耘就有收获。

全省长篇小说在20世纪50年代曾出现鼎盛时期，由于十年浩劫落后了，此时正在恢复。几年来出版了50多部，如《烽烟图》《赤夜》《远山》《五彩舞台》等。

中篇小说创作有了突破，共发表400多部，其中《没有纽扣的红衬衫》获1984年全国优秀中篇小说奖，还有《麦秸垛》《无反馈快速追踪》《这里通向世界》等。

短篇小说创作十分活跃，发表的数以千计，其中《哦，香雪》《小厂来了个大学生》《六月的话题》获1984年全国优秀短篇小说奖，《村戏》《再会，小镇》《这一片大海滩》等受到读者好评。有37篇被《小说选刊》《新华文摘》《小说月报》转载。

诗歌创作，取得较为突出的成绩，《现代化和我们自己》《对一座大山的询问》《北山恋》《回乡纪事》获全国优秀新诗奖。有13人的作品入选中国青年出版社的《青年诗选》，24 名中青年诗人出版了诗集。

报告文学方面，《一片叶子》获全国优秀作品奖，其余较好的作品还有《正名篇》《旋转的世界》《流动在矿山上的一辆残车》等。

散文创作有了较大进展，佳作接连涌现，如《热河冷艳》《明楼赋》《岁久莲更香》《白马湖》《鸟儿啾啾》《在这块土地上》《祖国，假如你是一棵银杏》《木兰周场行》等。承德地区竟有了"散文之乡"的美称。

儿童文学创作也获得较大的进步，其中长篇小说《战狼记》《刀光闪闪》，中篇小说《二月硝烟》《春风慈母辛》，短篇小说《珍珠豆》《姥姥门口唱大戏》等，深受孩子喜欢。

文学评论也有收获，《作家论集》《老舍评传》《短篇小说之王》《探索、锐气、深度》《当代文学中的流派问题》等均为上乘著作和文章。

为了检阅全省的文学创作，1984 年举办了文艺振兴奖，选出优秀作品 50 件。还积极组织、推荐省作品参加全国评奖，有 11 件获国家奖，34 人获中央部级奖，22 人获兄弟省市文学奖。

……

1986 年初，河北省文联和作协领导换届，在作协代表大会上，通过投票选举，尧山壁因突出的文学创作成就和作协工作的领导组织能力被高票选为河北省作家协会主席。

也就是在这个时间段，北京和其他省份一些文化单位也在打尧山壁的主意。

如文化部有两位领导分别找他谈话；中国作协和《人民文学》也派人来商调；还有的单位甚至直接带来调令……

改革开放初期，各路人才断档，青黄不接，老的已经老了，新的还没有成长起来，人才匮乏对于文化领域也不例外，缺专业人才，更缺管理人才，像尧山壁这样的"双料人才"更显珍贵。

实际，尧山壁在 20 世纪 80 年代初就有人盯上了，一个是时任文化部专业创作干部、中国歌剧舞剧院院长、一级编剧乔羽，一个是时任北京农业机械化学院党委副书记何耀明。两人都是尧山壁比家人还亲的朋友，希望这个小老弟，能来北京，和他们近些或在他们身边工作，他们很看好他的为人、他的能力、他的才华。

乔羽希望尧山壁到北京有关戏剧单位，专业创作剧本，他对他的剧本《轰鸡》当年造成的轰动效应记忆犹新。何耀明要他调到他所在的学院，做他的左膀右臂。但都被尧山壁一一谢绝了。

尧山壁说他母亲离不开南汪店村！

他呢，离不开他母亲！

这次，文化部、中国作协、《人民文学》要调他，何耀明劝他，他还揭何耀明的老底："当年北京农大调你，你不是也不想去吗，甚至一生中第一次为自己的事求人，找到省委书记刘子厚。刘子厚为你说情，愿意出三四个人的进京指标，留住你一人，但没有成功。所以你总是客居北京，心系邢台，经常跑回来让我陪着到处走走、转转，拜访老朋友，看看乡亲们，有时间还上山挖坑栽上几棵树才心安理得……我也是故土难离啊！"

不过又有一次进京机会，尧山壁还是有点动心了。

这次和妻子李静有关。

自结婚后，李静始终是尧山壁背后的女人，夫唱妇随，她是他的后勤部长、财务部长、儿女的保育员和教育家，操持家务，照顾老人……让尧山壁没有任何后顾之忧投入他的文学写作和作协工作。实际她的职业工作也干得相当不错。单位属于军工后勤部门，她做的是统计，要知道想当年她可是一中学的校花，地区高考成绩第三名啊。业务精湛，工作出色，领导满意，上级重用——她被在北京的一家上级单位看中选调进京，待遇相当优越，可以提干，可以涨工资，可以分房子，可以带家属……一时高兴得李静喜极而泣，尧山壁也热泪盈眶。夫妻并不是藤蔓绕树的关系，而是两棵盛开的并蒂莲。

千载难逢！甚至尧山壁的工作也可以安排到专门搞文学专业创作的单位，这可是他梦寐以求的，要知道，他积累的军事写作素材和父亲以及乡亲们抗日故事可有几大箱子等他写呢。

当然母亲是唯此唯大的问题，这次是李静出马，儿媳和儿子毕竟不一样。也许母亲一高兴，就会跟儿媳进京的。

……

盛夏，雨水多，动不动就是一场暴雨，夫妻俩冒雨回家见母亲。进院子就喊娘，但无回声。推开房门母亲不在，满院子找，听到东厢房顶有"啪啪"的声音，夫妻相视一惊，尧山壁迅速登梯子爬上去，发现母亲披一块麻袋片正在用干土拍打一个地方。尧山壁扑上去，母亲看见儿子并不惊讶，往常凡遇到特别的坏天气儿子也常会突然来到她面前。她告诉儿子："房子老了，旧了，破了……常漏雨，把里面的柴火都淋湿了。"

当母子俩把漏雨的地方修好回到北屋，李静已把中饭做好，还烧了两碗姜汤放点红糖为他们娘儿俩祛凉除湿。

饭后，母亲开口："说吧，有什么事？"

母亲是个极其聪明的人！以前儿子凡坏天气都是一个人回来看她，儿媳是要在家照顾孩子的，这次两人一起回来，必定有事，并断定是和李静有关的事。

李静说了自己被选调进京的事，着重说了老家的房子会越来越老、越旧、越破没法住人了，他们会因担心而影响工作；一起进京分了房子，他们会把朝阳最大的那间给娘住，节假日她会陪娘逛北京、吃美食；另外山壁的工作是他向往已久的；孩子在北京上学，学习质量和环境都会更好……一家人在一起多美满啊！

李静还没说完母亲哭了，有这样的儿媳妇，真是千年修来的福！但她坚定地不想离开，说："这房子是老了、旧了、破了，但你不知道，它是你公爹卖身挣来的。1963 年发大水，整个村子被水泡起来，户户房倒屋塌，唯有咱家地势高成为全村的避难所，屋里屋外挤满了人。洪水过后，好几家托人递话要买这块风水宝地……我以前也和你说过，你的公爹牺牲在这里，安息在这里，我怎么会离开这里呢……"尧山壁早就明白，李静终于明白：母亲的根在这里，她的天地在这里，她的苦乐在这里，他们终于了解了母亲，支撑她艰难一生的力量决不能用"贞节"二字概括，而是一种生活的信仰、人格的力量。

……

夫妻顶雨回到石家庄已到深夜，洗洗就睡了，第二天早晨又匆匆上班。晚上下班吃完饭李静坐到丈夫身边拿出一个信封，尧山壁接过发现里面是一沓钱，疑惑地望着李静，李静说：

"你跟单位请几天假，回老家张罗把母亲的房子翻修一下吧。"

尧山壁丈二和尚摸不到头脑，"你起先不是说积攒些钱要买彩电和冰箱吗？后来又说进京要添置点家具吗？"

李静平静地说："我跟领导回话了，不提干了，不进京了。至于彩电、冰箱再缓缓。"

尧山壁拿钱的手在抖，眼泪无声地流。

李静安慰："母亲离不开老家，你离不开母亲，我和孩子离不开你。那咱就哪儿也不去了，母亲在哪，咱就在哪。母在，不远游。"

那些年，尧山壁总想把母亲接出来，不愿在老家投资。所以那几间老屋越来越破旧。随着农村改革的进程，家家由穷变富，农民的喜悦用浓墨重彩表现出来，黄澄澄红艳艳地修房盖屋。

开工那天，下着小雨，母亲俨然一位总工程师，指挥着破槽打夯，下跟脚砌墙。上梁时全村精壮劳力都来帮工，像过喜事一样鞭炮齐鸣。三间新北房在母亲的笑眼里站起来，卧砖到顶，四梁八柱。母亲像审视花布经纬一样看着墙线砖缝，抚摸着红艳艳的外墙白莹莹的内墙，洒下两行热泪，也许她是喜极而泣，也许是想起了丈夫……

等尧山壁再回家时，母亲又把东屋改建成三间南房，加盖了大门洞，宽一丈，进深两丈，说等孩子们发达了好把小汽车开进来。再后来院子里又打了一眼电动水井，至此老屋的改造画上句号。

在焕然一新的家里，母亲守着父亲的烈士证书，守着儿孙们的全家福照片，守着三里五村的病患儿，她很满足。院子里又栽了些树，一架葡萄，两架豆角，满院子的花，木槿、芍药、步步高……家里不断人，都是乡亲们，来看病的，来闲聊的，来陪伴的……

每逢节假日，尧山壁一家四口都来看望，让母亲享受天伦之乐。母亲看着孙儿爬墙上树，孙女满院子跑、围着花儿捉蝴蝶，乐得脸上开了花……每到这时，尧山壁都会悄悄凑到李静身边，轻轻牵起她的手紧紧地握两下。

第四十八章 访苏归来的思索

就任省作协主席刚一年，尧山壁有幸随刘白羽访苏，第一次走出国门。

刘白羽是现代文学杰出代表，卓越的散文家、报告文学家、小说家、作家，曾任中国作家协会党组书记、副主席、书记处书记，以及中华人民共和国文化部副部长，中国人民解放军总政治部文化部部长、顾问，《人民文学》主编等职。团员还有当代作家、画家，曾任上海作家协会副主席、《文学报》主编的峻青；著名报告文学作家及记者钱钢；作家、《诗刊》编辑梅绍静。翻译是北师大俄语系南正云教授。

8月24日早晨，去机场的路上天下着小雨，担心飞机不会飞，但到了机场雨就停了，10时正式起飞。尧山壁这是有生以来第二次坐飞机，第一次是唐山地震后次日赶赴灾区，那次是紧张，这次是激动。

飞机渐渐升高，视物越来越小。掠过京郊棋盘似的农田，进入燕山上空，山势蜿蜒起伏，长城逶迤西去，转眼山脉后移，一幅平坦地貌是他常去的坝上高原。八月金秋，牧草正肥，一抹碧色，大小淖尔星星点点，蓝宝石一样熠熠闪光。其中一对，大概是眼睛淖尔，慈母般的目光紧紧盯着他，似乎在祝福远行的儿子旅途平安、愉快。

经过七个多小时飞行，飞机到达莫斯科。由于刘白羽的声望和资历，苏方特别重视，给予最高规格接待，全苏作协主席马尔科夫和第一书记卡尔科夫亲自主持欢迎会，他们二位都是苏共中央委员。当时最红的作家、《这里的黎明静悄悄》的作者艾特马托夫（鲍里斯·利沃维奇·瓦西里耶夫）只安排在走廊匆匆一见。他们旅居的宾馆，是1950年毛泽东主席访苏时下榻的地方，原来是郊区，现在已成了市中心。

在苏联作协外委会同志的悉心安排下，他们一行首先来到阿尔巴特街，这条莫斯科古老而文明的街道居住过许多俄国著名诗人、作家，如普希金、莱蒙托夫，当时，雷巴科夫轰动一时的长篇小说《阿尔巴特街的儿女们》就是以这条街命名的。

来到莫斯科，到红场瞻仰克里姆林宫和列宁墓是必须的，还有参观卫国保卫战遗址和列宁格勒保卫者纪念馆。

接着就是去雅斯纳雅·波良纳，拜访托尔斯泰的故乡，他们来到这里，就像来到托尔斯泰的身边，那里一草一木，他耕过的田野，他打猎的森林，他散步的幽径，到处有他的足迹，有他的故事。

到了高尔基大街，他们在十里长街走走停停，这条街是商业闹市更是文化中心，是莫斯科一条文学艺术长廊，许多著名作家的名字与它连在一起：高尔基的纪念碑像、普希金的铜像、玛雅可夫斯基的雕像。在这条大街上，还住过几位著名的作家：《毁灭》的作者法捷耶夫、《钢铁是怎样炼成的》作者奥斯特洛夫斯基、报告文学作家爱伦堡……

在这次访问中，令尧山壁记忆感受最深的是到新圣母公墓参观和到森林别墅做客。

新圣母公墓，坐落在克里姆林宫西南的莫斯科河左岸。这是一处古堡式建筑，建于 1524 年，公墓最初埋葬的是教会上层人物和一些贵族，自 1923 年起更多著名人士的遗骨陆续迁到这里，墓地重新设计、扩大，成为莫斯科名副其实的"名人公墓"。里面埋葬着全俄、全苏各个方面的人物，造型不一的墓地雕塑和纪念碑，凝聚着作者和人民群众对已故伟人的崇高敬意。

刘白羽年过七十，鹤发童颜，身材挺拔，像一棵伟岸的白杨。苏联人民敬重他，不仅因为他的电影剧本《中国人民的胜利》曾获斯大林文学奖，还因为他是中苏文化交流的开拓者之一。他与原全苏作协的领导人法捷耶夫、西蒙诺夫、波列沃夫等私交甚笃，每次访苏他们都要求他带几瓶中国酱油，因为俄式烹饪不是水煮就是油炸，后来两国关系恶化中断了联系，可是没有中断他们之间的长长思念。听到老朋友相继去世，刘白羽每次都难过几天。在莫斯科，刘白羽急于要去新圣母公墓。

那一天，天空阴沉沉的，刘白羽换了一身黑礼服，特地买了几束鲜花，迈着沉重的脚步走向墓地。整个墓地被森林覆盖着，林荫下的墓地也像森林一样茂密。刘白羽让翻译帮助一一找到他的老朋友，在每座墓前献上一束鲜花，又从怀中掏出一小瓶中国酱油，点点滴滴洒在上面，边洒边念叨着什么，泪水从痛苦的脸颊上滑落下来，和着滴滴酱油渗入泥土。刘白羽的悲痛也感染着随行者，跟着他落泪。这时终于下起雨来，那雨也许是他的泪引落下来的，他谢绝了翻译的雨伞，任凭礼服和清清墓草一起淋湿。

尧山壁在树木和石头的群落里穿行，流连忘返，对每个塑像都感到亲切；对每个对上号的人物都想迎上前走近他们，甚至想摸摸他们的衣服，拍拍他们的肩膀。在他眼里，大片的绿荫之下，仿佛是另一个古老的城市，住着成千上万活生生的人。热爱生命、热爱事业的人，不分男女老少，不管先来后到，他们走完人生的路程，在这个世界里聚会，他感慨：

> 对于死者的纪念，东西方各有自己不同的方式，中国人喜欢树碑，宣扬一种理念和精神；欧洲人喜欢塑像，表现一种形象和事业。苏联的塑像虽不曾有过古希腊和罗马那样辉煌的历史，也不曾出现过米开朗基罗和罗丹那样的宗师，但每到一处比比皆是的艺术塑像足以使访问者目瞪口呆、佩服至极……

> 优秀人的雕塑耸立，意味着一种文化，使环境富有意义，使来到它身边的人沉浸在一种特殊的氛围之中，能感受生命的价值。

这种认识，在尧山壁参观莫斯科新圣母墓之后体会尤深，他不禁叩问：这是石头吗？

……

在苏联作协会见时，罗日捷斯特文斯基邀请他们到他的森林别墅去做客，大家欣然前往。罗伯特·伊万诺维奇·罗日捷斯特文斯基的姓名很拗口，但尧山壁早就把它记熟了，他1932年出生在阿尔泰区西哈村，是苏联大声疾呼派诗人的突出代表之一，诗集《城市之光》和长诗《二百一十步》曾获国家奖金。

汽车穿过市区楼群，进入一片森林。路像一条长长的胡同，被两边的树木挤得很窄，上方枝叶衔接，傍晚的阳光已弱，简直就像钻进隧道里去了。

汽车忽然停下，先听到几声狗叫，主人随后出来迎接。

院子很大，有八九百平方米，中间一幢木房，房前有草坪、花坛里的花儿还开着。木房是两层楼，楼下是客厅，西厢是厨房，二楼整个是书房，除了许多书籍以外，到处是工艺品。

诗人介绍了他的妻子、两个女儿，还有一个小外孙。大家夸他们漂亮。夫人风度翩翩，很像格鲁吉亚人。她很高兴，感谢客人们的称赞，不过她说她是莫斯科人，在南郊长大的。

一次别具特色的家宴开始了，会客厅摆好了长桌，主人坐在一端，客人们依次分坐两边。桌子上的菜比访苏以来历次宴会都丰富，有鱼片、火腿、奶拌明太鱼、腌黄瓜、小红萝卜、青椒、格鲁吉亚香菜等。

特别令人感动的是每个人面前放好了一双颇为讲究的中国筷子，这是男主人去年作为代表团长访问中国时带回来的。话题就从中国筷子说开来。他说对中国印象很深，北京、上海古老的东方文明，新时期的改革。他说中国物资丰富、市场繁荣，中国食品天花乱坠，烹调技术无与伦比，一看到这些筷子就回味无穷。他说特别感谢中国作协的盛情接待，可惜这次你们来天气不好，没走上帝的后门。诗人健谈而幽默，一下子使气氛活跃起来。

主人一一斟酒，酒壶有 26 厘米高压锅那么大，女同志拎不动，一下子把大家吓住了。诗人说别怕，这不是茅台，是自己家里酿造的格瓦斯，后来又上了伏特加和白兰地，是苏联的名牌。

席间也谈到了一些文学问题，比如出版，他问中国出版周期多长，峻青同志叫苦说长达一年，诗人感慨说，在苏联要三四年之久。

……

友情像酒一样醇厚，不知不觉热闹了两个小时。

告辞了，主客互赠礼品，尧山壁赠的是全祝明的毛驴和蔚县剪纸，主人回赠的是一件彩绘木雕大公鸡。

回饭店以后，尧山壁心情久久不能平静，甜蜜地回味着这次难忘的会见，他希望天天能听到一声雄鸡长鸣，唤醒一个在阿尔泰，一个在太行山，两位农民出身的诗人，各自闻鸡起舞，在格子的田上耕耘。

15 天飞快过去，该是启程回国的时候了。尽管苏联作协日程安排得满满的，锣鼓点催得很紧，甚至四个转场的行程都放在火车上过夜，好让他们更多地看到苏联，但是 15 天对于 2200 万平方公里的大国，显得太短暂了。

中国大使馆特意为他们举办了告别宴会，苏联客人陆续来到，不少文化出版界名流，更多的是作家。

夜里 11 时他们踏上回国的飞机，挥手告别莫斯科。

回国后，尧山壁仍兴致不减，激动不已，很快写了一本名为《山水风流》的散文集，由花山出版社出版。在 28 个章节中有 20 个章节是写访苏的，文笔细腻，感情真挚，在 8 万多字的说明、记叙、描写、抒情中，融入自己很多的理性思考，如把其中"参观新圣母公墓"命名为《石头的生命》；把"到森林别墅做客"命名为《雄鸡的召唤》……尤其是在最后一章，在谈到苏联作家的队伍时他写道：

　　从普希金到高尔基，一批批俄罗斯文学巨人雄踞于世界文学之林。现在苏联作协拥有会员 9584 人，都是出版几本书的，有较大影响的作家，另外还有几倍、几十倍于此的文学作者，活跃于全国各地，而中国作协目前只有 3000 名会员，而且三分之二是近十年发展的。不容置疑，苏联至今还是文学的超级大国，没有一两个国家可以与之相比。苏联有着优秀的文学传统，作家享有崇高的社会地位，作家、诗人的名字在新闻报道中往往排在行政长官的前面，卫国战争已经过去40多年，反映军事文学一代一代，历久不衰。

　　……

第四十九章　笔耕不辍，佳作频出

尧山壁爱读小说，不但爱读还爱琢磨他折服的小说家作品中的语言味道，其中汪曾祺就是一位。他是从《受戒》等中短篇小说中认识了这位大作家的，只是还没见过本人。

1991年4月，中国作协组织了一个庞大的作家代表团访问云南，团长是冯牧，副团长有李瑛、汪曾祺，还有尧山壁。

半个多月朝夕相处，人混熟了，才知道汪老的文章为什么写得那么好——"融自我于其中；蕴浓厚的个人情趣于俗世；描摹中显不动声色的幽默；文言与现代白话于一炉的独特语言。"

昆明机场下飞机，尧山壁看见高洪波扶一位老者走下舷梯。此人面目黝黑，一双眼睛如夜空亮星，浅灰色风帽遮不住一头银发，弯眉下垂，说话时露出一口整齐的白牙。他认定是汪曾祺，奇人必有奇貌。

代表团台上的中心是冯牧，台下的中心却是汪老，幽默机智且妙语连珠，着实招人拥戴。汪老1939年至1945年在云南学习、工作了多年，安然如返故里，有诗曰："我是云南朝暮云，箫吹弦诵有余音。莲花池畔芊芊草，绿遍天涯几度春。"

"箫吹弦诵"出自西南联大校歌，当年他是高材生，师从沈从文，对那段生活充满美好的回忆。一有机会便约三两人出去转转。大街小巷了如指掌，茶馆酒肆记忆犹新。

应邀到玉溪烟厂，汪老腹内渊博的知识随时外溢。他说烟于明清时传入中国，称淡巴菰，分水、旱、鼻、雅、潮五种。云南烤烟是 20 世纪 40 年代从美国弗古尼亚引进的。几十年抽过的杂牌、名牌卷烟记得清清楚楚，打开烟盒抽出一支，摸一摸就知道工艺如何，闻一闻就能说出什么香型。品尝了"红塔山"，他概括为一个字：醇。当场作诗一首："玉溪好风日，兹土偏宜烟。宁减十年寿，不忘'红塔山'。"

联欢会上，作家们一人叼一支"红塔山"吞云吐雾，唯有尧山壁例外。汪老过来说："你怎么搞特殊！这么好的烟，五千里外还'气（妻）管炎'？"尧山壁说："那倒不是，老婆偶尔还抽一支呢，是我自己活到 50 岁烟未沾唇。"

汪老抽得似有醉意，眯缝着眼说："你是河北人，贵同乡纪晓岚嗜食淡巴菰，总纂《四库全书》时，叫人把书平摊在一个长桌上，他一边吸烟一边校读，围着长案走一圈儿，一篇《四库全书总目提要》就出来了。"汪老亲自点燃一支"红塔山"送来，尧山壁诚惶诚恐接过，猛吸一口，鼻涕眼泪，连声咳嗽，还说："您老不怕十年寿，小辈何惧一支烟！受戒了。"

玉溪烟厂西北山丘上，真有座红塔山，同烟标一样。晚饭后大家爬山看红塔，汪老也兴致勃勃上去了，偏偏下山崴了脚。搀下来涂药包扎，汪老说笑话，"我这叫一失足非千里恨，出师不利脚先伤，跛行云南走一场。"

隔日游星云、抚仙两湖，汪老拄杖同行。连接两湖一条狭长水道，两岸古树参天，楼阁断续，如入画境。中途一块巨岩，上刻"界鱼石"三个大字。两湖流水相通,游鱼至此却折返,互不侵犯。是两湖深度不同所致,还是湖水温差使然?汪老只顾沉吟猜度,不料一阵风来,把风帽吹落湖中,两条系带摇晃似伸手呼救。汪老说:"此帽随我数年,难以割舍,只是不知湖水深浅,莫敢如李白水中捞月。"失去遮掩,白发纷披,策杖颠行,酷似铁拐李,一身仙气。诗人李瑛一旁说:"这抚仙湖就改名'落帽湖'吧。"

汪老也爱酒。代表团无人能陪,为助兴尧山壁就上去了。几杯下去汪老看出他的功夫,说发现了一名酒才,退回 20 年得一较高低。汪老有古人遗风,酒后诗如泉涌,此时求诗易得,给高伟的诗是:"湛湛两泓秋水眼,深深一片护胸毛。沙滩自有安眠处,不逐滩头上下潮。"给李林栋的是:"踏破崎岖似坦途,论交结客满江湖。唇如少女眼儿媚,固是昂藏一丈夫。"内含茶余饭后笑料典故,看了令人叫绝,不亚于丁聪、华君武漫画效果。白面书生李迪眼有宿疾,害怕高原阳光暴晒,常戴一副墨镜,然而遮住眼睛遮不住鼻梁。有人说起了涅克拉索夫《严寒,通红的鼻子》,李迪无地自容。他也索句,汪老脱口而出:"有镜藏眼,无地容鼻。"听者莫不捧腹,笑出了若干红鼻子。

泼水开始,最初是手指弹树枝,斯斯文文,继而盆泼桶倒,劈头盖脸。最后一条条水龙头都上去了,浇得人人成落汤鸡,浑身水流如注。整个会场脚下一片汪洋,人人兴风作浪,尽情地疯狂。泼水之后湿漉漉的人们自动排成队,踏着泥泞踏着象脚鼓点,跳起了"戛秧"。被泼水灌醉了的大家,在冯牧、李瑛带动下,摇摇晃晃,置身舞动的长龙之中,很快就进入了角色,找到了感觉。

回到车上,大家放浪的形神都收敛起来,甚至蹑手蹑脚,因为汪老脚伤没能跟大家一起下场狂欢。汪老笑眯眯地说:"我什么都看到了。场上彩虹齐放，瀑布飞扬，我们被祝福得淋漓尽致!"好一个淋漓尽致，还有"我们"，汪老已经与大家融为一体了。

……

没有不散的宴席，愉快的 15 天日夜走滇境结束了。回到北京，尧山壁陪汪老从机场到他蒲黄榆家中，看到赵大年坐等已久好多话要说就告辞了。临别，一向笑容可掬的汪老变得严肃起来，说："我看过你的散文，写得很好! 不妨也可以写写小说了。"

……

遗憾的是，尧山壁还没写出小说，汪老却去了。

尧山壁写作有个特点，有些素材在案头搁着，在心里焐着，像酿酒一样，不到"醇度"不下笔。比如和汪老这段难得的经历在六年后才成文发表，题为《汪曾祺滇境半月谈·"跛行云南"》。

六年磨一剑，这是对中国当代作家、散文家、戏剧家、京派作家的代表人物——汪老的风貌、风采、才学、才智……的所怀所忆，所记所述，所赏所赞……是一篇写汪老生命缝隙中鲜活的真性情的文字。

文章发表后，被多家刊物转载，众多读者阅读，近 30 年过去了，还有很多读者提起，热度不减，更有诸多媒体将文章配上音乐或画面采取新的传播手段播出或放映，喜欢者众多。

当然，尧山壁写作还是多以"快手"著称的，出去一次，就有二三十篇甚至一本专集问世，访苏归来不久，《山水风流》散文集的出版就是一个例子，如光神速，笔落文出。还有更快的吗? 还真有。

1992 年 5 月，中国作协在延安组织召开"纪念《毛主席在延安文艺座谈会上的讲话》50 周年"，党组书记马峰、常务书记玛拉沁夫带队，全国各地作家和文学评论家几十人在西安集会，奔赴陕北延安。大轿车路过黄帝陵，距离革命圣地越来越近，尧山壁突然想起贺敬之的《回延安》，不由得小声诵起来：

心口呀莫要这么厉害地跳，灰尘呀莫把我眼睛挡住了……手抓黄土我不放，紧紧儿贴在心窝上。

几回回梦里回延安，双手搂定宝塔山，千声万声呼唤你——母亲延安就在这里！……

接着大家也随之一起朗诵起来，声势浩荡。

尧山壁虽第一次来延安，感觉并不陌生，宝塔山、延水河、枣园、王家坪都是多次在书本、屏幕上见过的，百闻不如一见，现场的强烈感受，心情的激动是无法比拟的。曾几何时他是多么羡慕田间、公木、孙犁、方纪先来这里，今天也有幸来了。与会的马峰、李若冰是老延安，马峰17岁进这儿的美术干训班，在这里见到毛主席，提起这50年前往事泪花在眼里转，领着大家到桥儿沟、杨家岭、鲁艺参观。毛主席讲话的地方，礼堂门外有一个高高的木架，玻璃框内是全体与会人员的合影，尧山壁在里面寻找到了河北籍作家和艺术家，找到了公木、方纪、任桂林、胡采。在延安的大街上、山沟里，他还找到了他老师们的足迹：田间在这里发起诗运动，写了《假如我们不去打仗》；孙犁在这里教书，写了《荷花淀》；李满天的小说《白毛女》首发在方纪主持的《解放时报》的副刊上；公木在这里写出了《解放军进行曲》；任桂林在这里写出京剧《三打祝家庄》……他想，他也应该在这里找到创作的灵感……

纪念会议内容丰富多彩，有报告，有座谈，有访问，有参观……

最后一程是穿越黄土高原到秦晋大峡谷中，看壶口瀑布。

在这一过程中，尧山壁是灵感放彩，灵魂放飞，两千多字的散文没有拟提纲，没有打腹稿，没有查资料，在归途的车上仅用两个小时挥笔而就，他说他当时很激动，确切地说是冲动，开始是想写一首诗的，但写着写着和写《母亲的河》《理发的悲喜剧》一样却成了一篇散文《陶醉壶口》：

　　到壶口看瀑布去！清晨还颇大的吸引力渐渐被漫长的旅途磨损，加上黄土高原平淡无奇，车过宜川渐渐寂静下来，歌声笑语听不见了，代之以鼾声断续。

　　忽然有谁从梦中猛醒，惊呼雨来了，听那隆隆雷声。可窗外分明风轻云淡，没有变天。司机笑说，那是壶口瀑布的响声，真是先声夺人，车上立时活跃起来，个个侧耳倾听。如火车出站，航班起飞，放炮开山。感觉地在颤抖，山在摇晃，车窗忽闪，大家的心也被强烈地震撼着，内心的激动从眼神里迸射出来。

　　车在旅游管理处停下，大家迫不及待地跳下来，快步走下岩蹬，跑过石滩，来到面对瀑布的巨岩边选好位置。只见滚滚黄水从高高的崖头跌落下来，挟风带雨，雷霆万钧，如土山飞崩，黄海倒倾，溅起水雾腾空，蒸云弥漫，恰似从水底冒出滚滚浓烟。水底悬流激荡，如开锅沸水，浪滚涡翻，泡沫簇拥。这雾，这云，这泡，皆呈现为黄色，散发着泥土气息，使这瀑布增加了质重感，更使那吼声如洪钟闷雷，震荡峡谷，气吞山河。

　　大家聚精会神，全不知何时云破日出，那瀑布骤然亮起来，闪耀着金属般的光泽。那升腾的水雾因阳光折射，幻化出道道彩虹，有的从天际插入，似长鲸饮涧；有的横卧河上，如彩桥飞架；有的飘忽游移，像花团锦簇；有的断断续续，呈扑朔迷离。我们之中不知谁福大命大，吉人天相，带来如此的好运气，使大家能够看上这天下奇观。

我默立在瀑布前，被这气势这风采惊得目瞪口呆，任飞雨溅沫淋个痛快。我拜倒在这大自然的杰作脚下，不寒而栗，觉得自己这么渺小，骄娇二气荡然无存。我觉着一股清流爽气自百会灌入，注满膻中、丹田，流遍周身，最后从劳宫、涌泉溢出。觉着接上了天地之气，通了电流，调动磁场，加速血流，冲走了淤血浊气，浑身清爽，继而灼热，气力勃发，精神倍增。我忽然领悟到了李白"黄河之水天上来"的境界，光未然、冼星海《黄河大合唱》的灵感，明白了为什么在民族危亡时刻，东渡抗日的将士们要选在这里誓师出征。

"欲穷千里目，更上一层楼。"我攀岩走壁绕行到高处，观察壶口的构造。黄河自秦晋峡谷北来，宽400米，来到这里骤然收缩，仅四五十米，断崖落差40米，河槽真像一把巨壶，将每秒9000立方米流量收入。正如明朝人惠世扬诗中所云："源出昆仑衍大流，玉关九转一壶收。"壶口以下河槽很窄，不过一二十米，水急浪高，槽深流远，当地人称"十里龙槽"，相传大禹治水时龙身穿凿而成，民谚说："九里三分深，一年磨一针。"意思是说水磨石穿，河床每年增宽一针。其实它是凭黄河自身的动力冲刷出来的。龙槽两岸危石如坠，巉岩突飞，河水奔浪狂放，犹如一条蜿蜒浮游的黄龙，摇头摆尾，呼啸而去，一种"奔流到海不复回"的恢宏气概。

《尚书·禹贡》记载："壶口当河水之冲，奔溃迅疾，必先杀其势，而后河可治。"瀑布下游五公里，有两个江心岛，相传为一整块，是女娲补天的神石，称作"息壤"，是鲧治水时从天庭盗来堵塞洪水的。洪堵不住，后来禹把它劈开，疏通洪水。《水经注》说："禹治水，壶口始。"大禹还在距此不远的衣锦村娶妻成家，三过家门而不入的故事也发生在这里，至今村里人还把禹王庙称为"姑夫庙"。

此前，我曾多次见到过黄河。在青海的约古宗列，它是美妙的一缕；在宁夏的河套，它是平静的一湾；在中游郑州，它是浩荡的波涛；在东瀛入海口，它是平稳的漫流；而在这壶口看到了它性格的另一面，巨大的落差，雄壮的力量，磅礴的气势，看到了一条立体的黄河，一条完整的黄河，看到了它漫长的历史，看到了它丰富的内涵。活到五十岁，才经过壶口瀑布的洗礼，领悟到黄河的气质，得到了它的真传。它的威力在我胸中鼓荡，它的雄风在我血管里呼啸，它的精神在我眼睛里闪光。从今天起，我才成为一个真正的黄河子孙。

壶口，天下第一壶。盛满了互助大曲，盛满了西凤、杜康，盛满了汾酒、竹叶青，盛满了陕北的米酒。当年灌醉了李白、王之涣，灌醉了光未然、冼星海，今天又灌醉了我，灌醉了我们大家。

啊！壶口，我陶醉了。

尧山壁醉了！

《陶醉壶口》的读者也醉了！

其中有位读者评论：

　　作者开篇就是一声欣喜的呼唤："到壶口看瀑布去！"这一声

呼唤，让读者也有几多兴奋、几多期盼。

接着作者"欲扬先抑"，不写壮丽的壶口瀑布，而是写单调漫长的旅途、平淡无奇的窗景和车厢内"断断续续的鼾声"。这段文字仿佛是大战前的寂静、黎明前的黑暗，旨在为壶口瀑布轰轰隆隆的出场而蓄势静场。

接着，作者未见其景，先闻其声，写了壶口瀑布"先声夺人"的巨响三个比喻，描写声音巨大的程度，让未曾到过壶口的读者也有了如闻其声的感觉。

随后，作者才从正面描写了壶口瀑布的壮观景象。作者是诗人，诗人写壶口瀑布，自有诗人本色。虽然文体是散文，但作者采用的是诗家之语，词语精炼，音节铿锵，节奏强烈，韵味深长，使人读文如读诗，处处感到浓郁的诗意。如写瀑布的色彩：词语或短或长，伸展自如，富有诗歌语言式的张力。又如写瀑布上的彩虹：三个句式齐整的比喻，排比铺陈，也是一种诗歌式的写法。诗人写游记，往往遐想多于静观，抒情多于描摹。作者只用简洁的文字描写了身临壶口的所见所闻，而用更多的笔墨写了站在瀑布前的所思所感。

尽管作者读过李白歌咏黄河的诗句，听过《黄河大合唱》的歌声，但是只有身临其境，才领悟了李白"黄河之水天上来"的境界，光未然、冼星海《黄河大合唱》的灵感，才明白了东渡抗日的将士们之所以选择在这里誓师出征的缘由。这是身临壶口的感悟，也是将眼前壮丽的景观置于历史与民族文化的背景，显示了黄河所蕴含的深厚的文化意蕴。

作者回忆他以前所见的黄河，是回忆，也是比较，在比较中，多侧面地展示了黄河的风采，更凸显了壶口瀑布富有力量和气势的特点。

作者抒写了壶口瀑布给自己带来的巨大的震撼和深深的感动：《礼记·乐记》说："人心之动，物使之然也。"作者之所以会产生如此强烈的内心反应，全在于壶口瀑布，在于"它的威力""它的雄风""它的精神"。作者通过写内心的反应，也间接地写出了壶口瀑布的雄浑与壮观。

作者产生了奇思妙想，由壶口的"壶"，联想到了酒，想象到这"天下第一壶"盛满了美酒，它灌醉过前人，而今"又灌醉了我，灌醉了我们大家"。这一连串的想象，顺理成章，是遐想，也是抒情，尽情抒发了壶口瀑布对作者的巨大感染，抒发了作者对壶口瀑布的无限深情。

最后作者说："啊！壶口，在你的怀抱里我陶醉了。"这是承接上文的由衷感慨，也是画龙点睛式的篇末点题……

有文学评论家说这篇散文是尧山壁独具匠心、浑然天成的"压卷之作"！不但很快被选入高中大学语文课本，也被中国社会出版社2003年出版的《中国当代散文三百篇》、人民文学出版社2004年出版的《中华游记百年精华》选入。

第五十章　三峰骆驼

　　从事作协领导工作久了，和为人作嫁衣裳的文学编辑工作相似，养成了一种成就文学人才的责任感：帮助作者发表了作品还想帮他们出书；帮助他们加入了省作协还想帮他们加入中国作协。那些年，作家出书难，而申请加入中国作协得有两本书，这就成了尧山壁的重要心事，除参与创办《诗神》《散文百家》两个刊物为作家、作者提供作品发表园地、不断提高他们写作水平外，还把精力投入帮助作家出书上，他组织成立了出版组，与中国文联出版公司、河北花山文艺出版社等规划、推荐协作出版，有专著也有丛书，先后出了几百本。1989 年他主编了一套河北新时期文学丛书，分短篇小说、中篇小说、诗歌、散文、报告文学五卷，集中表现这些年全省文学创作的成绩，获得中国作协庄重文文学奖。

　　文学的创作和文学评论是鸟之双翼、车之两轮缺一不可，但是长期以来，文学评论是河北文学又一个短板，虽然河北也有文学评论家，还有文学评论大家，比如全国知名的冯健男等，但他们以评论为学问，中意的是梁斌、柳青等成熟大作家的作品，对成长中的作家作者即使有心观照，也是僧多粥少忙不过来。机构建立起来，队伍发展起来，而这些正成长中的作家、作者、作品恰恰正是最最需要即时的评价、指正和鼓励的……

尧山壁在刚刚就任省作协副主席时就重视文学评论工作，召开全省文艺理论专门会议；举办文艺理论读书班；培养文学评论专门人才；多次召开不同体裁和题材的专题作品讨论会议……甚至自己也主动拿起笔带头给作家、作者们写评论。

实际从 20 世纪 70 年代开始，尧山壁还是《河北文学》诗歌编辑时就开始尝试给作家、作者写诗评了，让人记忆深刻的是用近万字的篇幅，给张学梦、姚振涵、孙贵贞、刘小放、刘晓滨等 11 名诗作者写诗评的事。这些作者，有男有女，有老有少，当时有的是地地道道的农民、基层干部，有的是退伍军人……他给这篇诗评命名为《一支后来者居上的梯队》，开头写道：

十年非常时期，诗苑荒芜。幸喜十月惊雷，大地回春，我省诗界又萌发一批新芽。他们多是 17 年前播下的文化种子，正在出土就遭到风、旱、虫、涝的屡屡侵袭。但是像经过长期"蹲苗"的庄稼一样，一逢良机，就蓬勃而起，又加上是劫后余生，因而显得特别珍贵……

接着是一位一位地介绍，一首诗一首诗地分析、评价，其中有赞誉，有指出不足，最后是鼓励。

……

之后陆续还写了《读永年的新民歌》《杨松霖的诗》《郭俊，为工人歌唱》《郭晓宾，酿蜜的蜂》《戴砚田〈春的儿女〉读后》等诗评。

……

尧山壁自信自己搞文学评论是有专业基础的，读大学时，师从顾随、黄绮、詹瑛等文学大家，系统学过和研究过中国古典文论如：他学过和研究过王充《论衡》、董仲舒《春秋繁露》，还有陆机《文赋》、刘勰《文心雕龙》……从众多的诗话、词话、书画题跋中体会到中国传统美学的核心是"写意传神"。懂得这一点就掌握了文学评论的神经，四肢五官都是相通的。

这里仅摘录一篇他给一位散文新秀写的评论文章为例，题为《张立勤的散文创作》：

对张立勤，我是熟悉的。十年前，分会组织去锡林郭勒看那达慕，从张家口出发，立勤在会务组，娇小，腼腆，白皙的皮肤偏爱穿一身黑衣服。她已写散文几年了，我看过几篇，还向刊物推荐过。1984年考上廊坊师院作家班，第二学期发现了骨癌，住院治疗少了一只胳膊。过了一段时间，她出现了，因为化疗，头发脱落。一天到晚戴个白帽子。闯过鬼门关，她的性格变了，爱说爱笑，跳迪斯科，还会跟人吵架，使我想起一句流行话"死都不怕，还怕活吗"。之后她的秀发终于长出来了，别样优美的散文也不断问世。有人开玩笑说，河北有两个人写头发出了名的，一个是我的《理发的悲喜剧》，一个是张立勤的《痛苦的飘落》，两代人一个题材，两种散文。

《痛苦的飘落》说的是死过一次的张立勤，以残酷的代价获取了宝贵的人生感悟。作为一个灵智的散文作家，她不是一般的倾述不幸、坎坷命运和个人人生体验，而是把这种体验升华为一种形而上的生与死的永恒主题。实际她的几篇重要的作品都涉及到这个主题，从冥冥中以超脱的目光审视人生，从另一个角度发现自己，看到了生命的辉煌。所以她的作品比这几年流行的描写死亡的作品真实、独到得多。她笔下的死，既非战场上杀身成仁，也非刑场上舍生取义，也不是天灾人祸面前的无私奉献，而是分外理解了普通人面临病死的复杂多味的心理状态，因此具有了人性的深度。面对那扇阴森的死亡之门，有生的留恋，有死的惧怕，偶尔也发出一两声无可奈何宿命论的感叹。但是更多的是生死彻悟之后，生的欲望，死的抗争，全凭了这个天地独有的摧毁与求生的撞击迸发出来的原始生命力；全凭了这个天地独有的爱和顽强给予的启迪和召唤。为了父母，为了爱人，为了孩子，她不肯吃止痛药，不肯打止痛针，只为吃饭积蓄能量防止呕吐。对于死亡，她抱着一种达观、坦然的态度，她甚至把"脱发之后"会意成"头极轻松起来"。摸着自己光秃秃的头笑谈成"多有意思，难得凉快一回，豁亮一回……"极端痛苦之后的从容大度，正是对死神的蔑视和嘲笑。

独异的生命体验使得张立勤的散文具有自己特殊的思维方式和情感表达。如一般很少运用单向叙述，而喜欢复合的情感系统结构，常常不看重情节过程、因果关系及其连续性和完整性，以人物心理时间作情节线索和主要观点，打破时空界限以心灵为圆心。过去和现在，情感大幅跳跃。如《望不见》，写她在黑屋子里的体验。

她为了把情绪推到极致，一面浓缩情节省略事实，一面调动多种抒情手段，写色彩、气息、感觉，制造一种强烈的情绪氛围。如《望不见》的"黑"，黑得阴森；《我从金色走来》的"金色"，给人以生命的向往；《白色土》的"白"，白得耀眼，也是对故土白热化的感情；《小城飘来一件红衬衫》的"红"，红得醒目，更是作者对新生事物火热的希冀……

　　语言是构成作家风格的重要因素。张立勤正在努力寻求自己的艺术创造性。磨炼参透自己感情的文字。她的散文语言有三个趋向：一是诗化。常常用比喻、象征、想象等手法。二是柔化。当代散文曾经时尚刚性、气势，她一反常态，轻声细语，婉转稠密，无论娓娓道来的倾诉或者富于理性的冷静描述，都呈现一种女性文学的柔美。三是陌生化。描写司空见惯的景物，故意变化辞性和逻辑，选用稀见的形象，使熟悉的事物拉开一点距离，产生一种新奇、神秘的语言感觉。

　　……

　　如果一定要说张立勤散文的不足，我认为情节隐去要适度，既注重充分表达感情，又巧妙提供必要的事实、必要的情节和细节。因为情感需要借助它与认识的辩证关系，通过情感所依附的认识内容来交流，否则就会产生空和玄的感觉。

　　……

接着他又为梅洁等多位写散文的作家、作者写评论，后来拓展开来，评论王立新等报告文学、董天佑等儿童文学、韩东等小说……

他的评论，更多的是着眼初学者、青年作家，不是为成名者锦上添花，而是为成长中的作家作者雪中送炭，及时发现，带露赏花。义不容辞时，他也写过《红楼梦》《三国演义》等古典小说、戏剧、书画等评论。动辄几千字，甚至上万字。

据不完全统计，多年下来评论了400多位作家、作者的作品达500多篇文章之多，被评论的作家、作者大多是本省的，也有外省的；有早已成名的老作家，更多的是改革开放以来本省涌现出的后起之秀。仅在中国作家协会主办的《文艺报》上就发表了文学评论文章达 40 多篇，其中评论铁凝、朱增泉、梅洁、谢玉久、解青林等人的作品多次占了评论板的头条，至于刊登在《文论报》和全国各省文学评论专刊上的就更多了。渐渐地把河北作家、作者推向全国。

有耕耘就有收获，百花文艺出版社、河北教育出版社先后为他结集出版了三部文学评论集：《美的感悟》《带露赏花》《滹上文谭》，计近 100 多万字。

诗人、河北作协副主席刘小放看了《带露赏花》的评论集撰文说：

> 山壁以诗名世，80 年代涉足散文，以《母亲的河》《理发的悲喜剧》等名篇远播四方。同时他又为几百名作家、作者写了许多独具特色的评论文章，令文学界评论圈的一些人吃惊。北京一文友曾发出这样的赞叹："尧山壁的诗不错，但他的散文比他的诗好，而他的文学评论又比他的散文写得更好。"
>
> ……
>
> 尧山壁为多位大作家、小作家，名诗人、莫名作者写评论、写序，每篇文章都是用心用力，有时为一篇评论要琢磨几天甚至几十天才写几千字。他写起评论文章完全是一种牺牲，他乐于助人、不厌其烦，如一头负重跋涉的骆驼，向着文学的春天，向着文学的绿洲——很远，就能听到他踢踢、踏踏的脚步声……

是的，诗人、散文家、文学评论家——尧山壁，人们都这样称他是"三峰骆驼"。

第五十一章　推出"三驾马车"

随着中国改革开放如火如荼地兴起和步步地深入,"什么样的文学才能表达和反映这个新时代?"或曰"文学如何真正与时代同步?"从 1983 年担任河北作协副主席开始,尤其是 1986 年担任主席后,尧山壁除了评论作家、作者的诗,又扩展到评论他们的散文、杂文、报告文学等体裁,尤其是小说,题材也是现代的、历史的、城市的、乡村的、通俗的、纯文学的等等无所不及。他还在一些有关文学艺术评论的报纸刊物上发表了《从生活出发》《长篇短议》《时运交移,质文代变》等有关文学学术性质的论文,直抒胸臆,分析阐述自己的文学观点和审美情趣以及价值取向……他在《文学的生命》中曾写道:

> 在新时期作家身上,有感人的求新寻异思辨的热情,应该说,是一种文学家的基本素质,但我看来,重要的还不是"新"和"异",是"新"和"异"的主体意识。说到底,文学手法的嬗变是受惠于创作主体对生存和文化以及语言的又一次觉醒。它不是一种调式,而是一种文学生命的旋律。促使他不得不重新寻找称职的素材和载体、表现的手法和恰当的语言。
>
> 我的忧虑还来自另一方面,有些作家应该说是觉悟到了展示

新生事物的层面，但他们的作品中，格外倾心的是生命中的晦暗、疲惫或唯器官的方面。写出的作品品位不高，成了原生态的情绪、潜意识、幻觉的消遣，而有意弃置了生命中更为坚实有力的理智、健康、远大精神目标等诸多基本素质。我不怀疑这些作家的真诚和他们的才能，但为揭示湮没的原欲就以牺牲完整自有的生命为代价，则不免教人怅惘，正是在这里，这类作品阻断了众多读者通向精神审美的道路。文学的多元化又陷入一元化的危险。

我觉得，文学艺术无论是表现常规感情还是表现纯个体经验，都应该具备健康的、高尚的、富于人类生命价值的内涵。就像我们读古今中外大师们的作品（即便是严格意义上的悲剧）如《红楼梦》，如《安娜·卡列尼娜》，如《百年孤独》，如《荒原》等，尽管它们在题材和价值取向上不同，但从根本上都体现"现代人"寻找精神家园的努力过程。它们不使人怀疑生命的意义，无论是正极的肯定，还是负极的否定，热爱生命，表现并最终找到它的限值。我认为这才是文学创作的出发点和归宿……

也就是在这个时间段里，尧山壁又天天不着家了，办公室也不见踪影，原来他又下基层了。他信奉众多评论家和文学管理者的观点："只有下基层，深入作家之中，才能敏感地捕捉最新的文学创作思潮和动态，深入地研究，并发出声音进行有效的引导，不但会对创作者制定或修正他们的创作计划提供有益的帮助，而且能为决策部门制定相关的文学政策提供资料依据和参考。如果能及时有效地对那些与时代同呼吸的作品进行评论，最终做出具有文学史意义层面上的评价，将是评论家和文学管理者的职责和义务也是理想与诉求。"

这次尧山壁去的是保定。

保定，是河北省的原省会、文化中心，也是小说创作的重镇，20世纪50年代的梁斌、冯至、李英儒、徐光耀，60年代的申跃中、韩映山、赵新，70年代的铁凝、陈冲……老一代作家正在陆续谢幕，省会搬到石家庄，铁凝、陈冲调到省文联去了，但后起之秀已在成长：六〇四厂的韩东、汽车队的薛勇、小学教师邢卓、市直机关的李景田……最突出的是谈歌。

谈歌先后做过锅炉工、修理工、车间主任、地质队长等，1984年考入河北师范大学，毕业后做了冶金行业的地方干部，1978年开始发表作品。在当地不太入群，单枪匹马。性格豪爽，大口喝酒，大口吃肉，大蒜带皮吃，酒兴上来好唱口京剧，不过也只会一段《三家殿》而已，和尧山壁很投脾气，送上早期作品，《我曾让你傻半天》《城市热风》……豪放中有灵性，构思新巧，语言俏皮。后又送上《年底》《大厂》等新作品，"十分尖锐地触及到了时代计划经济向社会主义市场经济转变的进程中，国营大中型企业生产、经营方面的深刻困境，以及干部职工的心灵阵痛、利益冲突、道德情感矛盾等重要时代问题，在改革的社会背景下，塑造了一批困境中坚韧奋斗的企业干部和工人形象"。尧山壁震撼了，几次张罗给他的作品开研讨会，扩大影响，但他死活不同意。

……

离开保定，尧山壁连石家庄都没回，匆匆忙忙直接去了承德。在承德见到了市文化局干部何申。何申抱怨："承德地区一向是诗歌的领地，何理、刘章两面大旗；散文有新兴队伍，郭秋良、刘芳等形成了一个作家群。环顾四周只有自己一个人在写小说，势单力薄，感觉有几份孤独……"

尧山壁很感动，他认为凡是能向你吐口水的人往往是把你当知己了！

何申是 1951 年天津市生人，1969 年到承德插队，1973 年到河北大学中文系读书后又回到承德在地委党校做了哲学教员，后到承德文化部门做领导。热爱文学，擅写小说，认识尧山壁时已出版了几部长篇几十个中短篇小说。两人虽是校友，却差 12 岁，几近两代人，但为人都非常谦和、朴实、厚道，对文学诸多观点大同小异。他们都主张要深入生活和体察生活，尤其是深入体察农村和农村人的真实生活以及真实的精神世界……他们对农村生活、农民生活非常熟悉，也有很深厚的感情，聊起来有说不完的话题。此时何申又发表了两个中篇小说《乡镇干部》和《年前年后》，都是农村现实题材。

……

在这期间，唐山召开的一次创作座谈会，尧山壁在这次会上认识了关仁山。

关仁山，高高大大，说起话来节奏快，嗓门高，表情生动，颇有燕赵男儿的豪爽气派，他心地善良人缘好，走到哪里都有人争着抢着与他交朋友。他 1963 年生人，满族，唐山地震的幸存者。1981 年昌黎师范学校毕业后曾当过教师、乡文化站长和县政府秘书……1984 年开始文学创作，出版的第一部作品偏重于通俗小说，后来受谈歌的影响和建议转写纯文学的"改革题材"。先后写出了《大雪无乡》，这是他比较早触及中国乡镇企业改革的作品，写得比较激烈。发表之后反响很大。随后又发表了《九月还乡》，写的是农民进城打工迷失了自己，后来又回归到土地寻找人生的价值。在这次创作座谈会上他说："农民可以不关心文学，但是文学永远不能不关心农民的命运。靠鲜活的生活之流，书写农民的命运史，这是我心中一个永久的理想。"在当时农村题材作品日渐稀少的时候，他能坚持自己的写作理想，令与会者大为感动和敬佩。

　　有文学评论家这样记述："80 年代初，中国文坛经历过'伤痕文学''反思文学'后，'改革文学'成为主流。但 80 年代中期以后，文学界出现了'探索文学''先锋文学'这样的重要文学创作现象，这一现象对于文学事业的繁荣与发展是有积极意义的，是有贡献的，但也避免不了西风劲吹，各种流派走马灯一样上演，魔幻、后现代、黑色幽默等争奇斗艳。有的食洋未化，有的模仿抄袭，追求表面形式创新，张扬小我，回避现实广阔丰富的生活，回避现实问题矛盾。这使得'探索文学''先锋文学'迅速达到高潮后又迅速退潮，许多代表性作家也感到原来的创作路数无以为继，处在一个重新思考、重新转向的关口……"

　　正是在这个关口，尧山壁下基层走了一遭，兴奋了一路，都回石家庄了还激动得睡不着觉，想为现实主义题材鼓与呼，先在固安召开了何申、何玉如小说座谈会。会后因反映很好，突然来了灵感，又想以作协的名义为何申、谈歌、关仁山这三位拥有大眼界、大情怀、大格局、大智慧的大作家们做点什么。他日思夜想：要集中召开一次三人作品讨论会，只是怎么开才能大造声势、扩大影响还没具体方案。

　　尧山壁运气好，自从走上省作协的领导岗位，基本顺风顺水，不管做什么，上至省委领导支持，下有作家、作者们拥戴，同僚更是同心同德。省委管文教的副书记高赞祥走了，又来了李文珊。是记者出身，还是作家，在西藏工作 20 多年，写出的小说《第八级人》《西天佛地》拥有很多读者。他知道了尧山壁的想法后，鼓励他"大胆去想，去做"。

　　与此同时，尧山壁的工作搭档——河北作家协会副主席兼秘书长、诗人刘小放，还有长期跟踪、研究三位作家作品的河北著名评论家杨立元也敏锐地发现了三位作家作品在时代进程中和文学发展中的作用和价值，在《小说选刊》主编柳萌先生来石家庄参加一中直单位组织的一次笔会活动时，他们在河北宾馆见面聊天聊到这个问题，一拍即合，为了既符合实际又能把三位作家及其文学现象叫得更响、传得更远，不约而同地想到了"三驾马车"这个创意，这个创意觉得比用三位作家的真实名字会更响亮，影响力会更大。

　　"三驾马车！"尧山壁知道后拍案叫绝，"三驾马车，原指三匹马拉一辆车，在各自的位置上发力。引申为：代表一种动力，一种实力，一种态势，一种阵势，协同同时发力。"

　　1996 年 8 月 23 日，"河北三作家何申、谈歌、关仁山作品讨论会"正式召开，地址设在北京文轩宾馆，举办方提升级别，由中国作家协会主管的《小说选刊》编辑部、河北省委宣传部、河北省作协联合召开。

　　会上时任中宣部副部长、中国作协党组书记翟泰丰坐镇；各有关行政领导和业务领导莅临。全国著名文学评论家和文学刊物主编们都来了，还有各路作家代表……

　　会后，随着各家新闻的报道"三驾马车"像踩上了风火轮一样轰动全国，不仅是称谓的"效应"，更是三位作家作品的货真价实。会议结束第二天，《文艺报》在主编郑伯农的建议下，就把杨立元早已写的《贴近现实　反映人生——谈河北的"三驾马车"》评论在最近一期刊发，并刊登在评论版的头条上。

　　有人说："凡是好东西都是具有侵略性的，不是入了你的眼，就是占了你的心。"这句话对于这三位作家和他们的作品也不例外！实际谈歌的《年底》在《中国作家》一发表、《大厂》《大厂续集》被《人民文学》分期刊登后，就立即被《小说月报》等多家报刊转载。何申的《乡镇干部》发表在本省影响最大的《长城》上，《年前年后》发表在《人民文学》上，两个刊物有点巧合，都发表在头条，还都加了"编者按"。《乡镇干部》的"编者按"说："欣喜于作品生活气息的如此浓厚，特别是表现农村乡镇干部填补了乡土文学的空白。"《年前年后》的"编者按"是："欣喜于作品如此贴近当下生活以及向时代深处挖掘的可贵品质。"关仁山的《大雪无乡》和《九月回乡》等几篇力作在刊物上刚发表就引起反响，一并被改编为电视连续剧。他的农村题材长篇小说《天高地厚》后来获中国图书奖、全国少数民族创作骏马奖、庄重文文学奖。

"三驾马车"问世后，更是好评如潮，文化部原部长、著名作家王蒙，著名文学评论家曾镇南，著名文学评论家白烨等都为其叫好，为其发声。各大文学刊物争发三位作家的新创作品。读者更是趋之若鹜，以买到读了三位作家的作品为荣……推出"三驾马车"不久，中国作协举办的全国青年作家创作座谈会，在石家庄召开。会上，中国作协党组书记翟泰丰，在讲话中向全国青年作家、作者发出"向'三驾马车'学习的号召——贴近生活，关注现实"，之后产生连锁反应，一批贴近农村、乡镇改革现实，非常有生活气息，人物鲜活生动的现实主义作品问世。

……

著名文学评论家雷达评论说："河北的三驾马车，是一种文学现象，是现实主义冲击波。"仅就这个命题，引起的文学界众多的话题至今仍余波未消。只要你在电脑上输入"社会对河北文学'三驾马车'的反映与评价"就会跳出连篇累牍的文章和评论以及学术讨论题目，如：

《河北文坛"三驾马车"不懈的文学追求》；

《真实而有勇气的写作——记河北文坛的"三驾马车"》；

《"三架马车"的创作新变极其价值呈现》；

《论河北"三驾马车"小说创作与民间文化》；

《"三驾马车"与文学的现实主义》；

《河北文学："现实主义"的坚守及新变》；

《人文关怀与现实生活的契合——"三驾马车"论》；

《文学的"三驾马车"与文学的现实主义》；

……

第五十二章　出席麦德林世界诗歌节

1997年7月，尧山壁和诗人吉狄马加应邀参加第七届麦德林世界诗歌节。

出发前，中国作协外联部小江给他俩送来去程和回程的机票，每人八张，并附有各个航班起落的时刻表和当地中国大使馆电话号码。接过厚厚一沓花花绿绿的机票让人眼晕，小江鼓励说，如同环球游览几个世界级机场，机会难得，你们两个彪形大汉去闯世界吧！

闯世界倒不打怵，只是换乘时间逼人，只有一到三个小时，害怕人地两生、语言不通，误了航班。商定：马加的手表随时拨改当地时间，尧山壁的手表保持北京时间，确保万无一失。

6月11日18时40分，乘新加坡航空公司航班离开北京，经由新加坡樟宜机场、法国戴高乐机场、哥伦比亚波哥大机场、麦德林机场。这旅途中还有一段插曲：以为在法国戴高乐机场，领了去往哥伦比亚波哥大机场登机牌，又确认了行李，心里一块石头就可落地了，很快就可以到麦德林目的地了！但没想到波哥大机场改乘国内航班时，需要取出行李重新托运，竟突然被告知吉狄马加的行李到了，尧山壁的却没到，一小时后，飞抵麦德林机场，仍没到。

奇怪，吉狄马加高档大皮箱健在，而尧山壁的普通尼龙包却丢了，无法让他淡定。他包里带有治胃病的摩罗粥粉，不由得胡乱猜想，莫非是当毒品被查禁了？麦德林可是世界最大的贩毒巢穴。机场答应查询，第一天没结果，第二天仍然没结果。他有点沉不住气了。包里的东西不值仨瓜俩枣，只是第三天晚上有他的诗朗诵，衣服好说在当地再买一件，可是中文和西班牙文的诗稿都在里面。一二十年前自己的作品已背不下来了，当地刊物上有他的诗，可是从西班牙文再译成中文驴唇不对马嘴，让人哭笑不得。不过还好，在离上场半小时前行李从巴黎机场追回来了，他取出诗稿匆匆赶往会场，并即席作了一首有关行李的诗和失而复得的诗一同献给与会者，赢得热烈的掌声。

第七届麦德林国际诗歌节是于 1997 年 7 月 13 日隆重开幕的，设1234 个座席的市政府巴拉提亚礼堂爆满，走廊里挤满了诗歌爱好者。吉祥物大袋鼠手舞足蹈，成为台上的跳加官。在一阵热烈的掌声中，五大洲的诗人代表入座，大会主席费尔南多慷慨致辞，不断地挥舞拳头，呼唤全世界诗人联合起来，让诗的火焰熊熊燃烧。

接着是印第安民间艺人表演，他们来自加勒比海五千米高的尼也瓦拉雪山，有着青铜色的皮肤和近似东亚的骨骼。头戴白盔黑发如瀑布垂泻下来，身穿羊毛织的曼达，腰系白带，人人像站立的一座雪山。他们吸食巴菠萝，用一根铜棍在葫芦里不停地研磨古柯叶，然后把黄色的叶末在口中咀嚼，由于长期腐蚀，牙齿变成了黑色。他们说古柯叶不同于可卡因，如同葡萄不同于葡萄酒。吹一种海螺，发出低沉的呜呜声，抑扬顿挫，如泣如诉，翻译说，那是在讲述民族的苦难史。

　　当天晚上下榻的安巴桑那尔宾馆哥伦比亚大厅灯火辉煌，36 个国家的 70 多名诗人济济一堂。有来自英、法、意等发达国家的；有来自俄罗斯、罗马尼亚、波黑等东欧国家的；有来自埃及、印度、古巴等亚非拉发展中国家的……包括了五大洲各种肤色和各种语系的代表。莫桑比克的何塞·戈拉斯林哈已经 75 岁，曾获意大利诗歌大奖，他特别喜欢与尧山壁他们接近，并说自己有着中国血统。77 岁的葡萄牙诗人埃及·冈撒雷斯须发皆白，带着年轻漂亮的太太，勾肩搭背形影不离。阿根廷诗人罗儿多夫·阿隆索曾获拉美诗歌大奖，举止斯文，颇有绅士风度。哥斯达黎加何塞·马利亚·松达曾获拉美青年诗人奖，性格活泼，像个大孩子。古巴诗人诺尔贝托·科迪那留着卡斯特罗式大胡子，一脸庄重，不苟言笑。俄罗斯诗人巴维尔·克鲁思科则显得可怜巴巴，他说苏联解体后作协一分为四，互相打架，作家们树倒猢狲散，从天使沦为乞儿。这次开会，使尽浑身解数才找到 1000 美元，不及机票的五分之一。说着低头不语。尧山壁急忙转移话题，向他打听朋友罗日捷斯特文斯基。他说好人不长寿，两年前已经去世。死后比生前受爱戴，出了几本书。

　　从第二天起，大会组委会将 70 多名诗人分成若干小组到各处举行诗歌朗诵会。首场在市中心的波达尼科公园的露天剧场，绿树成荫，奇花异草，到处是龟背竹长成的树丛。第一个上场的是哥伦比亚诗人兼出版家基也默，他曾在《北京周报》工作过一年。他说中国最富有诗意，从古老的北京到江南水乡，选取了许多新奇视角，语言好像中国的名泉一样自笔底涌出花朵。吉狄马加面对几百双渴望的眼睛，朗诵了他的《印第安人》，台下许多人激动得流出了泪水。晚上尧山壁参加了塞塔剧场的活动，为了容纳更多听众，舞台搭在剧场门外。广场上点起许多蜡烛，中间燃起篝火，尧山壁即兴创作了一首《致麦德林》，诗句助燃了会场热情的情绪，一首诗引起 7 次掌声，年轻人像火苗一样跳起来欢呼。

在麦德林的日子里，诗人们像演员一样赶场，上午文化馆下午音乐厅，今天十字街头，明天贫民区。最远的一次到 100 公里以外的圣比得罗，这是一个以牧业为主的乡村，牛奶产量居全国第一。诗歌朗诵会在学校礼堂进行，牧民们第一次看到中国人，拼命地为吉狄马加鼓掌，年轻的镇长冈斯雷斯设宴招待，用他们自制的红葡萄酒和红烧牛舌头。第二天五星红旗和吉狄马加的黑头发一起飘扬在麦德林的日报上。

大会组织者说，中国诗人获得的掌声最多，一是现实主义言之有物，积极向上，引起人们的共鸣；二是中国诗特殊的音韵和形式陌生而美妙，让人耳目一新。尧山壁发现总有十几个面孔是他热心的听众，有青年也有老人，他到哪里他们就跟着到哪里。有个叫古斯曼的小伙子把尧山壁全部朗诵都录下了，一遍一遍放给他听。还有个中学生法古塞手里攥着一枚 1906 年硬币比索要赠给他最喜欢的诗人，连听了三场后把它亲手送给了尧山壁。其中还有一个小插曲，尧山壁有一首短诗《桥》，是写他在反法西斯战争中牺牲的父亲的，一次在比罗托公共图书馆音乐厅活动，新搭班碰巧有位日本人，节目单已出不好更改了。他朗诵时那个日本人都是笑眯眯地倾听，每次都是第一个鼓掌，但听到"日本人的刺刀横断了乡亲们的活路"时，他颤抖了一下，从此便垂下眼皮再也不为他鼓掌了，一直沉默到朗诵会结束。后来尧山壁专门寻找机会向他表示了友好。

诗人是多数天真无邪，一颗心挂在胸膛外面的，尽管语言不通，一来二去都成了朋友，对彼此的诗也有了了解。荷兰诗人哈卜·隆科甫差不多有两米高，浓眉大眼，粉白面皮，天生腼腆相，但是一登上台就变成了另一个人，他的诗十分现代，仿佛是口技表演，学牛羊叫，嗑牙咋舌，吹口哨，打哈哈，一连串的咳嗽，老牛憋气一口气读完三页打印稿纸，好像要创造吉尼斯世界纪录。印尼诗人苏塔尔吉·寺尔松·巴齐利一会儿声嘶力竭地嚎，一会儿装神弄鬼地呻吟，注重节奏而没有内容。比如一首诗听起来是这样的："两个人打架，他打了他一下，他打了他一下；他又打了他一下，他又打了他一下；他再打了他一下，他再打了他一下，最后两个人都进了医院。"听众对这些诗哄笑之后便是摇头，认为是玩闹而不是诗。

会议期间应邀者访问了大会主席费尔南先生，他说诗歌节创建于1991年，初衷一是为了诗，二是为了麦德林。因为贩毒和暴力玷污了它的名声，希望能用圣洁的诗歌来洗刷耻辱，改善麦德林在世界上的形象。他们八个人发起组织了麦德林艺术诗歌节促进会，出版了《承诺》诗刊，还办了一所诗歌学校。他们的工作受到社会拥护，周围有许多志愿者，同时也得到官方的支持，大会期间内政、外交、组织、宣传，甚至打字、印刷，都是亲自去干。采访的地点是宾馆11楼皇冠厅，八个人集体办公，皇冠厅彻夜灯火通明，他们说，诗歌是他们充分燃烧的动力。

从麦德林诗歌节归来后的尧山壁，理性且好思的他很长一段时间心情不能平静，他写道：

麦德林，一座城市，以诗歌的形式存在于人们的生活中，并且成为了人们一种自由、想象与浪漫的日常生活状态。诗歌并不是仅仅个人的感情的迸发、释放，更是人们共有的普世价值确认。它是现实与梦想的精神桥梁。在不同的国度不同的族群中获得交流、沟通、理解和共鸣。诗言志，诗言志，志所之也。在心为志，发言为诗。

第五十三章　世上再无他的母亲

参加第七届麦德林诗歌节，去了一趟远而又远的哥伦比亚，尧山壁回来后发现母亲有些消瘦，但并没有引起警觉，以为老人家三伏天苦夏，食欲不振所致。

半个月后不放心又回去一次，发现母亲更加的消瘦了，手里拿个馒头半天懒得往嘴里送，当儿子的面勉强咬了一口，又难以下咽……尧山壁急了，当即带母亲回石家庄，医院检查做食道造影，结果："有肿瘤迹象"。

在做细胞分析时，尧山壁把母亲安置在医院门口椅子上坐下，自己在化验室门口等结果如坐针毡，心里咚咚敲鼓。从来不迷信，也祷告起上帝，"保佑母亲平安无事，瘤子是良性的，是良性的，是良性的，手术摘除就好了，就好了，就好了……"化验结果出来了，很残忍，"恶性"。中医说，吃麦不吃秋，西医说只有三两个月的期限。他听了眼黑、腿软、瘫在地上。

回来的路上，强打精神强作笑，和母亲说是炎症，吃一阵子药就好了，让泪水往自己肚子里咽。如失去母亲，他不知道自己会成什么样子。

害怕失去母亲，妻子李静做着各种营养的流食，尧山壁白天寻医找药，夜里忧心忡忡，睡不着觉。但临危的母亲，依然与平时一样，忘记了自己只关心儿子，凭着多年的医疗经验，察言观色，一会儿看看儿子舌苔，一会儿摸摸儿子脉象，儿子倒成了病号。

偏偏这时儿子单位查体，做 B 超时，查出心率快，有早搏，要留下来复查。尧山壁说我一向气壮如牛，是一时因母亲有病精神负担过重所致，没什么问题。医生负责，不敢大意，给他戴上个 24 小时动态心电图监测仪器盒子。

自打母亲病后，尧山壁天天夜里失眠，睡不着就翻看医书。大概母亲也睡不着，半夜里看见儿子屋里灯光，便摸着墙根过来，催促快睡觉。这天晚上，母亲摸来的脚步轻，儿子没听见来不及关灯，便合眼装睡。母亲颤颤巍巍走到床前，给儿子掖毛巾被时，发现了那个倒霉的盒子，倒吸了一口凉气……

大概母亲深思熟虑了一夜，第二天郑重地提出要回老家自己养病。她决定的事一向不会更改。尧山壁懂得母亲，她粗通医道，没人能瞒得住她，知道自己得的是绝症，不愿意把儿子拖垮。在她看来，儿子的生命比自己重要多了。从 25 岁守寡，多少次死里逃生，多少次忍辱负重，多少次忍饥挨饿……全是为了儿子啊。

母亲走后，尧山壁立即请了长假，带了足够的药品、营养品，力图尽量延长老人家的生命，多一天是一天，多一晌是一晌，哪怕一个小时，一分，一秒，不惜任何代价。到家才知道母亲已经拒绝吃药输液了，谁劝也不听，急得尧山壁放声大哭，哭得都背过气了。母亲心肠软了一下，答应吃药输液，可是第二天她又变卦了，母亲拉着尧山壁的手说：

"儿啊，别给娘打针了，白花钱还治不了病，反给我添心病。人活七十古来稀，娘活 84 岁了，比你姥姥多了 20 多岁，已经很知足了。娘这辈子没有白熬，没有白受罪，在这街上站住了脚，活成了人样儿，你给娘挣了口气。媳妇孝顺，30多年婆媳没有红过脸，孙子孙女都有出息，我没有什么遗憾的了。'七十三、八十四，阎王不请自己去。'再不走就成人精了。白毛老鼠会成精，人老了也会成妖怪的。"母亲把来看她的人说笑了，一直流眼泪的尧山壁一旁听着却哭得更凶了。

人间的爱是倾斜的，娘想儿，长江水；儿想娘，扁担长。参加工作后，来去匆匆，不要说尽孝道，坐下来说话的时间也不多。记得刚工作那会儿，有两次春节想回家过春节而没成行，母亲煮的饺子从三十等到十五，愣是一个没动。不养儿不知父母恩，有了儿女后才体会到母爱的厚重。可是如今母亲的日子已屈指可数，守候在母亲身边，已是最后的机会了，因而一时一刻也不愿意离开，以弥补以往的怠慢和疏忽。但可怜的母亲到这般时候，还时刻惦念着儿子，像他小时候一样，晚上几次起来为他盖被，盖上了怕他热，不盖又怕他凉着，犹豫不决。看他吃得不多就让人杀了两只还下蛋的老母鸡，尧山壁当然吃不下，躲在屋里哭，一碗鸡汤里半碗是泪。

不久的一天，趁没人时，母亲吩咐尧山壁把她扶起，一步步挪进里屋，把分藏在棉裤里和柜子底下的2000元钱翻出来，和尧山壁说：

"这些钱料理后事够了……"

母亲一生勤俭，死后也不准铺张浪费。尧山壁接过钱，像火一样烧着他的心。这钱是母亲积攒的政府给她的抚恤金，还有自己平时给她的零用钱。平时母亲除了生活必需，即使在手里攥出了汗也不舍得花，都要走了还这样替儿子着想。尧山壁感到无地自容，作为儿子，欠母亲的太多，而且不假时日容他偿还回报。

谁都知道，癌症晚期的剧烈疼痛是让人难以忍受的。可是母亲在死神面前是那么的平静、安详，除了疼痛上来皱皱眉、咬咬牙之外，没有半点儿痛苦的样子，总是闭目养神，面带微笑，没有一声叫嚷，没有一声呻吟，直到最后缓缓地没有了呼吸。

"娘——"尧山壁呼天抢地地呼叫着，从此，再也听不见母亲那声世界上最优美最温暖的应答"唉——"

临终那天，妻子李静抱病而来，女儿悲痛欲绝，儿子远在德国法兰克福学习，儿媳从深圳飞到北京，又连夜赶到乡下。

送葬时全村人拥上街头，列队挥泪相送，像58年前送别抗日英雄一样送别他的遗孀。在众多的人群里，尧山壁突然发现了一个小女孩似曾相识。小女孩跪在那满眼泪水，一声声呼叫着"奶奶——奶奶——"身边有一对中年男女也跪着陪在身边泪流满面。等后事办完尧山壁才想起来曾经的一段往事：

一年的冬天，有次回家，母亲正哄着一个两岁的小女孩喂吃喂喝，尧山壁开始还不大在意，以为又是一个来找母亲看病的小患者。可是都到晚饭后了还不见她的家人来领，躺在母亲怀里乖乖地睡着了。母亲说，孩子是任县北章村的，先天性心脏病，一个月前又患了肺炎，爹娘看着没治了，换一身新棉衣扔在官道上，头枕着一个小包，里面有半袋奶粉和白糖，等到有人发现已经冻得哭不出声了。路人不明来历都不敢管，母亲听后把她抱回了家，使出看家本事把肺炎治好了。

母亲深情地看着安睡的女孩和尧山壁说："她的父母太狠了。如果没人要，咱就领养了吧。我打听了，大医院能做心脏手术，将来供她上学，说不上也是个大学生哩。"

尧山壁听了有点急，说："您都多大年纪了，往后你都需要人照顾，哪有精力照顾她？我明天了解一下她的具体情况，能找到他的爹娘领回去最好，找不到交给政府民政部门，他们会妥善安排的。您放心吧。我——"

尧山壁的话还没说完母亲火了，说："怕累赘了不是？当年你也是这样可怜，如果乡亲们怕这怕那，你哪还有今天？别忘了你是吃百家饭长大的！这孩子既然来到这个世上，就应该得到温暖，就该有个家。"

尧山壁一向对母亲百依百顺，从不说个"不"字，躺在炕上翻来覆去地想，还是饱经苦难的母亲胸怀宽广，自己自私了。他对母亲说愿意承担义务，把她当亲生的孩子养，当成家庭一员。正要办一些相关手续时，孩子的爹娘被感动了，醒悟了，悔恨了，千谢万谢，又把孩子领了回去。

有人统计，由于母亲有接生和儿科的医术，全村 60% 的孩子都是她亲手接生的，95% 的家庭都曾请她看过病。"医者仁心！"尧山壁从在送葬的队伍里看到那个跪在地上的小女孩和她的父母，回忆起母亲的经历，就想起这个词，但总觉得这并不能涵盖母亲的一生，实际母亲已跳出"医者仁心"的专业或曰职业范畴，升华到做一个人的人格和人性的更高境界，和父亲一样，正如臧克家的诗所言：

"有的人死了，但还活着！"

最起码在尧山壁的个人认知上是这样的。

（2000 年——　　）

第五十四章　桑梓情怀

宇宙无限，日月匆忙……不知不觉夕阳落山。弹指一挥间，头发撂荒，双鬓染霜……

1999 年 6 月 16 日，尧山壁度过 60 岁生日，就申请退休了。

生日家宴上，李静的一则社会流传甚广的笑话，把全家人都笑喷了：

"一名官员退休后，觉得很不适应，有失落感，便把新装修的家里房间逐一命名，客厅叫广电厅，过道叫交通厅，书房叫文化厅，厕所叫卫生厅，主卧叫人口与计划生育委员会，老人房间叫社保局，小孩房间叫教育局，保姆房间叫劳动局，地下室叫人民防控办公室……"

大家笑够了，尧山壁说："这虽然是个笑话，实则反映了部分退休官员的真实心理状况。一个人生活和工作环境发生改变，肯定会有一个从不适应到适应的过程。一些普通人退休后尚且有各种的不适应，曾经身居要职、要务缠身的官员退下来出现一些心理落差实属正常。所以很多官员退休后刚开始多多少少会出现一些'不适应症状'，甚至患上了'抑郁症'等等，并不奇怪。"

尧山壁话音刚落，女儿女婿建议他到国外转转，感受感受异国风光；儿子儿媳邀他到他们南方的家住住，享受享受天伦之乐。妻子李静一旁搭话："你回归家庭，如果哪都不想去，就在家里陪陪我好了。跟你大半辈子了，还不知道什么叫'二人世界'呢。"孩子们又笑了。尧山壁也笑了："怎么？你们怕我不适应，抑郁了？我才不会呢，我当这个官不是什么重要的官，谁都能干，我不在意；其次我是一名书生、一界布衣，对当官从没兴趣，要不是当年他们'赶鸭子上架'我才不干呢；更重要的是我 25 岁就是专业作家了，35 年来没享受一天'专业作家'专门写作的生活。再不坐下来专心写作，这辈子就没有机会了……"

"啊，你退下来，还要专门写作？"尧山壁还没说完，李静惊呼打断他的话。

"夫人，退休，退休，你看哪个作家是退而就休的。"尧山壁拍拍李静的肩问。把李静问得怔在那儿。

第二天，妻子李静以为，即使"退而不休"，才刚刚退下来也该轻轻松松在家歇息几天再忙吧？没想到，他第二天打个招呼就走了，回隆尧老家了，回父母身边了，回庄稼院了，回百姓那里了……

有人说："生命是一条河，乡村便是河的源头。乡村作为背景和摇篮滋养着乡人，就是远离土地的城市人也挣脱不掉乡村脐带般的深远牵系。"

尧山壁生在乡村，曾感受过乡村的苦难，也谛听过乡村变迁的脚步，当这些记忆被重回故里激活，他的思维也不由自主地转向回忆并开始写作，这不仅仅是写作的兴趣，一切有关乡村叙事更多了一份深情，多了一份思索，多了一份责任。他接过时光老人的一把梳子，慢条斯理地梳理着；把多半辈子的人生当作草稿，边修改边誊清；把走过来的路再走一次，把以往撒下文学种子的土地再耕耘一遍。

他要写家乡百姓在 20 世纪 40—60 年代艰苦时代的艰苦生活，是如何凭一双勤劳的双手和聪明智慧创造奇迹的，如《染色的年代》《火的记忆》《熬小盐》《灯的回忆》《代食谱》《粗粮细做》《补丁的故事》等；

他要写家乡乡间百工，他们是穷人中的能人、心目中的朋友、七十二行中最受欢迎的人之一，如《孟铁匠》《乔木匠》《小炉匠》《一架织布机》《砖窑》等；

他要写已成为他一生的生活佐料的家乡民俗，那是他人生文化启蒙的底色，如《集市与庙会》《村剧团》《西洋景》《放鞭炮》《年俗》等；

他要写旧社会给家乡造成的许许多多的畸形婚姻，如《小女婿》《童养媳》《换亲》《带犊子》《离婚不离家》《拉帮套》《放鹰》《借种》等；

他还要写家乡新中国成立初期和"文革"前一些纷繁复杂的事情，如《错斗中农》《打老虎》《放"卫星"的日子》《钢铁元帅升帐》《除"四害"小记》《公社食堂始末》《精简下放》《整风整社》等；

……

至于历史至今还没有定论的一些东西，为什么还要写呢？尧山壁以为，作为作家正因为是历史青黄不接的盲点才要去写，他调查过不少"70 后""80 后"，包括他自己的孩子，一无所知不说，还有从小说、影视得来的印象，不乏编造、虚构乃至戏说。如何让他们了解那段真实的历史，是他开始从事写作就思考的问题。写亲身经历的真人真事，形象化地再现那一段生活，这或许还可以为今后的史学家提供一些资料。刘知己说修史者需要"才、学、识"，章学诚加了一条"史德"，前者容易做到，后者必须做到。因此，他用科学发展的眼光，从以人为本的角度，客观地、公正地表现那段历史，力求把个人的记忆变成公共的记忆。

怎么写，他也想了很久。他自幼喜欢《世说新语》，不认为它是小说，而是写人记事的散文。鲁迅称其"记言则玄远冷峻，记行则高简瑰奇"。他是当作历史来读的，书中的许多人和事成为后代诗文中常见的典故，成为许多舞台剧的最初蓝本。但是今天看来，其文字过于简约。有骨头无血肉，因而不能活灵活现。继承发展它，不仅要精短，更要厚重；不仅要人物丰满，更要故事生动。典型意义增加了，认识作用自然就提高了。

尧山壁生长在农村，大学毕业后又要求回到农村，后虽工作生活在城市，但与农村并没有远离，晚年的回忆作品自然少不了农村，但其作品绝不是还原过去的农村，而是以现代文明的角度回望农村，是精神还乡，着眼点不仅仅是物质还是精神的、文化的。表现过去的农村，写真人真事，但又不仅是旧农村的"拓片"、人物的"老照片"，不是事无巨细，有闻必录；而是拉开一定距离的审视、再认识，选择典型的情节、细节作为刻画人物、表达感情的依托，不求工笔重彩，而在写意传神。

写法上基本坚持现实主义手法，又加上了一些社会学、民俗学的元素，风物人情、民谣俚语、历史掌故、戏剧曲艺，着重文学性的同时，又增加了一些知识性、趣味性，力求雅俗共赏。表述中，还有意增加了一些幽默成分，增强可读性；有些地方隐去作者观点，完全由事实、数字说话以突出其真实性。

夜以继日。

有耕耘就有收获。

一件件乡间百姓旧事涌入脑海，变成一篇篇抢手散文的文字，文化报纸杂志纷纷登门索稿，出版部门纷纷登门约稿，商谈出版事宜。

　　《家庭百科报》及时并慷慨地为他提供施展写作计划的平台，不仅开辟了专栏而且一开就是 5 年，发稿近 200 多篇。据了解这在全国媒体还是绝无仅有的。

　　《今晚报》虽没设固定专栏，但来稿一般必发，据统计近 30 年下来，一共发了六七百篇稿子，当然这里还包括百姓旧事内容以外的稿子。

　　杂志《作家》选了《乡间百工》章节全部刊登。

　　……

　　尧山壁有关"百姓旧事"这些散文，通过发表后，不少报刊纷纷转载，还曾引起《美文》杂志的关注，又先后推出几组文章，每组 10 篇以上。为此不同年龄、不同嗜好的读者趋之若鹜，尧山壁几乎每天都能接到读者的信和电话，要请教的，要拜师的，要见面的，提出宝贵意见的，更有好多读者提议他到他们的家乡农村或城市写写他们百姓的旧事或新事……

　　岁月匆匆，尧山壁 200 多篇写"百姓旧事"的散文，是他一生写作的一个驿站，是对他退休初期写作生活的一个总结。"百姓旧事"是乡村百姓还不曾走远的流年！是庄稼院里 20 世纪 40—60 年代的烟火！是出生在这里的一位游子的拳拳之心、殷殷之情！

　　2011 年，河北教育出版社从尧山壁这部分散文里精选了 113 篇结集出版。书名和他的诚意没变，就叫《百姓旧事》。

　　书籍出版后，《燕赵都市报》破天荒让出整整五个版面宣传。

　　书籍出版后，好评如潮。著名学者、时任中国散文学会会长林非评论说：

　　　　纵观尧山壁先生的散文创作的风格，可以说，既有质朴与冲淡的流淌，又有旖旎和飘渺的表达，有时俊逸，有时雄健，常常在娓娓道来中生发一股浩荡的势头。可在通读了这部《百姓旧事》后，觉得与他的以前撰写的散文似乎不一样了。全书始终都含蓄挥洒着简洁而又细致的笔墨，集中描绘出社会人寰中的种种经历，很自然与平淡地抒写，很少看到情愫与哲思的外烁，但又默默地蕴含其中。这似乎好像我国古代不少笔记体裁的作品那样，很容易让人兴味盎然地阅读下去，然后再捉摸其中的含义来。

《百姓旧事》他着笔于上个世纪中叶乡村种种生活的面貌，这样就留下了十分生动的时代的回忆，在貌似不动声色的文字里，其中记载了一些沉重的悲剧、拙劣的闹剧，让人读了百感交集，深思不已。反思从前的那些日子，应是总结历史的教训，以便促进更好的向前迈进，不仅可以给广大读者提供回顾和思考的画面，而且还替后来的历史学家准备了不少有价值的资料，可以说他完成了一桩功德无量的事情。

写作风格的变迁以及向着丰富多彩的前景演化，昭示的是一个作家创作的成熟。

专门评论家专门为尧山壁的《百姓旧事》散文集阐述：

《百姓旧事》一书以冀中南农村作为历史视野的基点，选用散文文体记述了一段特殊的乡村历史，记载了种种生活面貌，描绘了上个世纪中叶的社会人生百态，深刻且生动地再现了一系列重大历史事件。

文史一家，一个真正把文字摆弄出点名堂的人，往往在历史方面也是个行家，至少是个通家。中国近代以来的历史比较夫杂，不太容易理出头绪。影响所及，文字也不便容易、清爽。尧山壁的散文集《百姓旧事》走了另一路数，倒获得别样的效果。

《百姓旧事》脱尽一切玄虚，直抵生活原点，简单中透着一种深刻。摒弃所谓文明，所谓哲学，所谓传统，所谓现代性。几如一个光屁股的村童，赤条条没有一丝遮挂。但是，通过这么一个村童，作者扫开了厚厚的历史浮尘，20世纪40—60年代30年间北方乡土中国所发生的事，所生活的人，他们的离散聚合酸甜苦辣，真真切切地呈现出来。尧山壁的讲述看似没有什么机心，但是他的文字浸润了他的生命，他的参悟，宛如一味大白菜，一味卤水豆腐，一味粉条，甚至没有猪肉片，简陋至极，却因为他老道的手艺，化腐朽成神奇，烹出了一锅香气诱人的大锅菜。你吃到嘴里，只不过是再平常不过的大白菜、豆腐块、粉条子，可是嘴里就是有那么一股绵长的香气。

《百姓旧事》有一种民间情怀。中国文人写作历来有两种路向。一种恃才傲物，神游八荒；一种心系百姓，为民歌呼。尧山壁选择的是后一种路向。他本来是一农家子弟，数年苦读考大学进入都市。而且大学毕业后他多年工作生活在乡村，他的老母亲则终生生活在乡村。这一切使他对普通百姓有一种天然的亲切。他的写作便自然有一种民间情怀。《百姓旧事》中，几乎写尽了故乡30年间的各色人物、各种事件。讲述中流淌着作者对家乡的关爱，对百姓的体恤。

《百姓旧事》有一种豁达的气度。看当下文字，常常读出小来。记得十多年前，文坛大张旗鼓反对宏大叙事提倡小叙事。我以为，空洞无味的讲述当然应该反对。但是空洞无味与宏大叙事并不能画等号；小叙事与空洞无味也不能完全脱干系。《百姓旧事》作者同样不喜欢空洞无味，不喜欢不近人情，他的文字自始至终不离具体的人和事，不作空洞的议论，可谓小之又小。但是，作者的小叙事里包蕴着自己的历史感悟，人生体验。一沙一世界。所以小中见大，让人生发出对逝去岁月的无限感慨。这是真正的小叙事，它给予人的是本真的生命样态，是盛载着历史隐密的个体叙说。它小而不琐碎。显示出作者历经世事后的了悟与豁达。历史任何时候都充满芜杂，一个好的观察者放宽视野，便会在芜杂中看出历史的本相，获得看穿世事的豁达。麻木是懦弱的表现，豁达则是智慧的抵达。

《百姓旧事》的文字有一种洗练美。"清水出芙蓉，天然去雕饰。"刚学写作的人一定会胡乱堆砌修饰词，以为词汇越多越有学问，越漂亮。只有洞透人生、对文字又具有深刻领悟的人，才会去尽一切雕饰，用最简洁最准确的字词来表达自己的思想感悟。尧山壁从事写作数十年，文字如同他的手指长成了身体的一部分，使他可以随心所欲，言近旨远。读他的《百姓旧事》，让人真正领会到所谓"清水芙蓉"的艺术妙境。

尧山壁的学生刘向东选择一部分篇章投给浙江《文学港》杂志，该杂志设的全国唯一的一年一度"储春旺文学奖"的第二届大奖颁给了尧山壁。由《人民文学》《文艺报》《诗刊》《中国作家》主编李敬泽、施战军、叶延斌、王干、宗仁发和著名作家等 11 名评委的颁奖词是：

一个个小人物通过散漫的秩序，还原成有血有肉的时代；一幅幅鲜活生动的底片，组成横亘数十年的百姓生态图，尧山壁从一个长者的视角，俯瞰历史纵深，从人到物，从逸闻到事件，庞大而细碎的截面结构了复杂的迷宫，对历史的回望和反思，尽显洞见，又见修养。晨昏之间窥视时空，轻悟之下，实为凝重。

　　……

　　由于读者喜欢、评论家认可，《百姓旧事》出版当年被评为"河北省作协年度最佳书籍""全国最受欢迎的百部好书"称号……

　　次年，在国家评选第五届"冰心散文奖"时，尧山壁的《百姓旧事》榜上有名。

　　"冰心散文奖"是一项具有权威的全国性的散文大奖。著名作家冰心女士生前曾是中国散文学会名誉会长，"冰心散文奖"是遵照其生前遗愿而设立的，旨在彰显我国散文创作的成就，不断评选出题材广泛、思想敏锐、着力表现现实生活、创作形式风格多样的优秀散文。此奖项每三年一届，"冰心散文奖"是与"茅盾文学奖"（长篇小说类）、"鲁迅文学奖"（中、短篇小说类）并列的我国文学界散文类最高奖项，也是目前中国散文单项评奖的最高奖。

第五十五章　父亲的山、父辈的山

时光飞逝，日月如梭，一晃 2005 年到来！

也就是在这个时间段，有个地方又在召唤尧山壁。不，这个地方一直在召唤他，年年月月；也不是，是他的心里始终装着那个地方，月月年年。

从小，问娘："我爹呢？"

娘眼圈儿一红指指西边的方向说："你爹在西边的山上打仗呢。"

西边的山，距家近百里，晴天的早晨爬上房顶隐隐约约可以看到清清一线，像一大片清堂瓦舍，北不见头，南不见尾。傍晚，爬上村西的歪脖树上还可以看见太阳落山的地方，红光四射，彩霞满天，像万杆红旗在飘动。一到这时，他不无满心欢喜地对身边的小伙伴说："俺爹打仗的地方。"

长大一点才知道那个地方叫太行山，父亲在那儿打过仗，后来光荣牺牲了。和父亲一起浴血奋战、血染疆场的还有成千上万的八路军战士……

于是那个地方，就成了他魂牵梦绕的地方，少年、青年、中年，尤其是老年退休了，离开了繁忙的工作岗位，相依为命的母亲又不在了，好像自己又沦为孤儿一样，对父亲的思念和对太行山的向往比任何时候都强烈。

……

2005 年，是抗日战争胜利 60 周年，是尧山壁父亲牺牲 66 周年，也是尧山壁 66 岁的生日年。在这年的清明节的前一天，他踏着迟到的春风，迈着穿 48 号鞋的大脚来到河北蔚县，开始由北而南遍访太行山之旅。

这次太行山之旅的大致路线是：

出蔚县县城南行，来到大南山，走进飞虎峪；

从飞虎峪南口上 207 国道，到上庄向东，再上 108 国道，翻过一道梁，进入野三坡腹地百里峡；

从野三坡上 108 国道沿京原（平）铁路溯拒马河而上，来到涞源县城；

从涞源通向阜平的 207 国道，在冀西山地穿行 70 公里进入小盆地，来到阜平县城；

从大龙华沿 112 国道东行，绕过清西陵，到梁格庄；

从上公路往南，经顺平县西南行，来到唐县；

从城南庄上 207 国道，过阜平、灵寿接壤的两界峰，再行 10 公里到陈庄；

从陈庄再上 207 国道，很快就进入平山县界；

从平山直奔西柏坡；

从西柏坡南行，经古月进入滹沱河谷，来到平山县天桂山；

……

道，国道、省道、羊肠小道……

峰，山峰、高峰、险山险峰……

　　一位花甲老人，置身于八百里的太行山，有时坐车，有时骑车，更多的是徒步在山水之间。有时临时找来向导带路，有时有当地的熟人跑来陪伴，大多时间是孤身一人，见山爬山，见水涉水……

　　有些山上是没有路的，他就自己开路：

　　一次一片荆棘挡住了上山的路，他凭着自己从小练就的光着脚踩铁齿、石头的功夫硬是开出了一条路。但没想到的是，那荆棘有毒，等找到一山民家借宿时，全身肿起来，到处起紫色疙瘩，奇痒无比。多亏了老乡连夜上山采回草药制成浆给他抹上，第二天就好了。

　　还有一次，为了能多去几个地方，本该住下来却又向下一个目的地赶路，天黑了，迷路了。夜，暗幽幽的；风，阴森森的；近处有蛇虫出动，远处有野兽的嘶吼……他真得感谢小学汪老师让他喜欢上地理课，中学时地理老师教会他地理知识，他很快找到了北斗星，很快辨明了方向。不过实话实说，当到了目的地的时候，身上吓出的那身冷汗还是没有干。

　　……

　　就这样不怕苦，不怕累，他在太行山遍访到"黄土岭战斗遗址""王二小牺牲纪念地""狼牙山五壮士纪念塔""阜平城南庄晋察冀军区司令部旧址""白求恩、柯利华纪念馆""中共中央旧址""领袖旧居""陈庄歼灭战纪念馆""井陉煤矿纪念馆""万人坑纪念馆""模范抗日根据地现址""军粮洞遗址""涉县莲花山左权将军墓旧址""武安晋察冀鲁豫军区司令部旧址"……还有"涉县赤岸村一二九师司令部旧址""百团大战纪念馆""抗大纪念馆""发电站纪念馆"……

　　除此，他还深入山村，遍访山民，收集、挖掘新的素材。在这个过程中，他坐在老乡家的土炕上，或蹲在庄稼地头一边一句一句问，一边一字一字记，还真就问出、记起当时一些至今鲜为人知的宝贵素材，后来被他写成文章。比如野三坡村里人说：

1938 年，萧克将军率冀热察挺进军来到野三坡，这里还过着部落式的生活。"老官人"坐山称王，有丁有枪，一次竟然把国民党的溃兵赶跑了。萧克将军派来预设班，争取联合抗日，班长姓赵。赵班长还用红军时期刘伯承说服小叶丹的群众工作方法，动口不动手。粗野的"老官人"视文明为软弱可欺，说翻脸就翻脸，家丁一拥而上，战士们有枪不能用，还举手缴了械，赵班长仗义执言又被当场打死。萧克将军强压怒火，不去报复，而是又派去一名班长，不挎枪，不穿军服，背包里装的是布头、食盐、火柴、烟卷，还有女人喜欢的手镯、耳环……这个"卖货郎"一趟一趟上山，走家串户，以物换物，在言谈笑语中把人民当家作主、抗日救国的道理送到山民的家里，把革命的火种播在山民的心里。从此，野三坡觉醒了，变成了一座坚强的抗日堡垒。红旗插上了海棠峪的山头。山民们说，是挺进军把他们救出了虎口，回头一看，他们才是救苦救难的菩萨。

……

还有一个故事：

井（陉）涉（县）公路在七孔桥分岔，向南是武安，直行向西 10 公里是路罗镇，再从路罗往南 5 公里就到小道沟了。

在一个大山皱褶里的小村，尧山壁走进一座矮趴趴的石头四合院，北房两间，西房三间，东屋南屋各四间，还有石碾石磨。当一位放羊的山民告诉他这是当年冀南银行办公的旧址时，他怔住了，一百个不相信。直到深入采访，跟着老乡屁股后面不耻下问，追根刨底，回来后又查找了若干文献资料和有关部门核实才确认是真：

1938 年 4 月，太行山区普遍开展了"游击战"。为保证后勤需要印一批钱票到敌占区购买布匹、煤油、皮革等。1939 年 6 月，冀南银行筹备处在山西黎城成立。印钞厂在选址时，山势险峻、无路可走、人迹罕至的小道沟被选中，因为它能为银行保密提供了天然的条件。那座矮趴趴的石头四合院原来是清泉村村民陈九江的私宅，自愿腾出来交给银行使用，自己领家人搬到了村对面的山崖下居住。

印钞厂在石头四合院的坡下，掩映在茂密的树林之中，三排房子，两排东西向，一排南北向，都是青石垒墙，石板盖顶，厂房旁边还有一处很大的马棚。

当时共有干部职工五十多人，工艺是手工石印。机床是通过地下关系从天津三条石搞到的，印版是从河南新乡弄来的。用木头、破布造出的传统麻头纸只能糊窗户做账本，于是就从山西长治购买上等麻绳用骡马成捆地驮来，造出来的纸没硫化碱漂白，就用松香和石灰代替，然后精心洗涤，山沟有的是泉水，造出来的纸果然漂亮，但是太薄，又将单层改为双层。每印一版，制版员都要将票样照下来，轧在石印板上，用硫酸、松香抹四五遍，一张钞票连印六次。没有裁纸机，印成后人工用刀裁齐。

1943 年秋，冀南银行印刷厂奉命返回山西黎城。冀南银行的创建使根据地的财政工作初具规模，为保证军需民用发挥重要作用，冀南币一直沿用到新中国成立之初的 1953 年。

……

也许是时间久远，也许是太行山的故事太多，多得足以遗漏；也许这些故事就是要等，等一个有缘人，等一个对遗漏在这里的故事尤其敏感的人。机缘巧合，尧山壁把这些故事挖掘出来，捡拾起来，写成文章，前篇叫《野山坡的觉醒》，后篇叫《冀南银行》。

一头钻进太行山里，用时两个多月 60 多天，行程有人说八百里，那是太行山地图上的直线距离。尧山壁的旅程不知拐了多少个弯，进了多少川，爬了多少山，参观了多少纪念馆，访问了多少人家、多少百姓……国道、省道、乡间石板路、羊肠小道，加起来十几个八百里也不止。但他走出了劲头，走出了甜头，一旦离开，十分的不情愿，恋恋不舍，频频回头。他在一篇文章里写道：

> 从飞狐峪、野三坡初进太行山时，我大概还是七七事变后平津学生那样，凭着热情，凭着理想，凭着浪漫，脚步是轻快的，走着走着，就走近战火硝烟里，枪林弹雨中，脚步越来越沉重。最后走出涉县、武安时，我觉得走出了力量，走出了矫健，好像走在八路军战士行列里，有了跟随刘邓大军猛虎下山的感觉。

两个多月，60多天，十几个八百里，低头寻找着，俯身触摸着，他时时刻刻寻找抗日战士带血的足迹，寻找革命烈士前赴后继的身影，寻找根据地人民渴望的眼神；触摸大地的体温，触摸大山的伤痕，触摸河流的激情……终于他寻找到了，触摸到了，在那危难时刻，巍巍太行山是祖国挺起的胸腔，是中华民族建立新中国不屈的灵魂。深情凝望这深厚与壮美的太行山，穿越时空的隧道，他不由自主喊出的是：

"太行山是父亲的山！是父辈的山！"

尧山壁这次太行山之旅后，一口气写下60多篇散文，陆续见诸各报纸杂志。后又汇编于《燕赵悲歌的热土》和《青少年读本》两本书中。2020年，花山文艺出版社在为他出版的《大美燕赵》一书中收录其中47篇。该书在书讯中写道：

　　这不是一部山水游记。作者是一位抗日烈士遗孤，对曾经烽火遍燃的太行山，有一种与生俱来的执着、敬畏和思念；深入细致的采访，直击心灵的叩拜和追寻，使这方慷慨悲歌的热土孕育的伟大民族精神和神韵跃然纸上；火热的情愫和冷静理性思考都呈现在深邃隽永的笔墨中。

第五十六章　绿色的信仰

据新闻报道：2017 年 12 月 5 日，著名的"阳光下的绿城"肯尼亚首都内罗毕阳光明媚，绿树婆娑。

这一天，第三届联合国环境大会如期举行，环境规划署内人头攒动、热闹非凡。来自世界各地、说着不同语言的人们聚在一起，共同探讨着世界环境和保卫地球的议题。

这一天，环境规划署会议室里灯火通明，高朋满座，圆圆的会议桌，乳白色的椅子，还有红酒和香肠，人们在轻松愉悦的环境中期待着"地球卫士奖"颁奖的重要时刻。

这一天，颁奖仪式终于开始了，当年轻漂亮的主持人宣读到"塞罕坝"的名字时，当来自塞罕坝的代表陈彦娴、刘海棠和于士涛先后走上主席台时，当他们从联合国副秘书长兼环境规划署执行主任埃里克·索尔海姆手中接过奖杯时，会场上响起雷鸣般经久不息的掌声。掌声过后塞罕坝创业代表、73 岁的陈彦娴发表了获奖感言。在后来的时间里，身材高大魁梧的埃里克·索尔海姆主任还和身材矮小的陈彦娴谈了很长时间话，他谦逊热情，俯着身子与"中国老太太"亲切交谈的模样永远定格在人们的心中。

这一天，三位塞罕坝人是在掌声和羡慕中度过的，总场党委书记、场长刘海棠说最大的感受是世界对塞罕坝的关注远远超过了他的想象。几位从大山里走来的造林人成了人们眼中的明星，他们有些不适应，前所未有的经历让他们激动不已。

这一天，会后很多外国与会者主动走向他们表示祝贺，热情地与他们合影留念，更有多人积极地与他们探讨起了防沙种树的经验以及具体方法。

这一天……

好事成双！

也就是这一天，77岁老人尧山壁和省林业厅干部、河北作家冯小军正在写的一本塞罕坝机械林场生态文明的书稿结稿。他们在书的最后一页最后一段写下：

> 站在大光顶子山上，我们长久地遥望塞罕坝上莽莽苍苍的森林，眼睛湿润了，心跳不止，这是塞罕坝人用半个多世纪的拼搏奉献筑就起的绿色长城，这是中国林业工人谱写的可歌可泣的英雄史诗！
>
> ……

据历史资料记载：塞罕坝，位于河北省承德市满族、蒙古族自治县境内，清朝曾在此设立"木兰围场"。"塞罕"是蒙语，意为"美丽"，"坝"是汉语，意为"高岭"。塞罕坝自古就是一处水草丰沛、森林茂密、禽兽繁集的天然场所。在我国的辽、金时期，被称作"千里松林"，曾作为皇帝狩猎之所。随着清王朝历史的推移，因吏治腐败和财政颓废，内忧外患的清政府在同治二年（1863年）开围放垦，随之森林植被被破坏，后来又遭日本侵略者的掠夺采伐和连年山火，原始森林已荡然无存，呈现的是"飞鸟无栖树，黄沙遮天日"的荒凉景象。到中华人民共和国成立前，这里已是黄沙漫漫、空阔寂寥、毫无生机的荒凉地域，最严重的危害北京的风沙是主要源头。

塞罕坝机械林场是国家发展的战略决策，1962 年上马。几十年来，三代林场干部职工前赴后继，甘于奉献，在高寒贫瘠的沙地上种植树木，最终种成了一个 112 万亩的大林场，让一度失去的森林重新回来了。他们重建了人工林生态系统，有效阻止了浑善达克沙漠南进，确保了京津地区的生态安全，为我国生态文明建设作出了不可磨灭的巨大贡献。用实际行动诠释了绿水青山就是金山银山的理念，铸就了牢记使命、艰苦创业、绿色发展的塞罕坝精神。

尧山壁和塞罕坝有缘！

他从 1982 年就开始写塞罕坝，不确定是不是第一个用文学笔法写的人，但可以确定是写得比较早的人之一。

第一次是 1982 年 7 月，承德市文联纪念郭小川，郭小川的夫人杜蕙点名要尧山壁参加。出承德市，汽车在燕山纵向褶皱带穿行，一路山岭连绵，重峦叠嶂，绿树成荫，野花争艳。北京已过小暑，那里刚刚初夏，杏子初黄，大家被这坝上的壮丽风光迷住了，看不够，说不停，唯有尧山壁一个人游离气氛之外，沉浸在对郭小川的沉重回忆里。直到纪念活动结束后，还能听到有人赞美坝上的美，他这才缓过神来，错过了一个饱眼福的地方！

这还了得，心里痒痒。于是回来的路上找个向导领自己进坝了。首先弄清楚"坝"的概念，究竟是水库大坝的坝还是南方平坝的坝？后又被万紫千红、争芳斗艳的花儿吸引，卧在地上的虞美人、柳兰花，爬到草尖上的灯笼花、喇叭花，特别是遍野的金莲花，金光灿烂，格外诱人。尤其看到无边的森林，无际的碧绿，仿佛世界上的绿都在这儿凝聚，连森林里的阳光也是绿色的时候他震撼了。当知道了塞罕坝的兴衰史，国家从 1962 年就开始植树造林，经过 20 年的艰苦卓绝的奋斗，塞罕坝已成为我国北方最大的一个人工林场时，他不禁眼圈红了。1962 年，那可是国家困难时期啊，可想而知当初的林业工人吃了多少苦，受了多少累，克服了多少困难啊。他沉默了！沉默之后是激发，他决定拿起自己的笔……

告别林场，回石家庄，当即写出一篇散文，名字就叫《塞罕坝》。但写完后心还是安静不下来，他决定深入采访写些系列散文，但还没有实施，几个月后的 1983 年他被推上作协副主席的位置上，百忙之中竟抽不出一点时间再去塞罕坝。

有人说，心里有事交给时间，时间会让你忘掉一切的。但也不尽然，尧山壁就是个例外。写塞罕坝的心事像塞罕坝的树，在心里越长越茂盛，藏不住，压不下，直到 1985 年，请了 20 天创作假来到塞罕坝，走遍方圆几百里，去了 7 个分场采访 80 多名职工，写出一篇 1 万多字的报告文学《绿色的召唤》，这才安静了一些。写出后，当即被《长城》文学刊物发表，后又被《中国作家》刊出。反响很大。

2005 年，他已退休五年，正是写《太行山是父亲的山，父辈的山》和《百姓旧事》系列散文头尾交替的繁忙时段，但他塞罕坝的情缘仍未了，为了让更多的人了解塞罕坝，更多的人关注塞罕坝，更多的文人去写塞罕坝，他组织河北作家、作者 100 多人进入塞罕坝采访写作，写出 10 多万字的散文集《绿色畅想曲》，由大众出版社出版。

2015 年的一天，河北教育出版社刘相美编辑找到尧山壁，他们认识并很熟悉，刘编辑曾是尧山壁《百姓旧事》的责编。她告诉尧山壁，这几年，塞罕坝的发展更快了，国家重视，地方支持，林业领导有方，职工干劲十足，国内知名度越来越高，并引起世界极大的关注。说出版社已立项要出一本大书，全方位多角度写写塞罕坝的前世今生，写写历史上茂密的森林又回来了的神奇；写写保护生态卫护地球生命的重要性……刘编辑快人快语地说着，说得尧山壁热血沸腾。接着她话锋一转说大家都知道你喜欢自然山水、人文地理，写过不少游记，更主要的是你对塞罕坝情有独钟多次去过那里，尤其重要的是你已写过一些这方面的有关作品……这次作者人选，非你莫属。

义不容辞，尧山壁当即答应了。不过，他很冷静地知道，完成这样一个时间紧、任务重大的作品，必须拥有长期的、大量的、翔实的材料，自己掌握的还不够多，重新深入生活已经来不及了，必须找一个熟悉塞罕坝的合作者。这时，他想起了散文作家、长期在省林业厅工作、和自己相识多年的冯小军，正好能弥补自己林业知识和素材积累的不足。

和冯小军一拍即合，两个人通力合作近两年，书稿终于在 2017年 12 月 5 日即塞罕坝获联合国环境总署颁发的"地球卫士奖"那天结稿。经过一稿、二稿、三稿的修改，出版社的一审、二审、三审，终于在 2018 年 6 月出版。该书开始取名《绿色信仰——塞罕坝机械林场生态文明建设实录》。

信仰，指某人或某些人对某种思想或宗教或追求的信奉与敬仰！

书讯上说：

这是一部史志性的作品，留存了一个时代、几代人艰苦创业的生动记忆，具有鲜明的现实意义。

该书采用报告文学体裁，以全景式的展示、如诗的文笔、可歌可泣的事迹，流畅、生动而有力地表现了塞罕坝三代人牢记使命、艰苦创业、绿色发展的奋斗历程，以及"献了青春献终身，献了终身献子孙"的无私精神，诠释了"绿水青山就是金山银山"的理念，对塞罕坝三代人艰苦创业将荒原变林海的人间奇迹做了真实生动且多维度的叙写。行文中饱含了对创业者的钦佩与崇敬，情节曲折跌宕，感人至深。同时，书中随文附有60余幅珍贵图片，这些图片，是记录，是回忆，是见证，更是深情。

本书先后入选中宣部2018年主题出版重点出版物、"十三五"国家重点出版规划增补项目，荣获首届河北省优秀出版物奖。《光明日报》《文艺报》《文化报》《中国新闻出版报》等报纸期刊及中国林业网、中国作家网、中国社会科学网等媒体刊发评论文字对该书做重点宣传。

该书获得国家"五个一工程奖"和河北省"孙犁文学奖"。

中国报告文学学会常务副会长、中国作家协会报告文学专委会副主任、全国报告文学理论研究会会长、著名文学评论家李丙银，中国作协创研部副主任、中国报告文学学会副会长李朝全等都发表了长篇评论。

之后不久，有人发现尧山壁被选为"河北省环保学会副会长"。认为有点牵强，就因为写了一本有关环保的书吗？非也，当有人了解了他写的一些散文和青年时期就有了环保方面的意识和知识后，不得不伸出大拇指表示服气。

从小就对前人笔下的高山大川、江河湖泊、名胜古迹、人文地理美之赏之，长大后更是往之写之，他写《逍遥游》"九寨阴晴""雨游黄龙""景红花树""抱犊寨记""贺坪峡记""察尔汗·神秘的湖"……

他写《域外风情》"石头的生命""普希金的黄村""科罗拉多大峡谷""尼亚加拉大瀑布""绿宝石王国"……人民日报出版社 1998 年 5 月给他出版的一本《灵魂采光》散文序中说：

> 纵观他的文章，画意中有诗情，纪实中有浪漫，朴素中有灵性，散漫中有境界……善于广征博引，给以山水人物以文化关照，用现代意识去观察和思考……

《绿色信仰——塞罕坝机械林场生态文明建设实录》这本书出自尧山壁之手，顺理成章，他是一个环境意识早醒的作家！

时间回溯，还记得尧山壁在文化馆做馆员的时候赶上一次重大洪灾吗？在救灾中他发现是"一炮崩出个水库"惹的祸吗？以及他和县委书记何耀明在一个小饭馆的谈话吗？那时，他只是个 25 岁、刚刚毕业一年的大学生，就有如此的环保意识、生态平衡的见解。之后，他还曾考察过太行山区水土保持，了解滏阳河的变迁，组织全省作家深入环保一线，在全省环保会议上大声疾呼，身体力行写出大量环保散文如《三上前南峪》《滏阳河》《白洋淀》《重访白洋淀》《再访白洋淀》……

实际上，他在 2006 年就被推荐成为"河北省环保学会副会长"了。

第五十七章　文中有骨

2019 年 11 月，中国作家出版社出版了一本书，名字叫《不灭的星辰》。

在书的背页上有这样一段话：

> 《不灭的星辰》，记叙或追忆了灿若群星的文坛大家、丹青高手、书法名家、戏剧名角等，作者将对其人其艺的欣赏仰慕娓娓道来，所思所念、所怀所忆者，皆是光辉独具之明星。其真性情文字，堪品鉴，可珍藏，多史料文章，可增闻，堪引用。

书讯中还破天荒展示了长长的目录：上辑有文坛星灿 28 位；中辑有书画星辉 8 位；下辑有曲苑星耀 5 位。

这本书是尧山壁写作以来出版的第 52 本著作，退休以后出版的第 8 本新作。

这本书，是他退休前或退休后写的一些与文学界、戏曲界、美术界、书法界其中一些名流认识或交往的故事汇集，写了他们在文学和艺术上的贡献和才华、他们的文品和人品、文学艺术文化修养的底蕴等等，还有生活中的奇闻趣事，尤其是在非常时期所经历的灾难和屈辱以及愤怒和抗争……洋洋洒洒 20 多万字。该书出版后在社会上引起强烈反响，让读者爱不释手，评论家好评如潮。如：

> 尧山壁先生是中国文坛老而弥坚型的那种作家，老树盘根，临风啸啸有声。他的文章浑然有力，但看不出用力，是写法老道，入了化境。那种平和，是波澜之后的，是老僧只说家常话。

> 山壁先生早年以诗成名，后以散文立世，晚年又把诗与文结合起来，纪事纪史，慧心慧言，文思灵妙，史记风韵。《不灭的星辰》可谓此类作品的代表。数十位名家大师生命缝隙中的鲜切故事，真纯、朴实且烟火，不仅是他们各自人生侧面的呈现，更是时代风云的皱痕。谈笑之间，勾勒出一个非常时代人物画廊，活灵活现，流光溢彩。

> 尧山壁散文以质朴见长，写自己平生遭际，自然清新，谱乡土风俗人物，历历在目。这一部《不灭的星辰》忆念他平生交往的作家艺术家，赵树理、臧克家、郭小川、田间、梁斌、乔羽、方纪……在公众视野里声名显赫的名家明星，各有一段鲜为人知的跌宕故事，与作者青年时代的经历相交织。非常年代，生死之交，患难识真情，板荡存精神，个人命运与历史大潮迎头碰撞，演绎出令后人唏嘘的传奇——呈现在朴实的文字之中。这是星辰闪耀的夜空，也是真实历史的侧影，以平实出奇崛，立伟岸于峥嵘，客观真实的书写中，作者自己的内心世界也坦诚于读者面前。

> ……

尧山壁呈于读者面前的概括起来无非两个字："情"和"义"。情，友情；义，正义。这里，以《不灭的星辰》里的《忆赵树理》为例（由于文章很长，只能摘抄）：

赵老师山西人，也曾在太行区委等地工作，所以他多次自称，"我是华北太行区长大的"。而正是在这个时间段和这片热土上，他创作了《小二黑结婚》《李有才板话》《李家庄的变迁》，确立了在中国文坛的重要地位。形成了通俗化、大众化，为人民群众喜闻乐见的风格。当年仅有五百万人口的太行区，《小二黑结婚》就发行了四五万册，平均每百人一册，真正的家喻户晓。1947年，美国记者杰克·贝尔登在冶陶访问赵树理出版的一本书中说："解放前最著名的人物，除了毛泽东、朱德，就是赵树理。"

我是正儿八经读赵老师的作品长大的，边区小学课本有《地板》《富贵》《孟祥英翻身》《田寡妇看瓜》……乡村舞台上有《小二黑结婚》《武家坡》《罗汉钱》……从小就想见见写这些作品的本人。

读中学，班上有同学说赵老师曾在他们村搞土改，他见过。我知道了就缠着问东问西，当他讲了赵老师的样貌、着装和一些趣事，我就更想见他了……

1956年春天，赵老师已是中国曲协主席、中国作协理事、《人民文学》副主编，他来邢台地委礼堂参加他的新作《三里湾》作品座谈会，到会的多是师范生和中学生，我也有幸参加了……

终于见到了！一口地道的晋东话，满嘴笑话、顺口溜，不时逗得大家哄堂大笑；高深的道理，从他嘴里出来，三言五语，全是大众话，一两个比喻就简单明了。至今我还保留着他这次文学活动讲话的全部纪录。这次会面不止"听君一席话，胜读十年书"，在座谈会将结束时，赵老师对我一首诗的夸奖"不错！有点山药蛋味"更增加了我文学写作的无穷力量。

1962年，我大学毕业申请到农村工作，王永淮县长送我到文化馆报到时鼓励我向赵老师学习；当我1965年写出剧本《轰鸡》并获奖时，王永淮县长又鼓励我"再这样干二十年，也可能成个小赵树理"。……

1965年我调到省文联，与文联副主席、《白毛女》的作者李满天一见如故。共同的话题是赵树理。李满天和赵树理曾工作有过交集，成了很好的朋友。

赵树理！赵树理！全国"中国作家真正熟悉农民、熟悉农村，没有一个能超过他"的认定，在"特殊时期"被颠覆了，被篡改了。他被划入"文艺黑线"队伍里，发配回了老家。

新闻有打倒他的文章，还有的说他已经死了。李满天坐不住了，找了我说："怎么也要打听到真实情况，是死是活得弄个明白，当时还不是运动重点的我得到了一次到山西出差搞外调的机会，而需要写证明材料的正是赵树理。"

1967年冬季，我来到太原，来到赵老师的家。一套四合院缺了北房，住南房，屋子里已是空空荡荡了。我上来就叫赵老师，说起邢台那次座谈会，说起李满天……他写完证明材料，我看也没看就塞到兜里，赵老师明白了，立即精神起来，眼里涌着泪花，艰难地站起来跟我握手。两手相握的那一刻，我一激灵，感觉手掌握的就是几根冰凉的铁棍，没什么体温，按中医讲，是气血虚到了极点，这哪还是那双创作小二黑、李有才，描写过《三里湾》《灵泉洞》《实干家潘永富》《套不住的手》的手啊！屋子里很静，衬托得他那发自肺部或气管的哮喘声很大，大得吓人。我赶忙扶他坐下，又抓过他的手焐在自己怀里，尽量地传给他一点热量。赵老师说："看到你就想起了邢台和其他地方，想起了太行根据地。小孩在外边挨了欺负，会天然的叫一声'娘——'太行山与我是母子之情啊！"

没想到起身告别后，竟成永别。1970年9月23日赵老师含恨去世，离64岁生日仅差一天。

……

2008年，我去晋城开诗词研讨会，专程到沁水县加丰镇尉迟村，早出晚归在赵老师的故居和墓地待了一天，整整待了一天，不忍离去……

尧山壁为人做事唯真唯实，写出的作品也唯真唯实。性情虽然谦和温顺，但骨子里刚正坚毅。一生为文，推崇真善美，但也不放过假恶丑。《不灭的星辰》里除《忆赵树理》还有很多。

这里再举一个改革开放时期的例子：

20世纪90年代，他因写塞罕坝等报告文学声誉文坛而被省某高层领导盯上，他要他也给他写篇报告文学，全面反映他的政绩。因为报告文学是散文的一种，兼有新闻和文学的特点，能迅速地及时地宣传出去。

尧山壁敏锐，知道人家葫芦里装的是"形象工程"。主意立定：不写，坚决不写，刀刃架到脖子上也不写……

"一个作家为坏人唱赞歌，无疑是为坏人当保镖！"这是他在此事发生不久看书时发现雨果的一句话。当时很激动，如鲠在喉，不吐不快，仅用一个小时就写下《莫为腐败当保镖》一文，并寄给了杂文报刊。编辑爱不释手，但不敢发，压在抽屉里整整三年，直到此公东窗事发。

尧山壁在那篇杂文中写道：

……

如今收买作家、记者当保镖的不仅贪官污吏，还有不法商人企业家。他们吃黑走私，投机钻营，暴富之后，心虚胆怕，除了烧香磕头求神保佑之外，还会花一些钱雇一两个记者、作家为之评功摆好、涂脂抹粉、招摇撞骗。而有些文化宣传部门，集体或个人"人穷志短"接受一点"赞助"就会见利忘义，就会用自己手中的笔，弄虚作假，为豺狼纺织袈裟，为魔鬼制造光环，欺骗舆论，蒙蔽群众，使他们进一步在画皮之下变本加厉地胡作非为。但纸是包不住火的，迟早要暴露出来。何止本人和单位丢人现眼，连整个新闻、文学脸上都被抹了黑。

被雪藏的杂文发表后，一石激起千层浪，转载、评论如雨后春笋。不足 2000 字的字符如千军万马奔腾在反腐的阵地上。文题"莫为腐败当保镖"七个字，已成当时和后来乃至现在反腐败的一个常用"警告语"。

著名诗人、散文家、评论家邵燕翔先后写了三封信给尧山壁，封封夸他"文中有骨！文中有骨！文中有骨！"

毋庸置疑，尧山壁的文学写作很有天赋，但"善良"和"正义"绝对是他后天的一种人生自我选择。

第五十八章　生命的重量

退休后的尧山壁始终保持着写作的热度，并越写越勇，越写越快，越写越好。

2017 年末，《绿色信仰——塞罕坝机械林场生态文明建设实录》刚刚结稿，河北出版传媒集团美术出版社就登门约稿。他们拟出版一本他的欧洲游记，甚至书名都起好了，叫《趣味欧洲》。他此时需要做的只是筛选、修改、编辑、誊清，虽然交稿时间紧，但工作量并不大，于是欣然同意了。

但实际操作起来就不像想象那么简单了。游一地，看一景，见一物，叙一事，记一人……写出来必须求真求实、准确深入，还要有文采、有趣味、有可读性，这是尧山壁写游记散文给自己早就定下的标准。筛选很快做完，但到修改时问题来了，由于有的文章离写作时间较远，记忆已模糊了，还有些稿子需要润色加工，甚至还有些稿子重写才能达到自己的要求……于是，全力以赴、废寝忘食这是必须的了。

一到这个时候，妻子李静也要披挂上阵，不但要格外照顾他生活上的饮食起居，还要帮他整理、誊清稿件。多年前他们的姻缘就是从李静为他誊抄《轰鸡》剧本稿子开始的！后来只要李静有闲，这活就成了她的专利。她愿意为他抄稿子，这抄写过程中，莫名其妙生出崇拜、欣赏、喜欢等别样的情愫，即使已是奶奶辈的人了，也能感觉到曾经恋爱时的心动，尤其是尧山壁常说自己的字是鸡爪子耙的，夸她的字龙飞凤舞——漂亮至极并好认识的时候。

月色朦胧，星光闪烁，尧山壁在灯光下伏案一篇篇改着或写着稿子，李静在灯光下伏案一篇篇整理和誊清着稿子……岁月静好，夫妻深情共白头！一只不知名的白色小猫，不知什么时候开始莫名其妙地蹲在他们家的窗外，目光如炬地隔窗看着他们，它不动也不叫直到夜深他们关灯歇息。

有人问："人生莫测，尽管有预测学。那命运的'密码'对于一摇三晃、姗姗而至的未来无法破译；对于永远静止了、无动于衷的过去又无须破译。人生随着岁月融在永恒的时间里，而谁又知道什么事情会潜伏在时间的背后？"

2017年11月，李静突然感冒发烧。人这一辈子，谁没感冒发烧过？普通的人，太普通的事情了！

尧山壁陪着李静来到医院，看了大夫、开了药，正往外走大夫又关心地问了一句："不咳吧？"

夫妻俩愣了一下，竟说不记得了，也许是改稿子、誊稿子太专注了。

医生善解人意安慰："即使咳过也应该是极轻微的那种，否则不会不记得。"接着又说："现在流感很严重，老年患者很多，我建议你们还是做个胸透吧，没事才好放心。"

胸透片子出来了，大夫问："最近，你有咳血的症状吗？"李静摇摇头。"那有没有低烧、乏力、盗汗、消瘦等症状？"大夫又问，李静仍摇头。

尧山壁敏感，急问："大夫，她是不是得了什么病？"

大夫安抚："老先生你别急，这片子肺部有一片阴影，判断不出是不是病灶。你们明天还得来医院一趟，做个 CT 确诊一下吧。"

李静有点摸不着头脑说："大夫不用做 CT 了，我身体好着呢，能吃能睡，能走能行。我爷我爹我妈都活到 90 多岁，我们家有长寿基因……"

尧山壁拦住她的话，跟大夫说："大夫，你开单子吧，明天我们准时来做 CT。"

第二天 CT 结果出来：癌症晚期。

李静一百个不相信。

尧山壁晴天霹雳、五雷轰顶。他，事不过夜，动用一切通信手段把检查的片子和报告传给国内外亲戚、朋友、熟人那里，希望他们找到权威最好是更大的权威，回一个不一样的报告——"误诊"。但陆续的回音又是那么的无情，出奇的一致："晚期"。有的还加上了"时日不多，最多能扛半年"几个字，并提供一些保守治疗方案，五花八门，有的一致，有的相左。

三天，仅仅三天，尧山壁日夜未眠，水米没沾，稀疏的头发一夜变白，李静看着心疼，劝又不听，拿出杀手锏：

"尧，这病是我得的，治不治，怎么治我自己说了算。"

"李，你怎能说这样的话呢？你是我老婆，是我的家人，你有病我不急着给你治，我还是个人吗？"

这两口子挺逗，自恋爱、结婚以来从没有爱称，名字最后一个字也不叫，开始互叫"老尧""小李"，后来不知什么时候，把"老""小"二字也免去了。

李静听了丈夫的话说："尧，听你的也可以，但你要先听我的。"

"李，我听你的。说吧，你让我做什么？"

"你把《趣味欧洲》必须改好，你要因为我的病不改了或者改不好，我的心会不安的，会埋怨自己一辈子的，会死都不瞑目的。你现在马上立刻回到书桌前，改好你的稿子，我也一定下力气帮你把它誊清好。我可能这是最后一次为你誊稿子了，我会比以前任何一次都认真。然后……然后我想和你一起出去走走，我想回你老家和我老家看看……"

尧山壁说："李，你想出去走走，咱们现在、马上、立刻就可以走。出版社那边我可以协商，延期一段时间交稿子没关系。"

"尧，你是没听懂我的话吗？我要你听我的，先交稿子咱再出去，明白了吗？"声音高了八度。

尧山壁看李静有点不耐烦了，勉强点头。

于是岁月静好的那一幕又回来了！

可是可能吗？

李静正在聚精会神抄稿子，尧山壁在改稿子的过程中不时抬头看她一眼，看着看着眼圈就红了，鼻子一酸眼泪就掉下来了。他怕被李静发现，起身出去。李静还是发现了，问他干什么去，他说上厕所。开始李静还当真了，但当发现真相后只说了四个字："信誉、责任"。其实她何尝不是呢，在丈夫面前大大咧咧，坚强无比，但内心也有脆弱的时候。当她最初知道自己的病症时就曾躲在厨房里哭了一场，那不叫哭，那叫泣，眼泪哗哗流，却不敢出声，生怕丈夫听到，加重他的悲伤。在这段时间里她知道丈夫比她更脆弱，更难熬……

也许月色依然朦胧，星辰依然闪烁，夜幕里那只叫不出名字的白色的猫依然还在……但心境不同了，氛围不同了，希腊哲学家赫拉克利特说"人是不能两次踏进同一条河流的"，只是当不幸像一个魔鬼将两位老人绑架，他们特别是李静没有恐慌、惧怕、绝望罢了。"宇宙被分割成一个个对立的二元：明与暗，厚与薄，热与冷，在与非在。生命也被划分为：重与轻。"在重与轻面前，他们选择了重。因为生命的重量里有众多因素组成，其中就有"责任"和"信誉"。

几个月后，夫妻通力合作，互相帮衬，按时向出版社交了稿子。之后才轻松地、心无旁骛地踏上了回老家的路。

也许是心情好，这段时间李静的病没有好转但也没有恶化，当然每月昂贵的自费药也许起到了遏制病情的作用。

朋友从上海传来权威药方，尧山壁按方索骥买来药，开始李静坚决不吃，说太贵了，但经不住丈夫苦口婆心：

"李，这事你可要听我的，你不听我可要跟你急。家里还有些钱，不要疼惜钱，命比钱重要……"

李静被丈夫说哭了，不忍让他再急，接过药和水一口吞下……

2018 年 12 月尧山壁的《趣味欧洲》正式出版。出版后，很多读者把他这本书当作口袋书随身带着，闲适时拿出来翻翻；也有的压在枕头下，变成晚睡前的必读书。吸引读者的当然是"丰富多彩、活灵活现的写作风格以及独特的语言表达方式——写异邦的景物、风情细致入微；写人物、环境、习俗五光十色；述说观感、见解把握有度……其中的数据、历史、资料的旁征博引，更有权威属性，有滋有味儿，有情有理有趣儿。"

天津的刘福琪教授看完此书，写了一篇近万字的文学评论，题目是《旁搜远绍，学贯中西》。

第五十九章　永失爱妻

2017—2018 年突然的惊涛骇浪终于过去，尧山壁夫妻祈求 2019 年能风平浪静。不求病情反转，只求不要发展。

还好，在 2019 年的几乎一年里，李静的体质虽然在下滑但病情总体平稳。尧山壁把她照顾得很好，对治疗更是上心，尽管李静对自己的病并不太在意。她有点佛系，总说"生死有命，富贵在天"。但尧山壁一点也不敢怠慢，始终保持着与医院的联系，有一点风吹草动立即咨询专家，自己也到处查资料，寻找治疗最佳方案。

年初，他在一份材料里看到，西医鼻祖希波克拉底在公元前 5 世纪就说过："不是医生治愈了疾病，而是人体自身战胜了疾病。"

那份材料里还说："旅游可以治病，人因病容易产生悲观、忧郁和紧张的情绪，人在旅游中，通过各种异地风情带来的美好观光，在极其自然的状态下会使病人转为乐观、愉悦和放松的心态，极大限度地忘却患病和病痛……"

尧山壁看了如获至宝，拿着材料给李静看，李静也认同："一点不假，我在给你誊清《趣味欧洲》时，就是这样，心情非常愉悦、非常放松、非常高兴。"

尧山壁听了哭笑不得："这哪儿跟哪儿啊？我写的，你也没亲眼真正看到。我想带你国内外旅游去。你说吧先去哪儿？"

尧山壁还把这材料拿给一位无话不说的医生朋友看，并讲了要带李静出去旅游的打算。医生朋友骂他是书呆子："不知你是看书看呆了，还是写书写呆了，李静爱你到骨、爱屋及乌你不知道。你把我写的书稿叫她抄抄试试，看她愉悦不愉悦、放松不放松、高兴不高兴？不给我撕了算我没说！你决不能带她出去，危险性太大。她虽然精神状态不错，但化验的指标很多都有问题。我不否认旅游可以治病，但陪伴是最好的良药。陪伴懂不懂？就是陪她吃喝，陪她玩乐，尤其陪她说话聊天……生死之间是个孤独的过程，陪伴就是让她不孤独或者孤独少一些。"

听了老朋友的话，尧山壁始终陪伴李静身边，早春曾带她到郊区看百亩梨花，盛夏黄昏来到小区不远的一条小河边散步观荷，走进大自然，离家也不远。后来李静的体力不支就在小区里活动了，小区里有树有草有花，还有一条九曲回肠的水带。开始自己还能走，渐渐地需要尧山壁扶着，再后来就坐轮椅由尧山壁推着了。更多的时间是待在家里，尤其是冬天一边隔着窗户晒着太阳，一边陪她，给她唱京剧，虽然年事已高气力不足，但早年练就的童子功还在，仍有板有眼，有时李静高兴，也随唱或对唱几句。李静经常喜欢邀他玩"翻绳儿"和"抓羊拐指"的游戏，那是她童年的美好记忆。尧山壁手大翻不好，抓不住，常常引得李静笑话，尧山壁不好意思，李静安慰，这本来是女孩子的玩意儿，男孩子哪会玩儿这个。他们喜欢下象棋、玩跳棋，以前两人基本棋逢对手，但现在尧山壁总输，当被李静看出他的意图后也赢一两次。他希望她高兴，但还要保护她的自尊心……

聊天的时候大多是尧山壁说，李静听，只不过偶尔插一两句而已。她一边听一边还忙着手里的活儿——给丈夫改袜子。丈夫身高、脚大，脚脖子粗，穿 48 号鞋不好买，袜子更不好买，即使买到了，袜口没有一双不勒他脚脖子的。她得把袜脖子剪开个长口子，然后再把口子一针一线锁上边，50 多年了双双如此。

他们聊天的内容天南海北，但更多的是孩子，尧山壁一提起孩子的事，李静就格外精神、兴奋。

"孩子出生时，国家是实行吃饭凭粮票、穿衣凭布票的时代。全家吃的、穿的全靠你一双巧手，当时粗细粮供应基本上八二开，大米白面金贵得只够过年过节吃一顿，平常吃的基本是玉米面。什么东西长年累月吃也会厌烦。孩子还小，都是长身体的时候，你就变着法儿粗粮细作，贴带嘎儿的饼子；做玉米面掺山药面儿的把儿条；将白菜、大葱和玉米面糅合在一起烙打糊饼……把穷日子过得有滋有味的。"

"我身高体阔，分得的布票买一件衣服就不够买裤子了，为维护我的体面，你巧用全家每一寸布票，发明了大人孩子的衣服连裁、套裁；大人穿旧的衣服改成小孩儿的新衣服，还跟母亲学会了染色，让全家人的穿戴整整齐齐，干干净净，连衣服上的补丁都当花绣，像一块块特意缝上去的装饰品。"

"那时咱俩的工资加在一起不过八九十块，四口之家，还有双方老人，你柔弱的双肩承起重负，一天到晚洗洗涮涮，冬天里为了省煤，一双手经常泡在冷水里，总是红通通的……"

"这都是哪个年代的事了，你还提它。"李静停下手中的活儿。

"再远年代的事，我也不会忘，不能忘。"

"你不是写到文章里了吗？"

"我都装在心里呢。"

有一次他们聊天时说到孩子的事，尧山壁滔滔不绝：

"人常说慈母严父，在咱家正好相反，我自幼丧父，从没尝到父爱是什么味道，吃尽人间苦楚，所以儿子生下来，捧在手上怕摔着，含在嘴里怕化了，不知怎么疼爱才好。多虑的你看出我的弱点，毅然把刚刚走路的儿子送给乡下的奶奶照顾。你还说'人生难得少年穷'。儿子在乡下住了三四年直到要上小学才把他接回来。"

李静插话："'人生难得少年穷'这句话是给你抄稿子时学的。"

尧山壁继续说："早期，你注意培养孩子的学习心境和习惯。儿子二年级，机关分新房，但没有电梯，咱家本可以分到一二层，你却让我选了最高的四层。你和我讲孟母择邻的故事，说高层外部干扰少，适合孩子专心学习和看书的习惯。"

"这事儿，我想起来了，是我的主意。"李静肯定。

"儿子上初中，离家三四里，别的孩子都骑自行车，儿子也想但就是学不会竟想放弃，你就每早四点起床陪儿子一边分析要领，一边扶着、推着、鼓励着，就像老鹰带着雏鹰学飞。初三儿子因俯卧撑、引体向上影响了体育成绩，老师找到家里告知体育不及格不能升重点高中。你从商店买来闹钟，放到他卧室。儿子贪睡，铃响了也听不见，最后还是你每天定时叫他起来。无论刮风下雨，酷暑严寒，儿子坚持锻炼，还当上了班里体育委员。学会骑车、体育课及格了这固然重要，更重要的是培养了孩子的骨气和毅力。这骨气和毅力也自然会表现在学习上，多难的数学题他从不求人，和我读初中时一样，非自己攻下来不可……"

说到这儿，尧山壁突然停住了，问："唉，李，你那时怎么不叫我早起陪儿子学骑车和体育锻炼啊？"

李静瞪了他一眼："叫你？睡得死猪似的，等叫起来还不得太阳照屁股了？"

还有一次，夫妻俩聊天聊到儿子考大学。尧山壁说：

"孩子懂事后你觉得不能总扶着推着他们了，儿子学习成绩越来越好，你告诉他不要死读书，着重增强的是实践能力；儿子从小喜欢文学，初中的时候就把我书柜里五百多部古今中外小说浏览完了。你告诉孩子不能偏科，一方面引导他对数理化的兴趣，同时向他灌输当代青年多学科知识结构和当代意识。高中二年级文理分班，我让孩子读文科，你同意了但坚持孩子也要学好数学、英语、理化。你说中文系毕业知识窄缺乏生活，写不出好作品，要搞创作就别上中文系。生活是创作的源泉，最有出息的人应该去创造生活。万幸，照着你的话，我大学毕业多亏下基层了。你根据孩子知识丰富、思维敏捷的特点，鼓励他学经济，你说国家急需，直接为'四化'服务，同时也可以积累生活，将来也可以写作。"

"你还从你们单位借来一些经济、科技信息方面的书，在饭桌上传播，还订了《青年文摘》《中学科技》等杂志，买了《走向未来》丛书让孩子广泛涉猎。儿子利用学习的业余时间读了许多书，做了上千张卡片。高中二年级时，你们娘儿俩还跟着电视学微机。我当时莫名其妙。你说，现代化微机必然要普及。你说的还真对，一年以后果然教育界就开始提倡中学生学微机了……来学校招保送生的两位大学老师走了若干重点中学，考核了几十名优等生，唯有看中咱儿子。就因为他除了成绩之外，知识丰富，思维广阔，天上地下，对答如流。"

"儿子考研究生，没用咱操一点心。"李静补充。

再谈到女儿，尧山壁更激动了。

"女儿有哥哥做榜样，一点儿没走弯路。从小就出类拔萃，唱歌、跳舞、演节目，小学、中学、高中、大学一路优秀。出诗集，写剧本，发表文学评论文章……大学毕业有的学生到处找不到接收单位，她却被多家单位抢着要。她心仪一个新闻单位，那个单位也看好她准备接收，但突然闯来个不速之客，领导的孩子，有背景。女儿感到不公，回家不悦，还哭了鼻子。你也感到愤愤不平，总想找个地方说说理。哪里找？最后你把气都撒到我身上，晚上不让我睡觉，让我答应第二天去找有关部门。第二天我假装出了门，哪儿也没去，只在小区内转悠，直到中午了你把我叫回家，原来你一直跟踪我。你说，我早晨一出家门你就后悔了，但撵出来发现我哪都没去却又假装不高兴了，说我狡猾狡猾的，竟一天不搭理我。你们女人啊……"

尧山壁还没说完，李静哈哈大笑。笑后说："后来咱女儿又被另一家新闻单位接收，新闻记者、专题编辑一肩挑，干得风生水起。写的专题剧本还得了'五个一工程奖'呢。所以我跟女儿说，一个人不管你在哪儿，你做什么的，只要是金子总会发光的。"

2019 年末，武汉暴发新冠疫情，到 2020 年初已经波及全国，而且愈演愈烈。很多省市先后封控，摁下暂停键……

此时李静的病情发生急转直下的变化，虽然始终没有卧床不起、神志不清，但便秘、失眠把她折腾得生不如死，更糟糕的是，一直吃的治癌药断顿了，买不到，即使买到了也运不进来。

便秘，她一次次需要上厕所，腿脚无力还逞强，几次要摔倒。尧山壁一次次扶着，但到了厕所又便不出来，来来回回折腾，两人都大汗淋漓。无奈尧山壁听从医生朋友的建议，让她侧躺床上，戴上医用手套，给她一次次往外抠。抠完了还要给她洗个澡，他知道她是个爱干净的人。

失眠，睡不着觉，一躺下喘不上来气，只有坐着，坐着又没有力气，腰疼、肩疼、耷拉的脑袋更疼，尧山壁就也坐着，让她靠在自己的身上，脑袋靠着自己的肩。有时舒服点，李静也能睡一会儿，但他不是不能睡，而是不敢睡。

这些事情如在平常住院，即使在家里请个护工也许都能解决，但这是疫情肆虐特殊时期啊。

……

2020 年 6 月 22 日上午 10 时，李静在她走完自己生命 77 年又 4 个多月的历程后戛然而止，比开始被医院和国内外医学专家"只有半年生命期"的判断整整多活了两年九个月。

李静，1943 年生。漂亮、聪明、有才。小学、中学、高中都是公认的校花。由于优秀，在高中一年级被河北广播电台选中做播音员。三年自然灾害缩减城市人口，又被下放到原就读的高中继续上学。高考是地区榜上的第三名，但很可惜，竟因爷爷家的富农成分而落榜。后被邢台艺校招聘做音乐老师，能唱歌、会编曲、编舞，当过节目主持人和独唱演员……写一手好钢笔字，远近闻名，就因这一特长与尧山壁结缘。之后来到保定一家军工厂，后又调到石家庄军工厂，从事的是统计工作。从当统计员做起，最后竟成为军工系统统计人才，上级要调她进京提干；省统计局要把她当人才引进；本单位要送她到大学深造，圆她大学的梦；甚至省广播电台要给她落实政策，重返台里……但都被她一一谢绝了。孩子还小，老人需要人照顾，丈夫写作、工作忙顾不上家……这一定都是理由，但未必是唯一的理由，正如尧山壁的医生朋友说的："她爱你到骨。宁愿牺牲自己来成全你。"而李静常对女孩子们说的一句话竟是："什么是爱情，爱情是奉献了一切还依然拥有。"是的，她拥有幸福的家庭；拥有帅气正直、才华横溢、对她忠贞不二的丈夫；拥有一双有出息的儿女；后来儿女相继成家，又为她生育了外孙和孙女，又凑成一个"好"字……

李静给尧山壁的最后遗言是：

"我比你小4岁，以为会走在你后面照顾你的晚年，没想到我倒要先走了。尧，你要好好活着!"

李静说这话时意识清醒、神态安详，然后闭上了眼睛如睡着了一样。

尧山壁听了这话意识也清醒，神态也安详，只是紧紧握着妻子渐渐变凉的手久久不肯放开。

……

办完丧事后，尧山壁回到家，空荡荡的屋子，丢了魂的自己。外面阴着天，他感到浑身发冷，打开衣柜想拿件衣服御寒，此刻，他怔住了，惊呆了：一柜的衣服，按春夏秋冬季节分放着，其中又按正装、休闲装，深色、浅色分门别类，整整齐齐、干干净净，像大商场里的衣服展柜。柜子最下层，有一个大箱子，打开来看全是袜子，每双袜子的袜脖都开了口并锁了边，足足能有百余双。

尧山壁抱着袜子捂在胸口哭起来，开始还是不出声只流泪，哭着哭着，就抑制不住地大哭起来。一种无可奈何的哀叹，一种撕裂人心的嚎啕。痛苦在蔓延，泪水在泛滥……窗外伴着雷声瓢泼大雨突然而至，连老天都被尧山壁的亡妻李静感动了。

第六十章　生命之轮

星移斗转，日月穿梭，人生旅途很短，一晃早过了退休年龄，一晃又到了耄耋之年。

2023 年，对于尧山壁是个不平常的年份！

2023 年 2 月 15 日，《河北日报》有条消息，吸引了广大读者的眼球：

近日，《尧山壁文存》由河北出版传媒集团河北教育出版社出版。

消息说："《尧山壁文存》收录了尧山壁在各个时期创作的诗歌、散文、文学评论、报告文学和剧本，共计 8 卷，400 万字。分别为诗歌 1 卷、散文 5 卷、评论 1 卷、报告文学及其他 1 卷。书中，作者为读者展现了祖国的大好河山和异国的风土人情，讲述了中华民族悠久的历史，回忆了自己的人生历程。这些作品不仅反映了各时期作者的文学创作水平和特色，也反映了社会风貌及时代变迁；不仅让读者深刻感受到文学的美与力量，也启发我们对历史、社会和人生进行更深刻的思考。该文存的整理出版，对保存作家创作成果、通过文学作品反映社会发展变化等具有重要作用……"

2023 年 4 月 23 日，又一条消息，更吸引了广大读者的眼球：

　　　　作家尧山壁文学馆，在家乡隆尧县建成开馆。

消息说："尧山壁，1939 年出生，原名秦桃彬，隆尧县人，系革命烈士遗孤，国家一级作家，享受国务院特殊津贴。其作品先后荣获诸多文学大奖，其中《母亲的河》等 10 多篇散文和诗歌入选大中小学语文课本。尧山壁写有和发表了上千万字的作品，存有大量手稿、上万册图书、名人字画，以及与臧克家、赵树理、孙犁等名家的书信来往手稿等等，具有较高的文化价值、艺术价值和历史价值，是集作家文学作品陈列、作家资料收集、文学交流等功能于一体的综合性文学馆……建筑面积 900 余平方米。馆名由著名词作家、剧作家乔羽先生题写……"

实际尧山壁 8 卷文存的出版和尧山壁文学馆的建成开馆，并不是从 2023 年才动议的，只是因疫情有些事情被耽搁或延迟了而已。"文存"是 2021 年、"文学馆"是 2020 年相继由有关部门立项的，宗旨都是对文学人才的一种尊重、爱护和保护，更是新时代、新征程文化强省，文化兴市、兴县战略布局的一种开山之举。

有人问，文学是什么？

教科书上解释："文学是人学，是与哲学、政治、宗教、法律所说的上层学问，也是社会科学的学科之一。"

有识之士讲得更明白："文学是一座桥，一条路，能将遥远带到你身边，能从敦煌到欧洲，能从珠穆朗玛峰到密西西比河，能从远古到未来。文学也是天使，能让不同时代的人，不同种族的人，不同地域的人，不同国家的人得以情感沟通和心灵分享。当一部好的作品和文章让我们想起生命中最重要的是什么时，会为之产生感恩或敬畏的情愫。"

又有人问，"当世界没有了文学会怎么样？"

回答是那么的统一和干脆："我们的人类文明或许不复存在。"

……

《尧山壁文存》8 卷出版，消息一出，引起各新闻媒体注意，纷纷发消息不说，还陆续发了深层次的报道，见诸报端的题目五花八门：《积抔土而成泰山——读〈尧山壁文存〉有感》《他以通俗传神的文字，写的都是热腾腾的生活》《寓文于野，寓雅与俗——读尧山壁文存》《尧山壁〈百姓旧事〉谈》《人物众多尽风流——读尧山壁〈流失的岁月〉》《尧山壁与艺术家的交往——读尧山壁散文〈不灭星辰〉》……

书出版之初，有些偏远的县市，消息到了书还没到，有些年轻的文学爱好者等不及了，竟搭伴拼车不问路远直奔尧山壁在石家庄的家，把出版社给他的样书一抢而空。

……

早在 2020 年 10 月"尧山壁文学馆"在家乡刚刚立项时起，就得到省市各级领导关注和支持，尤其是隆尧县的领导和各部门对选址、规划、设计、建筑、装修、布展等等进行了多次协商与沟通，把这一项目当作文化精品工程来实施，当作家乡一张文化名片来设计。一次次考察，一次次行文，一次次修改，精益求精，甚至几次返工也不准留一点遗憾。作为一个财政并不富裕的县级行政和各部门，对文化发展事业，对出自家乡的作家如此关注重视，也感动了中国诗歌协会和中国散文协会等相关部门都相继发来贺信表示感谢和祝贺。

自 2020 年 6 月妻子逝去已经三年，尧山壁只休整了一个多月又跋涉在自己的人生之路上——"以身相许文学，从一而终文学"，就像对妻子李静的爱情。

2021 年 1 月，一阵高亢的门铃声，打扰了正在写作的尧山壁。

一位身材矮小、穿着朴素的人恭恭敬敬站在院门外。

"你找谁?"尧山壁来到院子里问。

"找尧山壁老师。"

"我就是尧山壁。你是——"

来人喜出望外，伸出双手，边紧紧握着他的手边说："我是你的粉丝！你的作品《理发的悲喜剧》《母亲的河》《老枣树》《醉壶口》好多好多作品我都读过，是在语文课本上读的。受你的影响，我也喜欢写作……"标准的信阳话，语速很快。

尧山壁把他让进屋，落座后问他有什么事? 他说："没什么事，就是想见见你。家穷，我高中没毕业就辍学出去打工了，由于个子矮，始终没说上媳妇，自卑是我心里的一块巨石，压得我抬不起头。没事爱看书，写些小文章打发时间，一晃到了中年。写了几本子的文字却一篇也没变成铅字。想请老师看看毛病出在哪儿?"说着边从背包里掏出几个本子边说："听说你不但是个大作家，还是个大评论家，经常给作家、作者的作品写序、写评论。你待人真诚，平易近人，给你们省，还有全国的文学爱好者、初学者不少无私的帮助。所以我就冒昧地闯来了……"他絮絮叨叨，一直到看见尧山壁已坐下认真翻看他的稿子时才住口。

尧山壁一到看稿子，就进入无人之地，把自己切换到另一个世界。来人被晾在一边，多亏了被阿姨发现，端来茶水。

一小时后尧山壁和来人开始讨论他的作品，这是曾经做过编辑的基本功——作者的终点，编辑的起点。他从他的身世经历说到他的作品取材，从文题说到文章结构，从细节、情节说到语言表达……给以肯定和鼓励并主要指出不足的弥补、弱点的加强和错误的修正……感动得来人五体投地、热泪盈眶。

此人对文学很有悟性，回去按尧山壁的指导修改了几篇，很快就有作品被发表了。他来信说："我崇拜您的作品，更崇拜您的人品。你是文学界不同于某些作家的作家。看书，文学家的定义是'单个人的精神过程'，但你却把你单个人的精神过程分享给其他人，尤其是在文学界刚刚起步或还没有起步的陌生人。有人说你是文学界一个特殊同心圆的圆心，我愿做你不断扩大圆周上的一个点……"

做人真诚、憨厚的尧山壁的确不自私！就是此人来访之前，他正在写作的也不是自己的作品，而是在为福建的一位做学问、做媒体的诗人拟出版的诗集写序。

此人尧山壁认识但并不熟悉，可人家诚心诚意把稿子寄来，请你写序，是对你的尊重和信任。当他知道此作者以前创作重在散文，后尝试"韵散文"的写法，文中有诗、诗中有文时就更重视了，他洋洋洒洒几千字，从诗的起源到诗与时代的变迁，再到作者写诗的特点和风格。他对有创新、有新意的作品很敏感，只有不断地创新，不断有新意的作品涌现，文学界才能繁荣昌盛啊。他就是站在这样的一个高度和视角关心与扶持文学爱好者和作家、作者的。

当然尧山壁写作还是以自己的经历素材为主。三年来的疫情限制了与外界的联系，平均每年发表的二三十篇作品大都是约稿，多以回忆过往为主。如以 2022 年为例：

2022 年初，党的二十大召开地址确定在北京，为迎接这个不寻常的日子，光明日报出版社和有关单位联合举办了"新北京新京味儿"系列之"最美长安街"征文活动。尧山壁被聘为顾问委员，并亲自动笔带头写散文，还获了奖。散文的名字是《长安街的思念》，他写自己几次来长安街的感受，最后写道：

> 我到过世界许多城市，也参观过许多有名的大街，相比之下，巴黎的香榭丽舍短，纽约的曼哈顿窄，伦敦的唐宁街冷清，莫斯科的阿尔巴特街俗气……论综合指数，北京的长安街，毫无争议的是世界第一街。

2022 年 2 月 13 日，是顾随先生诞辰 125 周年纪念日。尧山壁应邀写了一篇散文《忆顾随先生》，发在《光明日报》文化周末版上。他在文章最后回忆说：

> 1960 年，大学暑假回校第五天，传来顾随先生逝世的消息，悲痛不已向着马场道的方向三鞠躬，默哀良久，心想"从此天下再没有顾随了。"实际，顾随先生并没有走远，他一直装在我的心里。是真正的"死而不亡者寿"。

2022 年 6 月 20 日，尧山壁接到一个电话："乔老爷凌晨走了。"噩耗传来他一夜未眠，一气呵成，为乔羽写下 6000 字的纪念文章《感念乔羽老师》。他历数乔羽和他的交往经历，对他的影响和提携、关心和帮助。他开头写道：

　　突接电话：语声低沉哽咽，却像巨雷震懵了我，怎么可能？近一个月还来往不断，二三十分钟视频犹在眼前，亲笔题词还在我手里，这个乐天娱人的乔老爷子，怎么说走就走了呢，就像一只蝴蝶飞出窗口，给我们留下无限思念……

……

一篇，一篇，又一篇。

就在2023年，《尧山壁文存》出版、尧山壁文学馆开馆的繁忙之际，他还应邀为一市文联举办的征文汇编写序，一天一夜通读了40多篇征文后写下2000多字的散文《生命之轮》。散文开头写道：

　　一个物象，往往会承载了一个时代的记忆和发展，写满了一个人的青春过往，记录了时代的岁月流年，自行车即是如此……

原来征文是"我与自行车的故事"。旨在通过自行车这面镜子，映照出时代的变迁，反映出时代发展的可喜变化。自行车虽然已不是人们出行的主要代步工具，但并没有彻底完成历史使命而退出历史舞台，君不见，无论是国内或国外乡间小路，城市街道……仍有众多自行车的轮子在滚动，滴铃铃、脆生生的车铃声如一首百听不厌的老歌在人们的耳边萦绕。

其实，尧山壁不就是在文学之路上那滚动不息的车轮吗？

人生七十古来稀，这是古人的判定。所以有些现代人以为到了80岁，那简直就是进入人生倒计时的尾声了，于是消极、悲观、失望甚至恐惧……岂不知经历了悲喜沧桑，看多了生死真相的人更应该用热情、心智、才能去拥抱人生，温暖人生，这就是在无限地延长自己的生命啊！不是吗，18 世纪末，法国人西夫拉克发明了第一辆自行车，经过了几个时代，如今仍在世界各地奔跑着，飞驰着，谁敢说"夕阳"的辉煌不是太阳的辉煌呢？

　　　　夕阳无限好，
　　　　只是近黄昏。

　　唐代李商隐《登乐游原》两句千古名句，对夕阳既赞赏而又惋惜的感慨，曾被现代杰出的散文家、诗人、学者朱自清晚年压在书案的玻璃板下面，但不是原诗，而是：

　　　　但得夕阳无限好，
　　　　何须惆怅近黄昏。

　　也许尧山壁对此早就领会、悟透，用自己的晚年文学作品践行。所以友人抄送他一尊条幅称赞：

　　　　已是人间八十翁，
　　　　依然策马啸长风！

附录 尧山壁主要著作目录

1. 剧本《轰鸡》,1965 年 12 月邢台县丝弦剧团首演,1966 年初参加河北省和华北地区文艺汇演,均获大奖,受到周总理表扬。1966 年第二期《河北文学戏剧增刊》发表。

2. 剧本《水乡游击队》,与刘谷等集体创作,参与执笔,并撰写唱词。

3. 剧本《三岔路口》,邢台县丝弦剧团 1973 年参加邢台地区文艺汇演。

4. 剧本《海河组歌》,1973 年河北歌舞剧院演出。

5. 诗集《山水新歌》,1976 年天津人民出版社出版。

6. 诗集《金翅歌》,1978 年百花文艺出版社出版。其中《育秧室打开大门》入选人民文学出版社 1949—1979 年中国诗选;《水火》入选《当代短诗选》。

7. 诗集《渡"江"曲》,河北人民出版社 1978 年出版。长诗《理想,绝不待业》获 1982 年"河北省四化建设新人新貌"奖。

8. 音乐风光电视剧《小白菜》,河北电视台摄制,王玉西作曲,彭丽媛演唱。

9. 诗集《烽烟·青山》,1983 年山西人民出版社出版。

10. 诗集《心花》(合集),1984 年群众出版社出版。

11. 诗集《我的北方》,1987 年花山文艺出版社出版。其中《狼牙山,我心中的瀑布》入选《新中国 50 年诗选》《当代抒情诗拔萃》《中国红歌 300 首》;《沙枣》《大伯镶了一口牙》入选《新时期诗萃》;《玉米吐出了红线线》入选《中国乡土诗人作品选》;《左公柳》《鸟岛》等入选《海内外诗萃》;《左家庄歌谣》

入选《中国百家讽刺诗选》。

12.散文《理发的悲喜剧》，1985年《人民文学》发表，获第二届河北文艺振兴奖，入选中专语文课本、王蒙主编的《新文学大系》、巴金主编的《中国当代文学作品精选》等。

13.散文《母亲的河》，1987年《中国作家》发表，入选人民教育出版社语文课本、林非主编的《百年中国经典散文》等。

14.散文集《母亲的河》，1989年中国文联出版公司出版。

15.散文集《山水风流》，1990年花山文艺出版社出版。其中《石头的生命》入选人民教育出版社高中语文课本。

16.诗集《春的雕像》（与萧振荣、边国政、刘小放合作），1990年花山文艺出版社出版。

17.主编《河北新时期文学丛书》，1990年获中国作协庄重文文学奖。

18.诗集《尧山壁抒情诗选》，1991年花山文艺出版社出版，获第五届河北文艺振兴奖。

19.诗集《绿荫花红》，1992年文化艺术出版社出版。

20.评论集《美的感悟》，1992年百花文艺出版社出版，获华北地区文艺理论一等奖。

21.散文集《胡杨林》，获新世纪文学一等奖。

22.散文集《漫游美利坚》，1994年中国工人出版社出版。

23.诗集《逍遥游》，时代文艺出版社1994年出版。主编《托起明天的太阳》，获冰心儿童文学奖，河北省政府图书奖。

24.散文《陶醉壶口》，入选季羡林主编的《百年美文》、林非主编的《中国百年游记精华》、北京市语文课本等。

25.评论集《带露赏花》，1997年百花文艺出版社出版。

26.散文集《灵魂采光》，1998年河北人民出版社出版。

27.散文集《域外游》，1998年河北人民出版社出版。

28.散文集《父母天地心》，1998年河北教育出版社出版，获河北文艺振兴奖。

29.散文集《步量欧罗巴》，2003年时代文艺出版社出版，其中《那不勒斯与庞贝》，入选北京市小学课本。

30. 散文集《慷慨悲歌的热土》，2005 年河北教育出版社出版。

31. 散文集《燕赵红色之旅》，2005 年河北教育出版社出版。

32. 评论集《滹上文谭》，2005 年河北教育出版社出版。

33. 主编《河北红色旅游山水名胜诗词选》，2005 年河北教育出版社出版。

34. 主编《绿色畅想曲》，2006 年大众文艺出版社出版。

35. 评论集《河北书画评论》（与赵梅锦合作），河北美术出版社出版。

36. 散文集《庄稼院心灵的家园》，2010 年吉林人民出版社出版。

37. 散文集《百姓旧事》，2011 年河北教育出版社出版，获河北省作协 2011 年度优秀文学作品奖，河北省第四届好书榜首，2011 年度全国百部好书，第五届冰心散文奖。

38. 散文《朱自清故居》，中国散文学会全国散文大赛一等奖。

39. 散文《老枣树》，《中国作家》发表，《求是》杂志转载，获全球华文母爱主题散文大赛一等奖。

40. 散文《汪老师》，获全球华文散文大赛，成人组优秀奖。

41. 散文《重游白洋淀》，获中国旅游文学一等奖。

42. 散文《我的读书故事》，获河北省我的读书故事大赛特别奖。

43. 散文集《中国当代文学百家丛书——尧山壁散文精品集》，2012 年南海出版公司出版。

44. 2015 年获中国散文学会突出贡献奖。

45. 散文集《流失的岁月》，2015 年花城文艺出版社出版，获河北省孙犁文学奖，三毛散文奖。

46. 散文集《一个人的百姓史》，获 2016 年储吉旺文学大奖，《中华文学选刊》选载。

47. 散文集《不曾远去的流年》，2017 年中国商务出版社出版。

48. 散文《时移世易》四篇，2017 年 8 月《天津文学》发表，《散文海外版》转载，其中《石窝窝》入选湖北等中学语文教材。

49. 散文《隆尧地震亲历记》，获纪念周恩来诞辰 120 周年"海棠杯"全国散文大赛优秀作品奖。

50. 报告文学集《绿色奇迹塞罕坝》（与冯小军合作），2018年河北教育出版社出版。获孙犁文学奖、五个一工程奖。

51. 散文集《趣味欧洲》，2018年河北美术出版社出版。

52. 散文集《大美燕赵》，2019年花山文艺出版社出版。

53. 散文集《不灭的星辰》，2019年作家出版社出版。

54.《尧山壁文存》卷一诗歌；卷二—卷六散文；卷七评论；卷八报告文学、剧本、诗词。2023年河北教育出版社出版。

　　……

后　记

感谢所遇！感谢所予！

一星一宇宙，一人一世界。天下没有两片完全相同的树叶，天下也没有两位完全相同的人。

每个人都是这万千世界中独有的、唯一的存在。只要来过这个世界，就会有故事，属于自己的故事。

这些故事，也许"一般"，也许"普通"，也许"平凡"……但，其实一个人的"不一般""不普通""不平凡"往往就掩藏在这些"一般""普通"和"平凡"里。

2023 年 6 月的一天，当我从撰写尧山壁这些故事里走出来，在书尾摁下最后一个句号键，正要端起茶杯喘口气儿歇息一下的时候，才突然发现：他和当代及现代某些优秀的作家一样，也是一部读不完、写不完的大书，如同他的名篇《母亲的河》和《父亲的山》，里面流淌着太多太多的人生经历，贮存着太多太多的文学宝藏，所表达的家国情怀和生之短暂、命之无常，情之永恒、思之珍贵……无疑是有人生的意味，直击一个哲学命题：家园寻找、精神归宿的心理建构。

尧山壁，是我 1984 年在河北文学院学习时认识的老师。毕业我调入北京后，时能收到他新近发表和出版的文学作品。他生性谦和，常把学生当文友。

他是一位现实主义的学者型作家，心里装着天地人间，装着中华灿烂的文化，装着父母乡亲百姓深情……在文学的王国里"诗""文""论"等多驾马车奔驰、奔腾，他找到了"家"，写作是他的精神归宿——这是我写他故事后的第一个感受。第二，"寓文于野、寓雅于俗"的文学写作特色及语言风格的社会评价，我很认同，更为欣赏。第三，人品中的"空谷藏峰"："远观只是一马平川的大地，走近看地在山上，隐藏于巍峨耸立的山峰里，这象征的是谦谦君子的品格。自强而示弱，示弱而有终，有终而劳谦。谦谦君子也"——婴儿时期的命中卦辞，我虽然不信超自然的先知先觉之说，但认定那位算卦先生即使是蒙的，也恭喜他蒙对了。

……

凡此种种，追溯和书写一位作家与他自己的人生命运和人生追求再次相逢、相伴和相拥，是一件很神秘很神圣的事情，虽然会惊醒到已逝去的光阴，但会温暖到过往的岁月，或许还会让某些读者读后感动，生出会飞得更高的文学翅膀来。

为此，在这里感谢尧老师与我的所遇，并感谢对我所予以的信任！

"信人者，人恒信之"，于是我在两年多的时间里完全投入了这部书的写作，辛苦劳顿是必然的，好在时处新冠疫期，到处封控、躺平，少了很多日常繁杂事务的干扰。

这里不得不借机告知：这本书，有关尧老师的故事似乎写出来了，但仍有很多故事还是遗漏了，有的是无心，有的是有意，尤为遗憾的是还有很多精彩的故事没有挖掘出来，如同"秦淮烟雨隐淮舟"

的诗句，眼睁睁地看着被光阴深深地掩埋了，被岁月永远地带走了。

　　这本书初稿近 40 万字，首先被尧老师删了 3 万字，他骨子里的"自谦"不允许我书中有赞叹之语。后又被陆丽云女士删了 4 万字。

　　非常感谢陆丽云女士，她是北京大学的高材生，人民出版社的资深编审，出版业务娴熟，编辑业务精湛，曾编辑多部人物传记的书，受到读者青睐。很荣幸，我在写《尧山壁记》这本书的伊始就得到她的关注和指导，完稿后又做了这本书的责编。

　　更要感谢的是为我提供尧老师工作和生活素材的人们！唯真唯实，如没有他们，我难以做出"缺米之炊"。由于人数太多，就不一一提名字了，书生以书为"贵"！书出定速寄，作为"谢礼"。

　　　　　　　　　　　　　　　　何双及
　　　　　　　　　　2023 年 6 月 18 日于北京西城观缘居所

责任编辑：陆丽云

封面设计：曹　春

图书在版编目（CIP）数据

尧山壁记／何双及　著 . — 北京：人民出版社，2024.3

ISBN 978 - 7 - 01 - 026329 - 8

I.①尧…　Ⅱ.①何…　Ⅲ.①尧山壁 - 传记　Ⅳ.①K825.6

中国国家版本馆 CIP 数据核字（2024）第 015539 号

尧山壁记

YAOSHANBI JI

何双及　著

人 民 出 版 社 出版发行

（100706　北京市东城区隆福寺街 99 号）

北京中科印刷有限公司印刷　　新华书店经销

2024 年 3 月第 1 版　2024 年 3 月北京第 1 次印刷

开本：710 毫米 ×1000 毫米 1/16　印张：27.75

字数：348 千字

ISBN 978 - 7 - 01 - 026329 - 8　定价：99.00 元

邮购地址 100706　北京市东城区隆福寺街 99 号

人民东方图书销售中心　电话（010）65250042　65289539